LAODONG JIAOYU
XINLUN

劳动教育新论

主　编　周浩波
副主编　王少媛　单春艳

辽宁大学出版社 | 沈阳
Liaoning University Press

图书在版编目（CIP）数据

劳动教育新论/周浩波主编；王少媛，单春艳副主编．--沈阳：辽宁大学出版社，2024．12．--ISBN 978-7-5698-1927-4（2025．3重印）

Ⅰ．G40-015

中国国家版本馆CIP数据核字第20242VB494号

劳动教育新论
LAODONG JIAOYU XINLUN

| 出　版　者：辽宁大学出版社有限责任公司
|（地址：沈阳市皇姑区崇山中路66号　　邮政编码：110036）
| 印　刷　者：大连金华光彩色印刷有限公司
| 发　行　者：辽宁大学出版社有限责任公司
| 幅面尺寸：170mm×240mm
| 印　　　张：21
| 字　　　数：290千字
| 出版时间：2024年12月第1版
| 印刷时间：2025年3月第2次印刷
| 责任编辑：徐振利　金　华　陈晓东
| 封面设计：徐澄玥　高梦琦
| 责任校对：李天泽　郭露桐　张　蕊　吴　颖

书　　　号：ISBN 978-7-5698-1927-4
定　　　价：98.80元

联系电话：024-86864613
邮购热线：024-86830665
网　　　址：http://press.lnu.edu.cn

序　言

新时代，科学认识和把握劳动教育的基本特征，对于我们增强贯彻党的教育方针、抓好劳动教育的紧迫感和责任感具有重要意义和深远影响。

党的十八大以来，党中央高度重视劳动教育，习近平总书记在多个场合多次提到了劳动和劳动教育的重要性。习近平总书记关于劳动教育的重要论述基于马克思主义劳动观的科学指导，汲取了中华优秀传统文化的深厚滋养，是对中国共产党劳动育人观的继承发展，源自对当前我国劳动教育现实状况的深刻考量，具有强烈的战略意义和现实意义。马克思指出："生产劳动同智育和体育相结合，它不仅是提高社会生产的一种方法，而且是造就全面发展的人的唯一方法。"按照马克思关于劳动和教育关系的认识，劳动是推动人类社会进步的根本力量，是创造价值的唯一源泉。马克思、恩格斯对劳动价值观进行了深刻的理论阐释，并从教育学原理的角度，认为劳动形成人的本质，劳动是实现人的全面发展的重要途径。教育与生产劳动相结合一直是我们党教育方针的重要内容，党的历代领导人继承发展和弘扬创新了党的劳动教育思想与理念。新民主主义革命时期，我们党强调劳动神圣，通过教育唤醒劳动工农群众的觉悟；社会主义革命和建设时期，我们党提倡教劳结合，培养既能从事脑力劳动又能从事体力劳动的劳动者。历史经验表明，实施劳动教育必须尊重本国的劳动传统，必须遵循教育自身的规律。当前党和国家关于劳动、劳动教育等的一系列重要论断既与马克思、恩格斯关于劳动价值观、劳动教育观的深刻阐述一脉相承又与时俱进，尤其是结合中国具体实际，形成了新时代劳动教育。

劳动教育是于 2018 年在全国教育大会上正式被列入德智体美劳全面培养的教育体系中的，并以培养担当民族复兴大任的时代新人为奋斗目标。2020 年 3 月，中共中央、国务院发布《关于全面加强新时代大中小学劳动教育的意见》（简称《意见》），对新时代劳动教育进行了顶层设计和全面部署。同年 7 月，教育部印发《大中小学劳动教育指导纲要（试行）》，绘制了劳动教育施工图。2022 年 10 月，党的二十大将"全面贯彻党的教育方针，落实立德树人根本任务，培养德智体美劳全面发展的社会主义建设者和接班人"写入报告中。2024 年 7 月，党的二十届三中全会进一步强调，"完善立德树人机制，推进大中小学思政课一体化改革创新，健全德智体美劳全面培养体系"。这些纲领性文献，成为当前和今后一段时期内党和国家促进劳动教育发展、构建高质量劳动教育体系的行动指南。

加强劳动教育是新时代党对教育的新要求，是中国特色社会主义教育制度的重要内容，直接决定社会主义建设者和接班人的劳动精神面貌、劳动价值取向和劳动技能水平。中国特色社会主义进入新时代，随着生产力的发展、技术的不断革新、文化的进步和教育水平的提升，传统的劳动方式和组织形态发生了深刻变革，劳动越来越呈现出创造性、协作性、非物质性的特点。进入新发展阶段，劳动群体、劳动形态、劳动关系、劳动工具、劳动技术、劳动环境等诸多方面都出现了前所未有的新变化。这就要求学校不仅要致力于培养兢兢业业的普通劳动者，还要铸就技艺精湛的大国工匠和创造发明的科学大师，加快高等教育强国和制造业强国建设。

新时代劳动教育面临的环境发生巨大变化，其中既有物质生活水平的全面提升，也有智能化时代对劳动形态的新挑战。劳动者是生产力中最活跃的因素，发展新质生产力呼唤新型劳动者。劳动是一个十分复杂的概念，既包括简单劳动，也包括复杂劳动。当前，在大数据、云计算、人工智能等新一代技术革命的推动下，现代农业、现代工业和现代服务业蓬勃发展，以创新的方式改变着传统的生产方式和劳动力组织形态，为生产劳动注入了崭新的内涵，劳动的形式也早已超出了基于体力消耗的物质生产劳动的范畴。同时，传统的社会劳动形态也呈现出交叉融合的趋势，创造性劳动和复合型劳动成为引领时代发展的劳动新形态。因此，大中小学校要结合产业新业态、劳动新形态，结合学科和专业强化实习实训、专业服务、社会实践等，重视新知识、新技术、新工艺、新方法应用，创造性地解决实际问题，提升创新创造能力。

加强劳动教育，是培养担当民族复兴大任时代新人的内在需要。当前，劳动教育作为在大中小学各学段开设的必修课，其目的是充分发挥劳动的综合育人功能。"为谁培养人、培养什么人以及怎么培养人"一直是教育的根本问题，也是我国关乎党和国家前途命运、中华民族伟大复兴的重大理论与实践问题。一代人有一代人的使命，一代人有一代人的担当。时代新人之"新"，在于新时代青少年担当民族复兴大任的新使命，这对青少年素质能力提出了新的更高要求——德智体美劳全面发展。当前我们比历史上任何时期都更接近中华民族伟大复兴的目标，同时比以往任何时候都更迫切需要提高广大劳动者的素质，比以往任何时候都更迫切需要构建完善的劳动教育体系。

劳动教育是一项系统工程，涉及家庭、学校、社会多个主体。中共中央、国务院印发的《关于全面加强新时代大中小学劳动教育的意见》指出，要把劳动教育纳入人才培养全过程，贯通大中小学各学段，贯穿家庭、学校、社会各方面，与德育、智育、体育、美育相融合，紧密结合经济社会发展变化和学生生活实际，积极探索具有中国特色的劳动教育模式，创新体制机制，注重教育实效，实现知行合一，促进学生形成正确的世界观、人生观、价值观。劳动教育的实施需要全社会共同努力、合力推动。主管部门需要加强统筹，拓宽劳动教育途径，通过相应政策支持劳动教育，建立和完善科学有效的劳动教育激励、督导和评价机制，推动劳动教育有目标、有计划、有针对性地进行。与此同时，推动建立家庭、学校、社会各方面齐抓共管、协同实施的机制。

新时代劳动教育是推动"五育"并举的重要一环。进入新时代，党中央在前期探索的基础上深刻认识到，在大中小学开设劳动教育课，增强劳动意识和劳动素养，学习基本劳动技能，是大中小学必须开展的素质教育活动。"五育并举"体现了我们党对教育规律认识和把握的不断深化，德智体美劳五大要素构成了相互依存、相辅相成的有机统一体，统合于培养合格建设者和可靠接班人的育人进程中。但在一些高校的"五育"工作中，依然存在"长于智、疏于德、弱于体美、缺于劳"的问题，部分大学生劳动观念淡薄，劳动态度消极，劳动教育在资源配置、政策推动等方面还存在短板，需要不断深化和落实。对此，高校教育要结合学生生活学习环境的变化，更新劳动教育观念，拓宽劳动实践渠道，推动"劳以树德""劳以增智""劳以强体""劳以育美""劳以创新"，充分发挥劳动教育的综合育人功能。在强化马克思主义劳动观教育的基础上，注重围绕创新创业、结合学科专业开展生产劳动和服务性劳动，积累职业经验，培育创造性劳动能力和诚实守信的合法劳动意识，提高在生产实践中发现问题和创造性解决问题的能力。

根据《意见》要求，由周浩波教授牵头组建了一支专长于马克思主义理论研究和高等教育战略研究的团队，精心编写了这本《劳动教育新论》。本书在研究过程中，突出体现了以下几个方面的特点：一是注重理论与实践相结合，本书前五章主要以历史资料、文献梳理为主，后两章侧重于政策实践研究，将理论指导与实践操作并重，体现了本研究的实践性；二是在研究方法上注重横向比较与纵向梳理相辅助、文献分析与典型案例剖析相补充，既有严谨充实的史料梳理，也有鲜活的现实案例，打破了以往表面化、经验性描述的研究不足；三是在研究体例上注重研究的系统性、深入性和独特性，本研究涵盖了劳动教育的历史源流、理论基础、价值意蕴、政策实践等不同层面和视角的内容，具有一定的研究广度和深度，突出新时代劳动教育之"新"，对推动新时代劳动教育展开具有重要的理论和实践价值。

张德祥

2024 年 12 月 6 日

目　录

序　言 …………………………………………………………………… 1

第一章　中西方古代劳动教育 …………………………………… 1

第一节　中国古代劳动教育 ……………………………………… 1
一、先秦诸子时期劳动教育 ……………………………………… 1
二、秦汉时期的劳动教育 ………………………………………… 7
三、魏晋南北朝时期的劳动教育 ………………………………… 9
四、隋唐时期的劳动教育 ………………………………………… 11
五、宋代的劳动教育 ……………………………………………… 12
六、元明清时代的劳动教育 ……………………………………… 14

第二节　西方古代劳动教育 ……………………………………… 18
一、古希腊罗马时期对劳动的阶级定位 ………………………… 18
二、中世纪基督教对劳动教育的观念革新 ……………………… 29
三、启蒙时代劳动教育形态的转变 ……………………………… 32
四、工业革命时期劳动教育的社会价值 ………………………… 37

第三节　中外古代劳动教育思想的特征与启示 ………………… 45
一、中国古代劳动教育思想的特征 ……………………………… 45
二、西方古代劳动教育思想的特征 ……………………………… 49
三、中外古代劳动教育思想对当代劳动教育的启示 …………… 52

第二章 马克思恩格斯关于劳动教育的思想 …………………… 55

第一节 马克思恩格斯劳动教育思想的理论基础 …………………… 55
  一、借鉴吸收空想社会主义劳动教育观点 ………………… 56
  二、马克思恩格斯关于劳动的主要观点 …………………… 61
  三、马克思恩格斯关于劳动人民的理论认识 ……………… 68

第二节 马克思恩格斯劳动教育思想的内涵要义 …………………… 71
  一、教育与劳动相结合思想产生的时代背景 ……………… 71
  二、马克思恩格斯关于教劳结合的主要论断 ……………… 76
  三、马克思恩格斯教育与劳动结合思想的基本内涵 ……… 80

第三节 马克思恩格斯劳动教育思想的理论价值 …………………… 88
  一、深刻揭示社会及教育发展规律 ………………………… 88
  二、对构建劳动教育体系发挥指导作用 …………………… 91
  三、丰富完善人的全面发展思想 …………………………… 93

第三章 列宁的劳动教育的思想及其实践 ……………………… 98

第一节 列宁教劳结合思想的时代背景 ……………………………… 98
  一、不同时代背景下的劳动教育 …………………………… 98
  二、通过教劳结合开展争取人民利益的斗争实践 ………… 103
  三、社会主义建设对人才培养的要求 ……………………… 105
  四、现代生产和科学技术发展的需要 ……………………… 108

第二节 列宁教劳结合思想的基本内容及意义 …………………… 110
  一、列宁教劳结合思想的特征 ……………………………… 110
  二、列宁教劳结合思想的实践路径 ………………………… 115
  三、列宁教劳结合思想的时代意义及启示 ………………… 121

第三节 列宁教劳结合思想的继承与发展 ………………………… 124

一、克鲁普斯卡娅对列宁教劳结合思想的继承与发展 …… 124
二、马卡连柯对列宁教劳结合思想的继承与发展 ………… 129
三、苏霍姆林斯基对列宁教劳结合思想的继承与发展 …… 134

第四章 中国共产党开展劳动教育的思想与实践 …………… 140

第一节 新民主主义革命时期劳动教育（1921—1949年）…… 140
一、劳动教育思想的提出 ………………………………… 140
二、中华苏维埃时期的劳动教育 ………………………… 142
三、抗日战争时期的劳动教育 …………………………… 144
四、解放战争时期的劳动教育 …………………………… 146

第二节 社会主义革命和建设时期的劳动教育
（1949—1977年）……………………………………… 148
一、劳动教育性质和目标的确立 ………………………… 148
二、学习借鉴苏联劳动教育理论和实践 ………………… 149
三、劳动教育纳入我党的教育工作方针 ………………… 149
四、劳动教育的实施 ……………………………………… 151

第三节 改革开放和社会主义现代化建设新时期
（1978—2012年）……………………………………… 153
一、劳动教育服务社会主义现代化建设 ………………… 153
二、对劳动教育的纠偏 …………………………………… 155
三、劳动教育向学生素质培养的转向 …………………… 156
四、劳动教育的实施 ……………………………………… 158

第四节 新时代劳动教育形成过程和特点（2012年以来）… 161
一、新时代劳动教育的形成过程及特点 ………………… 161
二、劳动教育的实施 ……………………………………… 164

第五章　新时代劳动教育的核心要义与时代价值 …… 168

第一节　新时代劳动教育的提出背景 …… 168
一、新一轮科技革命和产业变革要求建设高素质劳动者大军 …… 169
二、新时代持续推动的人全面发展需要加强劳动教育 …… 172
三、全面推进强国建设民族复兴伟业需要依靠劳动创造 …… 176
四、建设中国特色社会主义教育强国需要劳动教育支撑 …… 179

第二节　新时代劳动教育的核心要义 …… 180
一、新时代劳动教育的重要地位 …… 180
二、新时代劳动教育的总体目标 …… 187
三、新时代劳动教育的实践路径 …… 193

第三节　新时代劳动教育的时代价值 …… 197
一、营造崇尚劳动和尊重劳动者的社会风尚 …… 198
二、开创中国特色劳动教育育人新格局 …… 207
三、凝聚全面推进中国式现代化的磅礴力量 …… 210

第六章　新时代劳动教育的政策实践与理论进展 …… 214

第一节　国家层面关于劳动教育的政策文件 …… 214
一、政策文件颁布实施的背景 …… 214
二、政策文件的主要内容 …… 217
三、政策文件颁布实施的成效 …… 224

第二节　地方层面关于劳动教育的政策举措 …… 226
一、关于劳动教育的政策文件 …… 226
二、关于劳动教育的政策举措 …… 231
三、地方劳动教育政策实施的影响 …… 236

第三节 教育机构劳动教育开展情况 ……………………… 238
  一、家校社多主体协同开展劳动教育 …………………… 238
  二、特色化劳动教育课程体系建设 ……………………… 242
  三、劳动教育体制机制创新实践 ………………………… 250
第四节 学术界关于劳动教育的研究与探索 ……………… 255
  一、关于劳动教育理论问题的认识与解读 ……………… 255
  二、关于劳动教育落实中存在问题的认识 ……………… 258
  三、关于劳动教育的发展体系建构的研究 ……………… 261

第七章 新时代劳动教育的实践探索 ……………………… 263

第一节 国内学校劳动教育的案例 ………………………… 263
  一、义务教育机构劳动教育实践案例 …………………… 263
  二、高中阶段机构劳动教育实践案例 …………………… 271
  三、高等教育机构劳动教育实践案例 …………………… 279
第二节 国外学校劳动教育的案例 ………………………… 294
  一、美国学校劳动教育案例 ……………………………… 294
  二、日本学校劳动教育案例 ……………………………… 301
  三、德国学校劳动教育案例 ……………………………… 304

参考文献 ……………………………………………………… 309

后　记 ……………………………………………………… 321

第一章 中西方古代劳动教育

第一节 中国古代劳动教育

一、先秦诸子时期的劳动教育

农业生产是中国古代社会的根基，中国古人很早就认识到劳动对家庭、社会和国家的重要性，《诗经》《尚书》《仪礼》等经典中有大量关于劳动人民和劳动内容的记载。中国古代的劳动观自先秦时期逐渐形成并完善，其中儒家、法家、道家、墨家等学派对中国传统劳动教育进行了提炼、总结和概括。

（一）儒家的劳动教育观

中国是一个农业大国，农业生产是一个国家的重要根基。在科技不发达的古代，农业主要依靠劳动者的辛勤劳动。儒家首先将劳动纳入道德教化的范畴，"教民"成为儒家对待劳动的逻辑起点。儒家认为，劳动是实现人生价值和承担社会责任的重要途径，劳动不仅可以养身养家，还可以养德养心，是修身治国平天下的基础。

1. 孔子的劳动教育观

孔子认为，治理国家不但要自己做表率，还要让老百姓辛勤劳动。"子路问政。子曰：'先之，劳之。'请益。曰：'无倦。'"（《论语·子路》）孔子认为，治理国家主要做三件事情：首先要有劳动力（辛勤劳动），其次要使人民富裕，最后要实施教化。"子适卫，冉有仆。子曰：'庶矣哉！'冉有曰：'既庶矣，又何加焉？'曰：'富之。'

曰：'既富矣，又何加焉？'曰：'教之。'"（《论语·子路》）孔子特别强调，要通过正义的劳动实现富裕。他说："不义而富且贵，于我如浮云。"（《论语·述而篇》）"富与贵，是人之所欲也；不以其道得之，不处也。贫与贱，人之所恶也；不以其道得之，不去也。"（《论语·里仁》）孔子认为，如果富贵符合道义，那么即使是下等的劳动，也愿意去做。而且他还认为："富而可求也，虽执鞭之士，吾亦为之。如不可求，从吾所好。"（《论语·述而篇》）在孔子看来，劳动无贵贱之分，差别在于是否符合道义。①

孔子曾告诫子张要推崇五种美德，其中"劳而不怨"就是对劳动应有的态度，提倡劳动应该遵循道德规范。孔子将主要从事劳动的"民"作为"德治"的对象②，以尧、舜、禹这些从事生产实践劳动的远古圣人作为典范来指引世人。孔子认为"禹、稷躬稼而有天下"（《论语·宪问》），"百工居肆，以成其事，君子学以致其道"（《论语·子张》），君子从事精神类劳动与普通民众从事体力类劳动，对社会发展发挥各自不同的作用，凸显了劳动分工对社会道德教化的推动作用。孔子虽然因为拒绝教樊迟学农而饱受争议，但其"有教无类"的主张，打破了血统制，为下层劳动者提供了学习机会。③

2. 孟子的劳动教育观

孟子一方面继承了孔子因材施教的主张，认为教学应该循序渐进，尊重客观事实；另一方面重视人的意志锻炼，主张通过意志磨炼，培养"富贵不能淫，贫贱不能移，威武不能屈"（《孟子·滕文公下》）的高贵品格。孟子将劳动生产、劳动分工视为对民众实行德行教化的根本前提，他说"圣人治天下，使有菽粟如水火"（《孟子·尽心章句上》），指出生产劳动是国家治理的重要内容。他曾启发梁

---

① 何杨勇. 先秦儒道墨三家的劳动教育思想与启示 [J]. 劳动哲学研究，2020 (0)：235-249.

② 刘润. 中国古代劳动德治思想管窥 [J]. 中学政治教学参考，2022 (12)：75-77.

③ 贺超海. 中国古代劳动教育思想研究 [J]. 南昌工程学院学报，2023，42 (5)：1-6.

惠王："不违农时，谷不可胜食也……百亩之田，勿夺其时，数口之家可以无饥矣。"(《孟子·梁惠王章句上》)他认为，按照人民生活的要求安排好劳动生产，是王道之始。

3. 荀子的劳动教育观

荀子把学习分为三个阶段，分别是"闻见""知""行"。"闻见"是感性的认识，"知"是进一步的理性认识，"行"是最后的实践阶段。三个阶段中，荀子尤其重视"行"。荀子说："不闻不若闻之，闻之不若见之，见之不若知之，知之不若行之。学至于行之而止矣。"(《荀子·儒效》)荀子以为，行是学习必不可少的也是最高的阶段。他说："君子之学也，入乎耳，着乎心，布乎四体，形乎动静。"(《荀子·劝学》)又说："学至于行之而止矣。行之，明也……"(《荀子·儒效》)在荀子看来，由"学""思"而得的知识还带有假设的性质，它是否切实可靠，唯有通过"行"方能得到验证。只有到此时"知"才能真正算"明"了。而荀子所谓的"行"，也同样是指人的社会实践，如个人的品德修养、教人从政治国等。荀子认为，在自然生命属性上，人和动物没有太大区别。但人的高贵之处在于能够在劳动中团结协作，而团结协作的基础是人讲道义，能够"礼仪以分之""明分使群"。荀子说："水火有气而无生，草木有生而无知，禽兽有知而无义，人有气、有生、有知，亦且有义，故最为天下贵也。力不若牛，走不若马，而牛马为用，何也？曰：人能群，彼不能群也。"(《荀子·王制》)

(二)法家的劳动教育观

法家主张劳动生产财富，"天下之所生，生于用力；用力之所生，生于劳身"，认为劳动是第一生产力，劳动人民才是财富的创造者。

1. 商鞅的劳动教育观

商鞅在秦执政 20 年，他先后两次实行变法，变法涉及经济、军事、政治、文化教育、社会风俗等众多方面，如建立法制、奖励军功、鼓励垦荒等。商鞅通过鼓励耕战，让老百姓懂得只有积极投入耕战才能实现"趋利避害"，重视在农战的实际斗争中锻炼和增长人们的才干。在教育内容方面,商鞅反对儒家以"礼、乐、诗、书"教育学生,主张学习法令和对耕战有用的实际知识;在教育途径方面,商鞅重视在农战的实际斗争中锻炼和增长人们的才干,并认为人们的智谋是在长期的作战中增长起来的。商鞅指出,"民之性:饥而求食,劳而求佚,苦则索乐,辱则求荣,此民之情也"(商君书·算地第六),认为劳动是强国富民的根基,温饱是社会秩序稳定的保障。他还认为,劳动应该遵循"尚法重功"的原则,以法律为准绳,以功绩为评价,以奖惩为激励。商鞅变法颁布的第一道法令就是《垦令》,它要求全国的官吏、贵族、商人都要参与农事,开垦除荒,增产粮食。商鞅以《垦令》为主要内容的法令教育思想,更是开创了我国古代农政教育之先河。①

2. 韩非子的劳动教育观

韩非子主张培养"智术之士"或"能法之士"(《韩非子·孤愤》)。这些"智术能法之士"就是懂得和坚决实行法制路线的革新人物,并且是积极拥护"耕战"政策而为它进行斗争的战士。韩非子对"智术能法之士"必须具备的品质和能力做了详细的阐述:这种革新家必须是一个忠于封建国君"北面委质,无有二心"(《韩非子·有度》)的人,并且要做到"能去私曲就公法"(《韩非子·有度》),"有口不以私言,有目不以私视"(《韩非子·有度》),一心一意为封建主义国家效力的所谓"贤臣""良将"。同时,应该具有"远见而明察""强毅而劲直"(《韩非子·孤愤》)的品质。

(三)道家的劳动教育观

道家对于劳动教育的重要贡献在于对劳动本质进行了考察,并对劳动异化进行了深刻分析。道家首先指出,人的行为应该顺应自然,劳动不应违背自然、过度强求,要实现人与自然的统一。道家还提出了劳动异化的问题。不同于墨家的功利化和儒家的道德化,道家强调人应该作为劳动主体去体会劳动的幸福,去寻找普遍的道,

---

① 张景书. 中国古代农业教育研究 [D]. 杨凌:西北农林科技大学,2003.

实现主客体的统一。这为解决当下劳动异化问题提供了宝贵的思想借鉴。道家还十分重视劳动目标对个人发展的影响,推崇通过劳动追求个性解放和人生自由。

1. 老子的劳动教育观

老子向往的理想社会是直接与农业劳动生产有关,没有阶级压迫、自给自足、公平祥和的"小国寡民"社会。老子说:"小国寡民。使有什伯之器而不用;使民重死而不远徙;虽有舟舆,无所乘之;虽有甲兵,无所陈之。使民复结绳而用之。甘其食,美其服,安其居,乐其俗,邻国相望,鸡犬之声相闻,民至老死不相往来。"(《道德经》)老子认为,不要让外界异化的欲望扰乱自己的初心,不要让世俗的歪理邪说阻碍自己的修行。老子主张在劳动和实践中,要通过"见素抱朴,少私寡欲","致虚极,守静笃"(《道德经》),以把握住个人发展的根本。

2. 庄子的劳动教育观

庄子强调劳动要遵循自然之道。庄子用《庖丁解牛》的寓言说明劳动实践顺应自然之道的重要性。他认为自然非常复杂,需要反复实践,才能顺其自然,只有掌握其中的自然之道,才能得心应手,运用自如,迎刃而解。庄子认为,人不依据自然规律而胡乱作为,最终会导致悲剧。"长者不为有余,短者不为不足。是故凫胫虽短,续之则忧;鹤胫虽长,断之则悲。"(《庄子·骈拇》)他还认为现实社会中的仁义道德、功名利禄和政法礼教,都是统治者用来束缚人、奴役人的工具。个人若为了虚无的功名利禄辛勤劳作,则违背了个人自由健康的发展。他说:"至人无己,神人无功,圣人无名。"[1](《庄子·逍遥游》)。

(四)墨家的劳动教育观

墨家学派的劳动观是为了天下人的幸福和安乐。墨家直接记载了诸多劳动知识和器械制造的方法与原理,并且以身作则、身体力

---

[1] 何杨勇. 先秦儒道墨三家的劳动教育思想与启示[J]. 劳动哲学研究,2020(0): 235-249.

行，认为亲身劳动是学问的根本，强调在劳动实践中掌握劳动技能、养成劳动智慧的重要性。

墨家十分重视劳动创造与实践。一方面，墨家的"兼士"要做到"言必信，行必果"，必然要通过长时间的劳动实践，具备相应的劳动经验积累、坚强的劳动意志，所谓"志不强者智不达"；另一方面，墨家反对懒惰，认为人人都需要劳动，无论各行各业，都要积极投入劳动。墨家倡导"默者思，言则诲，动则事"（《墨子·贵义》），无论何时何地都劳作不息。墨子本人及弟子，都是辛苦劳动、拒绝享乐的典范。

1. 墨家私学

墨翟开创的墨家私学初创时声势甚大，由于墨家是代表小生产者的学派，这就决定了墨家私学的诸多特色。墨家私学传授生产和科学知识。出于墨家"兼相爱，交相利"的政治理想和重经验的认识论，墨家私学的教学内容有农业和手工业生产知识、军事器械制造和使用知识与技能、自然科学知识，表现了与儒家私学迥异的特点，而与生产、科学和社会物质生活有着更为紧密的联系。这连带影响到其教学方法更多的是辛勤劳作，而不是坐而论道。因此，墨家是坐"无暖席"，师生都是穿草鞋、着粗衣、满手是茧。可以说，墨家私学中学习是劳作，劳作也是学习。墨家后学在战国中、后期相当活跃，在自然科学和逻辑学方面取得了很高的学术成就。

2. 墨子

针对当时社会混乱、饥荒遍地、生活困苦的社会现实，墨子主张劳动者要去做那些有利于天下人的事情，要去消除对社会有害的事情。他认为应"兴天下之利，除天下之害"，从而实现"饥则食之，寒则衣之，疾病侍养之，死丧葬埋之"（《墨子·兼爱》）的良好社会。具体的方式则是通过人与人和睦相处的"兼爱"除去非正义战争的"非攻"，并且强调有能力者治理的"尚贤"等。墨子认为判定劳动的效果主要有三个标准：一是能不能从先王圣人那里找到依据；二是考察老百姓的日常生活和评价；三是将之作为刑法政令，看是否对老百姓有利。"子墨子言曰：必立仪。言而毋仪，譬犹运钧之上,而立朝夕者也,是非利害之辨,不可得而明知也。故言必有三表。何谓三表?子墨子言曰:有本之者,有原之者,有用之者。于何本之?上本之于古者圣王之事;于何原之?下原察百姓耳目之实;于何用之?废以为刑政,观其中国家百姓人民之利,此所谓言有三表也。"(《墨子·非命》)

墨家强调劳动的正义性,并十分重视劳动技术和劳动器械,《墨子》中记载了几何学、光学、声学、数学以及工程技术学等方面的知识。不仅墨子掌握精通防御的技术和器械,他的三百个弟子也精通这些技术和器械。《墨子·公输》中记载:"于是见公输盘。子墨子解带为城,以牒为械。公输盘九设攻城之机变,子墨子九距之。公输盘之攻械尽,子墨子之守圉有余。公输盘诎,而曰:'吾知所以距子矣,吾不言。'子墨子亦曰:'吾知子之所以距我,吾不言。'楚王问其故。子墨子曰:'公输子之意不过欲杀臣。杀臣,宋莫能守,乃可攻也。然臣之弟子禽滑厘等三百人,已持臣守圉之器,在宋城上而待楚寇矣。虽杀臣,不能绝也。'楚王曰:'善哉!吾请无攻宋矣。'"

墨子说:"今人与此异者也,赖其力者生,不赖其力者不生。君子不强听治,即刑政乱;贱人不强从事,即财用不足。"(《墨子·非乐》)在对待传统文化上,墨子主张取其精华、弃其糟粕。他说:"古之善者则诛(述)之,今之善者则作之,欲善之益多也。"(《墨子·耕柱》)墨子认为,劳动既要讲求动机,也要讲求效果。墨子提出"合其志功而观焉"(《墨子·鲁问》),认为亲身经历的劳动实践是学问的根本。"士虽有学,而行为本焉。"(《墨子·修身》)

二、秦汉时期的劳动教育

秦汉时期社会生产方式的基础是小农业和家庭手工业的结合。家庭手工业以"女子纺绩"为主,其原料为桑、麻,一般由农户自行生产,其生产是和农业生产结合在一起的。因此,秦汉时期的生产劳动是以农业为主的。这一时期的生产劳动教育以农业生产劳动教育为主,兼及家庭手工业生产劳动教育。

（一）以劝农务本为主的生产劳动教育

这一时期统治者重视发展农业，注重调动农民的生产劳动积极性。秦朝自商鞅变法开始，就推行一系列"殴民归农"的重农政策，使"民以殷盛，国以富强"。《吕氏春秋·不苟论》篇进一步指出："霸王有不先耕而成霸王者，古今无有。此贤者不肖之所以殊也。"明确承认"重农"是造成霸业、王业的基础。秦始皇统一全国后，继承了商鞅的"耕战"思想，十分重视农业。他一方面改变授田、赐田制，"使黔首自实田"，承认民户世代继承占有田产的合法性，调动农民生产的积极性；另一方面通过"舍地而税人"的政策，使那些游食之民及从事其他职业的人都负担人口税，从而减轻农民的租税负担，让农民安心从事农业生产。

"重农贵粟"是汉代的一项基本国策。它不仅是对秦代"重本抑末"思想的继承，而且是汉代社会现实的迫切要求。"汉兴，接秦之敝，诸侯并起，民失作业，而大饥馑。凡米石五千，人相食，死者过半。"（《汉书·食货志》）严峻的现实迫使汉高祖下诏全面推行重农政策。具体措施有：下诏军队复员归农，"以有功劳行田宅"；招抚流亡，"复故爵田宅"；放免奴婢；减轻农民负担，控制政府开支，减轻田租；限制商人；等等。实行这些"与民休养生息"的政策以后，生产逐渐恢复，"孝惠、高后之间，衣食滋殖"①。

秦汉时期，有很多记载农业耕作经验技术的农学著作，这些著作对人民群众掌握农业生产技术很有帮助。秦简中就有应根据不同的农作物决定每亩播种数量的内容，这可使人们知道合理种植。《吕氏春秋》中的《任地》《辨土》《审时》等，是专门记载农业耕作技术的篇章，记载了改良土壤、适时种植、间苗保墒除草治虫等方面的经验知识。据《汉书·艺文志》记载，汉时农家共有 9 家 114 卷之多，其中《氾胜之书》最为著名。该书是我国现存最早的一部农学专著，书中总结了黄河中下游地区的耕作原则、作物栽培技术和

---

① 孙宏恩. 秦汉时期的社会教育［D］. 兰州：西北师范大学，2002.

种子选育等农业生产知识，其中代田法、区种法、选种法、溲种法、稼接法、种瓜法、种麦法等，都是当时先进耕作经验的结晶，反映了当时劳动人民的伟大创造，其内容也多为后世农书所引用。

（二）汉代私学

汉代以儒家思想为主流，因此在官学教育中，已经摒弃了生产劳动方面的知识内容。但是在很多私学中，依然沿用以往耕读结合的教育模式，在教授学问的同时，开展农业生产劳动。① 耕读教育的特点是将劳动与学习相结合，让学生在劳作的同时学习文化知识和道德伦理等。耕读教育与单纯的体力劳动不同，耕读是体力与脑力相结合，能够将"耕"中的实践活动与"读"中的理论学习相互融合、相互促进，激发学生参与劳动的热情，使学生形成自主思考的习惯。

汉代私学中有生产知识的教授者，如汉阳上邽人姜岐，"以畜蜂豕为事，教授者满天下，营业者三百余人。辟州从事，不诣。民从而居之者数千家"。据《高士传》记载，姜岐不仅自己养猪养蜂，还广收门徒，授以养蜂之技，从他门下学成后成为养蜂专业户的学生有三百多人。②

三、魏晋南北朝时期的劳动教育

魏晋南北朝时期的中国思想文化形成了多元化格局，进入了第二次百家争鸣时期，表现为儒学的衰微，玄学的发展，佛教的广为流布。这一时期学术思想自由，儒、道、佛三家互相斗争又互相吸取，天文、数学、医药在私学中广为传授，学术与文化都有一定发展。劳动教育的发展也起到了"继汉开唐"的作用。

颜之推结合自己立身处世、治家的经验，写成《颜氏家训》一书，其中蕴含的劳动教育价值值得借鉴。

---

① 杨玲. 论优秀传统文化在劳动教育中的影响 [J]. 中国文化与管理，2021（2）：112-118，177-178.

② 刘向，皇甫谧. 列女传·高士传 [M]. 沈阳：辽宁教育出版社，1999：41.

颜之推从世族地主的利益出发，认为玄学教育必须抛弃，传统的儒学教育也应改革，要培养的既不是难于应世的清谈家，也不是空虚无用的章句博士，而是于国家有实际效用的各方面的统治人才。各种专门人才的培养，要依靠各种专才的教育。这种观点冲破了儒家以培养较抽象的君子、圣人为教育目标，以儒学教育统括一切专门教育的传统，使教育功能的发挥不再局限于道德修养与化民成俗方面，而在于对各种人才的培养。此外，颜之推认为士大夫教育的目的就是培养统治人才，而统治人才必须"德艺周厚"，因此士大夫教育的主要内容应包括德、艺两个方面。在德育方面，他承袭了儒家以孝、悌、仁、义等道德规范为主要内容的传统，认为树立仁义的信念是德育的重要任务，而实践仁义则是德育的最终目的。关于艺的教育，颜之推主张以广博知识为教育内容，以读书为主要教育途径。"艺"的教育内容除了经史百家等书本知识外，还应包括处身士大夫社会生活中所需要的"杂艺"，即琴、棋、书、画、数、医、射、投壶等。这些技艺在生活中有实用意义，也有个人保健、娱乐的价值。[1]

值得一提的是，在教育内容方面，颜之推还提出，士大夫子弟也应重视农业生产知识，"知稼穑之艰难"。他从自己的阅历中体会到了农业生产的重要，认为农业是人民生活的根本，这与一般士大夫轻视农业，认为那只是小人之事，士大夫用不着问津的观点是不同的。当然，他并非提倡士大夫子弟躬耕，他所要求的实际上仅限于认识上的重视，以及对农事活动有所了解以便于齐家治民，这与他提出的培养各种专门统治人才的教育目标是一致的。颜之推根据自己的经历和体验，写出了我国封建社会第一部系统完整的家庭教科书——《颜氏家训》。《颜氏家训》重视农业生产的重要性，鼓励人们积极参与生产劳动，激发劳动热情，培养自强自立的优秀品德。颜之推认为，民以食为天，人们的生存和发展离不开粮食，只有深

---

[1] 周甲英，田宗友. 颜之推的劳动教育思想及其理性审视[J]. 劳动哲学研究，2022（2）：178－186.

切地感受到农业劳动的艰辛,才能够深入理解和认识农业生产在社会发展中所起到的基础性作用。颜之推进一步指出,如果士大夫并未亲身参与农业生产,不了解各项农业事务,那么也无法处理好其他的社会事务。①

四、隋唐时期的劳动教育

唐朝是中国历史上的繁盛时期,统治阶级对农业的重视使得社会生产力提高、生产关系进步,促进了种植业、林业、采捕业、农副业等农业职业教育的快速发展,其教育管理、内容、思想、方法、资源等也在以往经验基础上不断进步,农业职业教育学校雏形初现。唐朝农业职业教育是我国古代劳动教育的重要组成部分,所蕴含的职业教育思想为古代劳动教育思想提供了重要支撑。

与近现代农业职业教育的内容有所不同,唐朝的农业职业教育以农业发展的生产实用性技术、方法为主。例如,种植业职业教育的内容是教授并指导农民使用农业工具以及耕种的方法,使农民能够直接在田间地头将知识运用到农业生产中;畜牧业职业教育的主要内容则是兽医博士向学生教授"山外以知内"和"山粗及精"的相马术及马、驼、牛、驴、羊的饲养和交配等知识。唐朝佃农已经熟练掌握麦种的挑选与储藏知识。《四时纂要》中所说的"择大小麦熟穗,曝干,白艾杂之,大约麦一石,艾一把,藏以瓦器",即阐明了要选择成熟的大小麦穗,晒干后与白艾一起放置于瓦罐中。农民还十分重视对耧播、撒播技术的学习,稻麦复种的方法也逐渐被推广。唐代樊绰在《蛮书》中记载,云南农民每年八月收获稻谷后,秋、冬之际就在稻田里种大麦,到次年三四月间,大麦成熟,继续种稻谷。这些在生产劳作中形成的知识和技术技能又通过口耳相传的方式教授给下一代。

唐朝的农业职业教育具有推广教育、"师带徒"、"做中学"、诗

---

① 孙海霞,张德学. 以业立世:《颜氏家训》的家庭劳动教育思想及其启示[J]. 重庆科技学院学报(社会科学版),2022(1):98—105.

歌农谚等多种教育方法。在官方，唐太宗积极推行并改革"均田制"，以确保农户足田授予，增加土地产值，并尽力扩大均田范围，奖励百姓拓殖垦荒，而后又通过颁布《籍田诏》对农民"劝课农桑"，并且在灾年亲自耕田，进行农业推广教育。在民间，以陆龟蒙等人为主的农学家通过著作《耒耜经》《放牛歌》《刈麦歌》《获稻歌》等积极进行面向农民的教育。在兽医专科学校中主要采用"做中学"的方法来教授学生牲畜治疗的知识技术，民间的兽医师则通过父子相传或"师带徒"的形式向广大百姓传授兽医知识及技术。① 唐朝官学的教学内容包括一些实用的知识和技能，如天文、历法、数学、兵法等，学习这些知识和技能都是为了更好地服务于国家和人民，培养能够解决实际问题的专业人才。唐朝的教育思想中，强调实用，注重技能教育，认为"工、农、商、文四民，各有所长"。唐朝对技能的培养也很重视，例如皇帝会派遣官员去观察农业生产和手工业生产，以便掌握生产技能和开发资源。

此外，唐朝太仆寺所设的兽医学校是中国古代历史上第一个由官方举办的兽医职业教育学校，且首次将兽医教育以官方制度的形式固定下来，在当时标志着农业职业教育的快速发展及逐步走向正规化的趋势，在我国古代农业职业教育的发展史中具有划时代意义，为后代农业职业学校的正式出现奠定了基础。

五、宋代的劳动教育

宋代以后，各地开始大力兴建书院。程朱理学作为当时的官学，强调了劳动教育的内容。比如，朱熹就提到对于小学阶段应该开展一些基础的劳动实践教育，到了大学阶段再进行更深一层次的理论教育。

（一）程朱理学的劳动教育观

1. 程颢"格物致知"的劳动教育观

程颢的教育理念强调实事求是。他主张以实际问题为出发点，

---

① 范晓怡. 唐朝农业职业教育的发展探究［J］. 云南农业，2020（4）：61－63.

注重培养学生的实践能力和创造力。他认为教育应该紧密结合社会实际，培养学生解决实际问题的能力，而不仅仅是灌输知识。他主张学以致用，将学习与实际应用相结合，通过实践来提高学生的综合素质。他提出"格物致知"的教育方法，认为学生应该通过观察事物的本质和联系，来培养对事物的认识和理解。他强调学生应该以事实为依据，避免主观臆断和空谈理论，主张通过实践来检验理论的正确性，将学习与实践相结合，使学生在实际中不断提高自己的认识和能力。

程颢的教育观念对于当时的教育界产生了深远的影响。他的教育理念得到了许多学生和后人的追随和推崇。他的学生朱熹也将实事求是作为自己的教育信条，并将其发展成为中国古代理学的重要思想。

2. 朱熹"洒扫应对"的劳动教育观

朱熹是宋代理学的集大成者，是中国古代影响最大的唯心主义哲学家之一，也是中国古代教育史上极具影响力的教育家。朱熹十分重视对孩童的启蒙教育，他指出："古者小学，教人以洒扫应对进退之节、爱亲敬长隆师亲友之道，皆所以为修身、齐家、治国、平天下之本。"（《小学·嘉言》）其中，与童蒙日常生活密切相关的便是"洒扫、应对、进退"。洒扫，即为"洒水、扫地"，泛指家务劳动；应对，即为"回应、对答"，泛指日常生活中待人接物的方式，尤其指的是要及时应答来自长辈的吩咐；进退，即为"前进、后退"，指的是迎送客人的礼节，延伸意义则为生活中做事的取舍选择。

站在今天劳动教育的角度来看，"洒扫"是朱熹劳动教育观的基础，主张孩童应力所能及地从"日用之间"练就做事的功夫，并在儒家纲常伦理的教化下，灵活"应对"来自"君臣、父母、夫妇、长幼、朋友"等不同人伦关系下的事情，最终在"进退"之间培养健全的人格。①

（二）王安石"经世致用"的教育观

王安石从政治改革需要出发，对教育目的和教育作用、教育内容和教学方法、学校教育和科举制度等方面积极地进行了改革，其思想具有崇尚实用的特征。

他认为教育的内容不仅包括文化知识，还应包括军事知识与技能，主张恢复和创设武学、律学和医学。王安石在《虔州学记》中提出："夫士，牧民者也。牧知地之所在，则彼不知者驱之尔。……故举其学之成者，以为卿大夫；其次虽未成，而不害其能至者以为士，此舜所谓庸之者也。"从这段话中可以看出，王安石的教育目的就是要为国家培养经世致用的人才。他认为，教育要培养能理财、整军、富国、强兵的人才，以供国家之用。培养出来的人才，不仅要懂得"礼、乐、刑、政""兼习文武"，还要能积极推行国家的法令制度，"能讲先王之意，以合当今"，即教育培养宣传、推行新政的人才。他特别强调通过学校进行专门的正规教育，使受教育者能够为国家现实的政治、经济、军事、文化服务。他认为教育必须有益于治国安邦，是"为天下国家之用"的切实学问，以代替"章句声病"之学。士子所学的不仅是"礼乐刑政之事"，而且要学习武事，文武之道并重，既有理财富国的能力，又有整军强兵的本领。居则为朝廷官吏，出则可以从事战伐。这和孔、孟、程、朱等人的教育目的大不相同。他反对空谈修养，不务实际，而是注重实用，偏于事功，具有鲜明的社会实用性和政治功利性。②

六、元明清时期的劳动教育

元、明、清时期的教育在政治、经济、科学技术的基础上发展、变化。这一时期，农具、农田水利以及耕作等农业生产技术均有较

---

① 冯芳芳. 试论朱熹"洒扫应对"的劳动教育观［J］. 劳动教育评论，2021（2）：38—53.

② 刘一兵. 论王安石的教育思想及其现代启示［J］. 齐鲁学刊，2008（5）：51—53.

大的发展；指南针、火药的发明以及天文学、数学方面的成就，为生产力向自然的纵深延展提供了广阔前景；工商业也较发达；各种不同派别的教育思想形成了自己的体系，学校的数量和种类增多。

（一）颜李学派的劳动教育观

1. 颜元"六府三事三物"的劳动教育观

颜元本着"见理于事，因行得知"的哲学主张，认为只有通过自身实践参加劳动，才能获得实际有用的知识。他在批判静坐学问的同时，认为掌握知识必须经过"习行"，即劳动实践。颜元将其教育内容综合起来归结为"六府""三事""三物"。六府是"水、火、金、木、土、谷"，是日用常行内容；三事是"正德、利用、厚生"，是具体的知识技能内容；"三物"是指"六德""六行""六艺"，是其劳动教育的价值取向。

颜元根据中国传统教育的特点，将劳动教育的知识按照学生年龄阶段大体划分为两个阶段的实践类型。第一类是 8 岁至 15 岁左右，即小学阶段，主要是学习日用常行的知识，包括礼、乐、射、御、书、数。颜元认为，"习动"，即将所学知识用于实践，可以抖擞精神，有益身体。颜元坚持儒家一贯的洒扫之事，洒扫、应对、进退、敬长等内容均是传统教育中小学阶段必修内容，"每日清晨，必躬扫祠堂、宅院"。他认为礼、乐、射、御、书、数之学不仅有助于个人强健筋骨、调节性情，而且也有助于一家之福，推而广之于国家天下。颜元认为，六艺当中礼、乐、射、书最为紧要，也最为益人身心。他认为，学习并时常能够实践"六艺"也是对儒家思想的实践。第二类是 15 岁以后的八九年时间内，主要是实用技能性的知识学习，是与生活生产密切相关的内容。颜元极力提倡"六府"，重视"厚生""利用"。颜元十分重视农业劳动，重视农业知识对村民生活的重要意义。他在五行之外单独加"谷"，"谷"是关于粮食之事，是耕种之事。他认为，通过日常的劳动教育，完全可以"治心""益身""修性"，能够使人养成勤劳的习惯。

2. 李塨的劳动教育观

在教育方面李塨与颜元一样，严厉批判了理学家提倡的习静教育和书本教育。他说:"静坐,十三经未有其说,宋儒忽立课程,半日静坐,则几几乎蒲团打坐之说矣。"并说:"纸上之阅历多,则世事之阅历少,笔墨之精神多,则经济之精神少。宋明之亡,此物此志也。"他认为,教育所要培养的应该是明德亲民、经邦济世的人才,而欲达此目的,必须"仕与学合""学用合一"。他说:"教士之道,不外六德六行六艺。自颜先生倡明此学,而今学者多知之,卓哉见也。尊德行以此,道问学以此,隐居以此,行义以此。所学即其所用,所用即其所学,此府修事和之世,所以治且隆也。"

值得注意的是,李塨还很详细地提出了他理想的学制和选士制度,其主要内容是:八岁入乡学,乡师教之孝弟、幼仪、认字,习九九数,读《孝经》《论语》《大学》《孟子》,及《易》《诗》《书》《春秋》《周礼》等,并习小乐小舞;十五岁,入县学,教之存六德、行六行,讲究经世济民之道,读《资治通鉴》及古文,习礼乐、骑射、六书、九数,作策论,聪颖者可涉猎九经、廿一史;二十岁,教成者进之郡学,教之三学,察试德行学艺。再经藩学、成均,察试后即谓之太学生。然后,分科以为士,共分礼仪、乐律、天文、农政、兵法、刑罚、艺能方域、理财、兼科九科。乡、县、郡要定期考核这些士子并向官府进行推荐,以供选用。特别是小学,李塨在《小学稽业》一书中详细陈述了儿童自八岁至十四岁时应该学习的礼、书、数、乐四类课程的具体内容。

(二) 王阳明"知行合一"的劳动教育观

王阳明认为,道德规范或道德准则,并不是存在于外部事物,而是内在于我们的心中,如我们对父母的"孝"、对朋友的"信"。但是,"孝"不在父母身上,"信"不在朋友身上,道德不是外在的东西,是我们内在的要求,同时更为重要的是要体现在行动中,即把"孝""信"之善德付诸行动。"如言学孝,则必服劳奉养,躬身孝道,然后谓之学。……学射则必张弓狭矢,引满中的。学书则必伸纸执笔,操觚染翰。尽天下之学,无有不行而可以言学者。"(《传习录》) 故"学"贵在"行"。王阳明认为真正的"知"一定是付诸实践、表现于实践的,而"行"一定是包含着知,包含着认识、理解的。"教人为学，不可执一偏。"在教育教学内容上，王阳明注重德智体美的全面发展。他在《教约》中作出明确的规定："每日工夫，先考德，次背书诵书，次习礼，或作课仿，次复诵书讲书，次歌诗。"同时还说："琴瑟简编，学者不可无"，"学射，则必张弓狭矢，引满中的"。其中，"先考德"指的是德育，"背书诵书""诵书讲书"指的是智育，"张弓狭矢"指的是体育，"琴瑟""歌诗""习礼"等指的是美育。王阳明还说："讽之读书者，非但开其知觉而已，亦所以沉潜反复而存其心，抑扬讽诵以宣其志也。凡此皆所以顺导其志意，调理其性情，潜消其鄙吝，默化其粗顽。日使之渐于礼仪而不苦其难，入于中和而不知其故，是盖先王立教之微意也。"就是说，在教学过程中，智力开发与修身养性、明确志向、调理性情、审美情趣及消除不良习惯等，是相互联系、相互影响的，而且是在不知不觉、潜移默化中达到一种中和的审美意境，进而达到以涵养品德为核心的综合素质的提高。

王阳明的"知行合一"观，启示我们在教育教学过程中要注重实践教学，即要把理论教育与实践教育结合起来。教育实践证明，只有把理论教育与实践教育有机结合起来，才能真正达到"化理论为德性""化理论为方法""化理论为素质""化理论为能力"的教育境界。①

（三）朱柏庐的劳动教育观

在清代，朱柏庐的《治家格言》中提到要积极从事家务劳动以及生产活动，要求家庭成员养成早起的习惯，继承中华民族勤劳俭朴的优良传统。《治家格言》教诲子孙要体恤劳动的艰辛以及谋生的困难，要深刻理解和同情劳动人民的不易；要珍惜劳动成果，培养勤劳节俭的良好品质，做到饮水思源，不能忘本。②《治家格言》从

---

① 迟成勇．论王阳明教育哲学思想对当代教育的启示［J］．贵州大学学报（社会科学版），2015，33（5）：52—59．

② 杨玲．论优秀传统文化在劳动教育中的影响［J］．中国文化与管理，2021（2）：112—118，177—178．

治家的角度论述了安全、卫生、勤俭、有备、饮食、房田、婚姻、美色、祭祖、读书、教育、财酒、戒性、体恤、谦和、无争、交友、自省、向善、纳税、为官、顺应、安分、积德等诸方面的问题，核心就是要让人成为一个正大光明、知书明理、生活严谨、宽容善良、理想崇高的人，这也是中华民族传统文化的一贯追求。

第二节　西方古代劳动教育

一、古希腊罗马时期对劳动的阶级定位

（一）古希腊时期的劳动教育

古希腊是西方文明的起点，也是西方教育的源头。从荷马时代教育的萌芽，到古风时代制度化教育的初现，再到古典时代希腊城邦教育的辉煌，直至希腊时期，希腊教育中都蕴含着大量的劳动教育思想。在悠久的历史长河中，古希腊的劳动教育思想不仅反映了当时社会的价值观和文化多样性，而且也为后世西方教育的发展奠定了坚实的基础。

1. 荷马时代的劳动教育

荷马时代是希腊社会从氏族社会向奴隶社会转变的过渡时期，被称为"黑暗时代"。荷马时代的教育尚属于非制度化阶段，没有出现专门的教育机构和学校体系，教育内容包括军事技能、音乐、舞蹈和吟唱，以及道德的培养和熏陶。个别教学是最普遍的教育形式，由经验丰富的长者担任教师，教育活动通常在实际活动中进行。荷马时代的教育对希腊教育的历史发展具有深刻影响，其教育内容和道德教育传统被后世希腊学校所接受和传承。

（1）重视军事技能教育和艺术教育

荷马时代的劳动教育思想主要体现在军事训练及其相关的技能和道德品质的培养上。军事技能教育主要是以体育的形式进行的。崇尚运动是荷马时代普遍存在的社会风气，这首先是源于战争对武

士强壮体格的需要，但希腊人将运动推而广之，将其发展成各类竞技比赛。他们将体育运动扩展到各种竞技比赛中，使之成为日常生活的一部分。无论成年人还是儿童，都积极参与各种技能挑战，如赛跑、铁饼、标枪、射箭、摔跤和武装决斗等。"由于运动成为希腊人生活中必不可少的活动，因而运动技术也成为教育的重要内容之一。"① 这些竞技比赛不但成为奥林匹克运动的起源，更成为城邦时代希腊教育体系中劳动教育的重要组成部分，体现了劳动教育在培养全面发展的个体中的核心作用。

《荷马史诗》对作战、仪式、宴会等场面的描述也反映出音乐、舞蹈和吟唱是希腊人生活中不可或缺的内容。在战场上，勇士们往往用歌声激励士气，这种习惯一直保持到古典时代；在举行各种仪式时，庄重的音乐本身就是仪式的一部分；在宾朋齐聚的宴会期间，音乐和舞蹈则是娱乐亲友的常见形式；即使是在日常生活中，吟唱诗歌和民谣也是为普通人所喜闻乐见的。从这些艺术活动在希腊人生活中的普及程度可以推断，音乐、舞蹈和吟唱也是荷马时代教育的重要内容。

（2）以道德教育为核心

在荷马时代，道德教育是教育的核心，旨在培养《荷马史诗》中赞美的英雄品质，如阿喀琉斯的勇敢、正义、友爱，奥德修斯的智慧、坚韧和冒险精神。这些品质不仅是优秀战士的标志，也是希腊人所推崇的理想。荷马时代对道德教育的重视，促进了希腊道德规范的形成，古希腊哲学家总结的"四大美德"——智慧、勇敢、节制和正义，正是源于这一时期的道德教育。同时，荷马时代的道德教育传统也为后代希腊教育所继承，成为城邦时代学校教育的重点。

2. 古风时代的劳动教育

在古风时代的诸多城邦中，斯巴达（Sparta）和雅典（Athens）

---

① 滕大春. 外国教育通史：第一卷［M］. 济南：山东教育出版社，1989：139.

最具典型意义,这两个城邦的教育也代表了这一时期希腊教育的两种不同的发展方向。

(1) 以军事教育为主的斯巴达教育

在古风时代的希腊,斯巴达教育以其独特的军事色彩而著称。斯巴达的社会结构分为三个等级:统治阶层的斯巴达人、底层的希洛人,以及中间的庇里阿西人。斯巴达人不从事生产,专注于军事训练,以维护城邦的安全和奴隶制的稳定。这种社会结构直接影响了斯巴达的教育方向,使得军事成为教育的首要任务。斯巴达教育的唯一目的是培养坚忍不拔的战士和绝对服从的公民,教育内容强调荣誉、勇敢、坚毅、强壮的体魄和军事技艺。通过这种教育,斯巴达培养出一代又一代的勇猛战士,长期保持了希腊诸城邦中最精锐的武装部队。斯巴达教育系统中并没有直接提到劳动教育,但军事教育、道德教育、音乐教育等内容一定程度上都与劳动能力的培养相关联。

军事教育的实施从7岁开始,男童要在专门的军事训练营接受教育,直到成为正式的军人。教育内容主要是体能训练和道德培养。其中,体能训练以"五项竞技"为主,即赛跑、跳跃、摔跤、铁饼和标枪;道德教育的目的是培养儿童顽强的意志以及坚韧、服从和爱国的品质。年满18岁的斯巴达青年,经过一定仪式成为"青丁"(Ephebe),进入高一级教育机构——青年军事训练团(又称"埃佛比",Ephebia)学习,接受"直接由军事首领组织的为期两年的强化军事训练"[1]。这两年的教育更为严格,而且每十天就要进行一次考试,教育内容也更贴近实战需要。由此可见,斯巴达人的一生是军人的一生,他所接受的教育也都是和军事活动密不可分的。

斯巴达在培养青少年的军人品质方面卓有成效。斯巴达民族的爱国主义、英雄主义风尚以及爱国、服从、严守纪律的品质的形成与其成功的道德教育不无关系。斯巴达将女子教育置于很高的地位,

---

[1] R. Freeman Butts. A cultural history of western education: its social and intellectual foundations [M]. New York: McGraw-Hill Company, 1955: 34.

女孩所受的教育在内容上与男孩并无不同。斯巴达人重视女子教育的目的在于强健女性体魄，以保证下一代的健康。同时，对女子进行军事训练，也可以使她们在男性出征时担当保卫城邦的职责。这是斯巴达教育与希腊其他城邦教育的不同之处。

（2）以身心和谐发展为主的雅典教育

雅典位于希腊中部的阿提卡（Attica）半岛。雅典通过政治改革，从世袭国王到民选执政官的转变，体现了民主因素的增长，并为后期城邦民主政治的发展奠定了基础。雅典的经济得益于其地理位置和资源，如优质陶土、大理石和良港，这些有利于制造业和工商业的发展，使得雅典的经济水平并不落后。雅典的民主政治和经济繁荣为公民民主意识的形成提供了条件，公民广泛参与政事，这对教育的发展产生了直接影响。雅典教育旨在培养青少年的体魄和理智，以及公正的品质，使其能够担负保卫城邦和参政议政的责任，强调身心和谐发展，劳动教育在其教育内容中均有体现。

雅典教育所造就的是身心和谐发展的合格公民，是健美的体魄和高尚的心灵完美结合的人。从身心和谐的观念出发，雅典人注重对青少年儿童进行多方面的教育，包括道德熏陶、体格训练、文化教育以及音乐、舞蹈教育等，但又反对专业化或职业化的训练。同时，雅典教育充分重视个人才能的发展。另外，在雅典人的观念中，音乐教育几乎涵盖了体育之外的所有教育内容，不仅限于音乐、唱歌和朗诵，还有阅读、书写、算术，甚至包括哲学、法律和自然科学，凡被认为利于增长知识、培养德行、陶冶心灵者均被列入音乐教育的范畴。可以说，"音乐教育构成了希腊男孩早期教育的最主要部分"[1]。体育是雅典教育的另一个重要组成部分，"体育强健身体，音乐陶冶心灵"[2] 是对雅典教育的最好诠释。体育自孩童幼年之时

---

[1] Paul Monroe. A text-book in the history of education [M]. New York：The Macmillan Company，1905：90.

[2] R. Freeman Butts. A cultural history of western education：its social and intellectual foundations [M]. New York：McGraw-Hill Company，1955：37.

即行开始,初期进行的是有关坐立行走的动作锻炼,使其行为动作合乎规范、姿势优美。13岁起进入角力学校(palaestra,或称"体操学校")进行更为严格的训练,其主要内容为"五项竞技"(赛跑、跳跃、摔跤、铁饼和标枪),其目的是锻炼身体的各个部位,形成健美的体格。16岁后,大多数公民子弟不再继续上学,开始从事各种职业,只有少数人进入国立教育机构——体育馆(gymnasium)接受体育、智育和审美教育。年满18岁后,经过严格的年龄和出身审查,青年被记录在城市公民册,成为"青丁",进入埃佛比,接受进一步的军事训练。两年后,他们被授予公民称号,成为城邦的正式成员。

3. 古典时代的劳动教育

古典时代是古希腊教育发展的黄金时期,也是其教育思想的辉煌时期。苏格拉底、柏拉图和亚里士多德,这三位被后世尊称为"希腊三哲"的哲学家和教育家,将教育思想推向了高峰。他们的教育理念对西方教育理论产生了深远的影响。自文艺复兴以来,西方教育史上的许多重要教育观点都源于这三位哲学家的思想。

(1) 苏格拉底的劳动教育观

苏格拉底(Socrates,前469—前399),古希腊著名的哲学家和教育家,被誉为"在西方教育史上有长远影响的第一位教育家"。他是最早将对人的关注引入哲学领域的思想家之一,实现了从自然哲学向伦理哲学的转变。他的父亲是石匠(也有说是雕刻师),母亲是接生婆。尽管他在诗歌、几何学、音乐等方面表现出过人的才智,但他却对哲学产生了浓厚的兴趣。他强调知识的重要性和理性思考,致力于传授伦理和政治知识。作为雅典公民,他曾三次参军,表现出顽强勇敢的品质,并关注道德、知识、体育的全面发展。他一生追求真理、坚持正义,但因此招致小人怨恨,最终在公元前399年被诬陷入狱,饮鸩而亡。他的逝世被黑格尔称为"雅典的悲剧,希腊的悲剧",但他的思想和方法对后世产生了深远影响。他的学生包括显贵富贾、平民百姓,甚至奴隶,他从不收取任何学费,这些都使他在教育史上留下了重要的印记。他的一生,是对真理和正义的不懈追求。他的故事，是对后世的深远启示。

教育的目的。第一，苏格拉底将教育视为发展人的才能、使人道德高尚的必经途径。苏格拉底认为，"无论是天资比较聪明的人或是天资比较鲁钝的人，如果他们决心要得到值得称道的成就，都必须勤学苦练才行"①。第二，苏格拉底认为，教育的目的就是造就道德高尚、才能卓越的治国人才。治国重任必须是由经过良好教育的德才兼备之人承担。他强调，只有学识渊博而具有"善德"的人，才能把城邦治理好。

教育的任务。第一，苏格拉底认为，教育的首要任务是培养道德。他提出了一个著名命题：知识即道德。他认为，只有经过良好的教育，获得了辨明是非的知识，才能够基于正确的判断做出正确的道德行为。第二，苏格拉底认为，为了培养治国人才，人们应该学习与掌握广博而实用的知识。他劝勉那些渴望担任公职的人学习专业知识，要求军事将领学习军事知识，掌握"将兵术"，并且认为军事将领应该是一个"足智多谋"的人；要求人们学习测量学和天文学。他认为，青年人要担任城邦国家的职务，必须学习和探求知识。第三，苏格拉底认为，教育的任务还包括增进健康。他把实现培养治国人才的目标与培养人们具有美德联系起来，劝人为善，并引导人们"努力成为有德行的人"。具体来说，就是培养人们具有智慧、正义、勇敢、节制四种美德。他认为，人的德行是教育的结果。

教育内容。第一，为了培养治国人才，苏格拉底提出，人们应该学习与掌握广博而实用的知识。"在所有的事情上，凡受到尊敬和赞扬的人都是那些知识最广博的人，而那些受人谴责和轻视的人都是那些最无知的人。"② 苏格拉底认为，只有知识渊博的人才能够得到人们的尊敬和赞扬，也才能够更好地运用这些知识来治理国家。苏格拉底除了教授政治、伦理、雄辩术和处理公共事务与私人事务所必需的实用知识外，还第一次将几何、天文、算术列为必学科目。

---

① 色诺芬. 回忆苏格拉底 [M]. 吴永泉，译. 北京：商务印书馆，1984：116.
② 色诺芬. 回忆苏格拉底 [M]. 吴永泉，译. 北京：商务印书馆，1984：109.

学习这些知识的目的不在于发展理论思维，而在于实用。第二，苏格拉底强调了身体锻炼的重要性。他认为，无论是日常生活，还是参与城邦的战争，甚至是进行思考和记忆，都离不开健康的身体。他主张，人们在做任何事情时都需要依赖身体，因此保持身体的最佳状态是非常重要的。他特别强调，在战争中，身体的健康显得尤为重要。总的来说，只有身体健康的人，才能完成所有应该做的事情。此外，苏格拉底还从思维和记忆的角度，论述了身体健康的重要性。他指出，许多人身体状况不佳，导致健忘、忧郁和易怒，这使他们失去了已经获得的知识。他认为，只有身体健康，才能拥有健全的理智。

（2）柏拉图的劳动教育观

柏拉图（Plato，约前427—前347），继苏格拉底之后西方哲学史上的杰出思想家。他出生于雅典的一个贵族家庭，从小接受了良好的教育。20岁时，柏拉图成为苏格拉底的学生，深受其影响。苏格拉底去世后，柏拉图开始了长达12年的游学生涯，其间访问了麦加拉、埃及等地，广泛研究当地的政治、经济、文化和教育，以及各派哲学、数学、天文学和音乐理论。这些经历对他的世界观、哲学体系和教育理论产生了深远影响。公元前387年，柏拉图回到雅典并创立了学园，这是他对世界教育史的重大贡献。柏拉图的学园不仅在当时产生了重要影响，也对中世纪大学的形成和发展产生了深远的影响。柏拉图的教育理念和学术成就，至今仍被世人推崇。

柏拉图认为，教育是构建"理想国"的重要杠杆，国家应当高度重视。基于这一观点，他对教育的各个阶段进行了详细划分。教育的第一阶段为学前教育期。柏拉图"是西方国家首先提出学前教育的人"[①]。他认为，儿童自出生后至3岁，要在家中接受父母和经过精心挑选的女仆的养育，3岁之后就要进入附设在神庙的儿童游戏场，在国家委派的女公民监督之下接受教育，教育内容包括讲故

---

① 滕大春. 外国教育通史：第一卷［M］. 济南：山东教育出版社，1989：280.

事、做游戏、音乐和舞蹈等，主要目的在于养成未来公民所应具有的勇敢、坚毅、快乐等品性。教育的第二阶段为普通教育期。年满7岁的儿童开始进入国家举办的初等学校，如文法学校、弦琴学校和体操学校，接受普通教育，学习内容以初步的读写算、音乐和体育为主。教育的第三阶段为军事训练期。在普通教育的基础上，年满18岁的青年将升入高一级的教育机构（埃佛比）接受为期两年的军事训练。在此期间，青年们的学习内容除军事技能和音乐外，还应该包括初步的科学知识，如算术、几何、天文等。这些知识的学习以实用为主，目的在于培养素质全面的军人。教育的第四阶段为深入研究期。20岁后，学业基本宣告结束，大部分青年将投入军营，成为国家的守卫者。少数经过筛选的优秀青年则要继续研究高深的科学理论，进入哲学家的培养阶段，其主要的学习科目是"四艺"，即算术、几何、天文和音乐理论。这一阶段的教育要持续10年，学习者年满30岁后，大部分人将充任公职，成为国家的高级官吏。教育的第五阶段为哲学教育期。他说："当一个人企图靠辩证法通过推理而不管感官的知觉，以求达到每一事物的本质，并且一直坚持到靠思想本身理解到善者的本质时，他就达到了可理知事物的顶峰了。"[①] 经过5年的哲学教育，学习者将被投入实际工作中进行锻炼，直到50岁时，那些在实际工作和知识学习中成就卓越，特别是在哲学上有着高深造诣的人，才能够最终成为柏拉图理想中的哲学家兼政治家——哲学王。可见，柏拉图所提倡的针对哲学家的教育贯穿人的一生，并且学习与实践锻炼始终是紧密结合的。

（3）亚里士多德的劳动教育观

亚里士多德（Aristotle，前384—前322），古希腊伟大的哲学家和教育家，他是百科全书式的学者，在哲学、政治学、物理学等多个领域有深刻的研究。他的教育思想集古希腊教育思想之大成，对后世影响深远。亚里士多德曾是柏拉图学园的杰出学生，被柏拉图

---

① 柏拉图. 理想国[M]. 郭斌和, 张竹明, 译. 北京：商务印书馆, 1986：298.

誉为"学园的精英"。公元前343年，他成为未来的亚历山大大帝的老师，直至其登基。亚里士多德后来在雅典创立了吕克昂学园，主持13年，其间创作了《政治学》等重要著作。他与学生们边散步边讨论学术，被称为"逍遥学派"。

亚里士多德提出对儿童实施体、德、智、美全面和谐发展的教育。第一，体育。亚里士多德认为，在儿童教育中，"我们必须首先训练其身体"。在他看来，对儿童进行体育锻炼的目的是培养儿童具有强健的体魄和勇敢的精神。他指出："让青少年就学于体育教师和竞技教师；体育教师将培养他们身体应有的正常习惯，竞技教师将授以各项角赛的技能。"但是，他又认为，儿童的体育锻炼要与他们的身体相适应，因为过度的和不足的锻炼都会毁坏体力，损害儿童的身体健康。第二，德育。亚里士多德认为，为了把城邦治理好，必须"引导公民纳入行善的良轨"。他指出，习惯和理性是人们具有"善德"的根基。在道德教育中，亚里士多德强调必须重视培养学生的习惯，因为人的德行是"生于人的习惯"的。第三，智育。亚里士多德强调指出："求知是人类的本性。"在他看来，人生来就是爱智慧的，就是要无尽地追求知识的。亚里士多德还认为，在掌握感性知识的基础上，学生必须通过"深思"才能了解事物的本质，掌握理性的知识。第四，美育。亚里士多德认为，美育的任务是培养儿童具有审美能力，并使人们能悠然自得地度过"闲暇"。

（二）古罗马时期的劳动教育

古罗马的教育理念在很大程度上继承了古希腊的教育思想，并在此基础上结合古罗马的教育实践进行了适当的调整。与古希腊教育思想相似，古罗马的教育理念也在西方教育史上占据了举足轻重的地位，并对全人类社会教育的进步产生了持久的影响。

1. 罗马的民族性格

作为一个农业国家，罗马在其发展过程中形成了自己的教育风格。比如，家庭是主要的教育机构；除读写算外，农业知识、道德义务、传统和习俗军事训练以及法律则构成了其主要的学习内容；而模仿或者亲身经历则是其主要的教学方法。在教育思想方面，罗马人相对地忽略了纯理论问题的探讨,更为关注的是教育中的各种具体问题,如教育程序、教学组织形式、教学方法等。

罗马教育中的劳动教育与其民族性格密切相关,罗马人更为注重知识性、模仿性和实际性,同时受到了实用主义教育观和文化融合的影响。这些因素共同作用,使得劳动教育成为罗马教育不可或缺的一部分。

实用精神。罗马人注重实际功利的特性表现在不重视思辨和纯理论,而是把聪明才智和注意力放在那些能产生实际效果的事务上。罗马没有产生名垂青史的伟大哲学家及自然科学家,但在法律、行政管理、工程、建筑等实用知识和技术方面的成就则为后人所颂扬和景仰。正如科瓦略夫所言:"罗马人的性格在任何地方可能表现得都不像在建筑上那样鲜明。罗马人是实事求是的建设者。希腊人是伟大的理论家,崇高的思想方式的创造者;但罗马人和希腊人不同,他们是生活的伟大建设者。"[①] 虽然罗马人中也诞生了伟大的哲学家,如西塞罗、塞涅卡等,但是他们的理论和作品关注的大多是道德践履,教人怎样做人,也即关心的是实际用途。

忠勇尚武。罗马民族从诞生之日起便是尚武的民族,勇敢善战、英武好斗是他们的本性,也是他们的显著特征。英雄主义既是鼓舞罗马人长期征战的重要精神力量,也是罗马人的重要价值观。而罗马人的尚武精神和英雄主义又是与爱国主义密切联系的。勇敢善战、沙场立功是爱国的举动,也是人生的最大荣耀。国家的利益高于个人的利益,任何个人必须无条件地服从国家的利益,即使为此牺牲个人的利益也在所不惜,这些成为罗马人的价值追求,罗马文学中所歌颂的英雄也正是这种形象的写照。

2. 罗马时期的劳动教育

在征服希腊并受希腊文化影响前,罗马没有产生正式的学校,家庭既是经济和生产单位,也是教育场所,家庭教育是这一时期主

---

① 科瓦略夫. 古代罗马史[M]. 王以铸,译. 北京:生活·读书·新知三联书店,1957:223,238.

要的教育形式。从 7 岁开始,男童的教育责任便由父亲来承担。父亲都会把教育孩子作为自己的重要职责。父亲是孩子们的真正教师。男童懂事后,就跟随父亲在田间地头从事一些力所能及的劳动,或者看护羊群或者耕种;还常常会跟随父亲到各种社会场合,学习将来参与正式社会活动的各种本领,形成各种社会生活所需要遵循的礼仪和习惯;此外,还会跟随父亲到城市的广场,体察有关社会以及政治方面的知识,培养自己在公众中讲演的能力。在接受希腊文化影响前,罗马人除了学习读、写、算等基本知识和技能外,尤为重视的是道德教育。罗马人在长期的生产和生活中形成了诸多的传统美德、风俗和习惯,他们讲求德性,提倡孝道,遵守法律,热爱祖国,倡导勇敢、果断、庄严、谨慎、节俭等。从儿童懂事之日起,这些社会道德规范便是他们行为和思想的标准,必须时时刻刻地加以学习。罗马人的教育主要是通过亲身经历、通过参与实际活动、通过做,以及通过对榜样的模仿来进行的。普林尼之子小普林尼曾回忆说:"在我们祖先中间,教育既是眼睛的事,又是耳朵的事。通过对长者的观察,年轻人学会了他们自己不久要做的事情,而且知道轮到他们教育后代时,给他们做些什么……"[1] 塞涅卡也曾说过:"通过格言是个长期的过程;通过事例则是一条捷径,并可以大见成效。"[2]

罗马人征服希腊之后,处于更高发展水平的希腊文化、学术和教育开始源源不断地流入罗马,罗马原有的文化教育形态也发生了根本性的转变。罗马教育的希腊化表现在教育内容、教学语言和教育机构的变化上。罗马的初等教育招收 7—12 岁儿童,教授道德格言、读写算以及十二铜表法。教师多为希腊人或贫困罗马人,教学条件简陋,常在户外进行。体罚在教学中被频繁使用,贵族和富豪

---

[1] 博伊德 金. 西方教育史 [M]. 任宝祥,吴元训,主译. 北京:人民教育出版社,1985:63.

[2] Frank Graves. A history of education before the Middle Ages [M]. New York: Macmillan Co,1909:241.

通常不会将子女送至公立学校，而是选择家庭教师。罗马的中等教育主要由文法学家开办的文法学校承担，最初以希腊文学为主，后逐渐包含拉丁文学。文法学校的教师享有较高的收入和社会地位，教学内容包括语言、文学、地理、历史等。修辞学校是罗马高等教育的主要形式，起初以希腊修辞为主，后发展出拉丁修辞学校。修辞学家的社会地位和收入较高，教学科目广泛，包括法律、数学、天文学等。

二、中世纪基督教对欧洲劳动教育的观念革新

自公元476年西罗马帝国灭亡开始，西欧步入中世纪，封建社会逐渐形成，并被教权所支配。僧侣阶级居社会之最上层，基督教是主流意识形态，基督教会也成为举足轻重的政治力量之一。国家地位也因宗教势力的强大而下落。信仰高于理性，宗教所描述的天国才是真正的理想国度，"现实的国家不过为其补助手段"罢了。禁欲主义和蒙昧主义是这一时期文明的主要特征，教育发展也进入了相对停滞的状态。因此，西欧中世纪常被西方学者称为"黑暗时代"。但不可否认的是，中世纪在西方文化发展的历史上，依旧作出了重要贡献。

中世纪的劳动教育主要呈现两个特点：一是与原始社会和奴隶社会相比没有本质区别，广大劳动人民在生活和生产活动中通过父辈传授或师徒传承的方式接受劳动教育；二是基督教机构与团体以宗教修养为目的进行劳动教育，将劳动视为修行的一种方式。因此，在西欧中世纪，劳动教育实践初现。

（一）禁欲主义下基督教学校里的劳动教育

禁欲主义起源于原始社会的宗教禁忌，后被基督教的二重世界论、体灵二元论和对女性的偏见所发展。在西欧中世纪，禁欲主义通过修道院的广泛传播而普及化，成为苦修和修行的传统。禁欲主义全面否定了人的现世价值，主张通过苦行、劳动和忏悔等方式修行，以接近上帝和为来世做准备。这种思想导致中世纪文化和教育的停滞，甚至造成精神文明与物质文明的倒退。

修道院学校和教会学校是中世纪欧洲的主要教育机构。修道院学校由隐居修行的修士组成，教育资源丰富，成为早期欧洲的教育中心。教会学校则包括主教学校和教区学校，前者培养教士，后者向世俗群众开放。这些学校的教育内容主要围绕神学理论、读、写、算和"七艺"开展，目的是理解《圣经》和掌握修行所需的知识。在此背景下，精神劳动自然是被承认的，但身体劳动的价值始终不被正名。劳动是作为禁欲修道的方式之一而被提倡的，"禁欲主义者保持着最低的生活和休息标准，每天通过不停的劳作来磨炼肉体"①。这是因为，按照基督教的观点，劳动本身并非值得赞扬的事情，劳动的果实不是用来享受的，而是罪的惩罚与救赎手段。比如，亚当和夏娃因为偷吃禁果，被神以"终身劳苦才得糊口"作为惩罚。值得一提的是，修道院中的劳动不仅为修士修行提供了途径，还"是当时西欧社会最基本的社会生产活动"②。修道院中的劳动带动了经济的发展，把宗教信仰与世俗生活和道德养成融合在一起，这也是中世纪基督教影响如此之深远的一个重要原因。

（二）世俗学校中的劳动价值观

除了基督教学校，中世纪还存在着由封建主举办的世俗学校。在这些世俗学校中，劳动和劳动教育被视为卑微，被完全排斥在外。这种在世俗学校里存在的鄙视劳动的价值观念从奴隶社会学校产生之时就孕育而成并形成传统，到中世纪仍然根深蒂固。

一方面，在古希腊的学校中，劳动教育被彻底排斥在学校教育之外，只能夹杂在日常的生活和生产活动中进行。教育与劳动被基本分离。古代希腊社会是一个完全的阶级社会，自由民与奴隶相对立。因此，闲暇与劳动是相互对立的。如今的西方"school"（学校）一词源自希腊语"skhole"（闲暇），学校教育的本质是获得闲暇而不必为生计劳动。奴隶作为工具没有接受教育的权利，他们承担所

---

① 任哲，王凌皓，次春雷. 基督教禁欲传统对西欧中世纪教育的影响研究［J］. 科学与无神论，2021（1）：39—45.

② 於燕燕. 试析10—13世纪西欧的修道院改革［D］. 上海：华东师范大学，2007.

有劳动，为奴隶主们提供从事社会活动、政治活动和文化活动的必要条件。因此，劳动是奴隶的责任，但一切身体劳动都被视为卑下而轻视；相反，精神层面的理性越多，身体劳动越少，则越高贵。另一方面，当时社会刚刚起步，劳动所需技术含量很低，不需要过多智力，因此日常生活中的劳动教育无需在稀缺的学校教育中进行。这一时期学校的任务主要是记录、保存、传播和讲授人类已积累的知识等精神财富，为奴隶主政权培养具有理性思考能力的高级官员。

在学校教育中蔑视劳动和劳动教育的传统价值观对过去和未来都产生了深远影响。古希腊和古罗马时期缺乏教育家在学校中进行劳动教育的实践迹象，而中世纪世俗学校延续了对劳动的蔑视态度，将劳动和劳动教育完全排斥在校门之外。教育家们的劳动教育实践一直被边缘化，以让位于纯粹的理性追求，缺乏产生和发展的条件和环境。

（三）圣·本笃的劳动教育实践

圣·本笃（Saint Benedict，480－547），基督教历史上著名的修道士、圣徒和传教士。他早年接受了良好的教育，但对世俗生活不感兴趣，因而选择了虔诚的宗教生活。在成年后，他离开了家乡，独自寻求神的旨意，并在修道士的生活中找到了他的使命。他于524年建立了蒙特·卡西诺修道院，并于几年后为该修道院制定了详细的修道院规则。他的规则强调了虔诚、节制、纪律和奉献的重要性。圣·本笃的规则被许多修道院采纳，成为西方基督教修道院生活的标准。圣·本笃的生平和思想激励着无数信徒和修道士。他的影响力持续至今，被认为是基督教历史上最伟大的修道士之一。

圣·本笃修道院的规则是在整合先前的规程基础上，融合了圣·本笃自己的理念而制定的。它对修道院的组织管理、日常生活、饮食服饰、劳动与教育、基本道德和宗教活动等方面都作出了严格的规定。在修道院的生活与教育中，劳动扮演着极为重要的角色。第一，从劳动目的来看，劳动最重要的目的是提供修道手段。圣·本笃认为，修道院是为上帝服务的，"懒惰是灵魂的敌人，为了这一明确的原因，修士们在一些时间里要用双手从事劳动，另一些时间用来阅读圣书"。"因为当他们通过自己双手的劳动而生活时,他们才是真正的修士。"① 因此,劳动是作为修士必须遵循的仪式而存在的,人人都要参与。第二,圣·本笃修道院所进行的劳动是集体劳动,修士们统一进行劳动,且劳动成果归修道院所公有。这不仅满足了每位修士进行修道的需要,也使得修道院实现了经济独立并产生了社会效益。第三,圣·本笃修道院的劳动具有纪律性。从劳动时间来看,圣·本笃修道院的劳动是有严格时间的,修道士要严格按照院规规定的时间进行劳动和其他活动。第四,圣·本笃认为,纯粹的苦修是远离现实社会的,"自我体罚是无意义的、偏执的、不切实际的行为,修士应该采取积极的行为,即劳动"②。因此,在劳动内容上,一方面,修道院中以修道为目的的劳动并不是折磨人的繁重劳动,而是一些较为轻松的劳动,其中书写劳动被认为是修道院中最常见的劳动。由此也可以看出,圣·本笃不仅提倡身体劳动,也提倡精神劳动,这也是教育与劳动相结合的具体表现。另一方面,修道院中以获得实利、维持生计为目的而进行的劳动则是稍微艰苦的生产劳动,包括农耕、砍伐森林、整治沼泽等。第五,修道院规则中设置的劳动是非常人性化的。一方面,身体虚弱和患病的修士为避免身体的过度损伤,只需进行一些轻松简单的手工劳动;另一方面,修士们在从事辛苦劳动后,院长会适当地提供更多的食物来为其补充体力。

三、启蒙时代劳动教育形态的转变

启蒙运动以自然科学革命为基石始于18世纪,兴起于英国和法国,后来蔓延至意大利、普鲁士、奥地利,甚至北美地区,成为一场国际性的思想解放运动。这场运动在思想、政治和教育等领域引发了深刻的变革,并直接导致了法国大革命和美国独立战争的爆发。

---

① St. Benedict, D. Oswald Hunter Blair. Trans. The Rule of St. Benedict (Second Edition) [M]. London and Edinburgh: Sands&Co., 1911.
② 王亚平. 修道院的变迁 [M]. 北京:东方出版社,1998:14.

启蒙思想家们以"天赋人权"为出发点,强调知识至上、理性至上,并确立了乐观的进步主义观念。基于这样的理念,启蒙思想家大多极力强调发展教育,启蒙运动也因此促进了教育上的历史性变革,从对劳动最原始的消极状态逐步转化为积极的现实劳动,并将重点放在劳动教育上,强调利用劳动教育提高劳动者的劳动素养,从而推动社会生产。随着社会的发展,人们将视线转移到了劳动教育的育人性上,强调劳动才是人生意义的终极答案。劳动教育对于劳动智慧的提高和情感的发展起到了催化作用。

(一)强调劳动的生产教育

1. 洛克:劳动可以获得生产技能和增强体魄

约翰·洛克(John Locke,1632—1704)非常重视劳动教育,他针对上层绅士阶级和下层劳动人民阶级设计了不同的劳动教育体系。因此,他的劳动教育理念具有明显的等级和阶级特征。在绅士教育方面,洛克主张绅士应当学习手工技艺,积极推崇劳动教育。这样做不仅可以促进精神愉悦,增强体魄,养成健康的生活习惯,还能够获得更多的生产技能,增进个人财富。劳动和劳动教育不仅能够让贵族掌握熟练的劳动技能,满足个人的生活和健康需求,有效管理和监督下属的工作,更重要的是能够给予贵族青年精神上的调和与消遣。同时,他也将劳动视为对上层阶级子女的一种惩罚教育。

洛克在劳动阶级中主张的劳动教育是从劳动所带来的经济实利出发的,具有明显的谋生性与生产性。他于1697年为英国政府贸易与殖民地委员会撰写了《贫穷儿童学校计划》,提议在每个教区设立劳动学校,要求贫困家庭领取救济金的孩子们在13—14岁时接受教育,以劳动来抵偿生活费用。他特别关注贫困儿童,主张为他们提供基本的生产技能教育,以使他们能够自食其力。洛克认为,提高儿童的理解能力必须通过实践劳动,因为我们天生具备劳动的能力,但只有通过实践才能够掌握生存技能,从而使儿童更加熟练,并引导他们走向成熟。尽管他针对不同阶层的儿童提出了不同的劳动教育方案,但无论身份地位或财富程度如何,洛克都认为每个人都应该从事劳动。他认为，劳动教育可以为个人提供不同的体验和技能，促进个人的全面发展。

2. 贝勒斯：劳动教育可以实现财富增长和改善生活水平

随着资本主义的发展，人们逐渐意识到劳动对财富创造的重要性，推动生产力的提升、实现财富增长和人民生活水平的改善成为国家发展的首要目标。约翰·贝勒斯（John Bellers，1654—1725）主张以劳动作为创造价值仅有的源泉，将贫困人口动员起来参与生产劳动，而非依赖救济。他提出设立劳动学校，认为这不仅对贫困人群有益，也对富裕阶层有利。他强调"贫民的劳动即是富人的财富"，主张增加工人数量以促进财富的增长。贝勒斯强调集体劳动，并试图通过工人教育来解决当时尖锐的社会问题。

贝勒斯考虑到工业革命和产业兴起的需求，提议成立工业学院，将勤奋劳动与教育相结合，使贫困群众通过勤劳的劳动方式谋生，使贫困后代有机会摆脱贫困并自食其力，同时培养良好的习惯和道德品质。此外，通过为贫困人口设立劳动学校，富人也能够保障贫困群体的生存水平，使其免于贫困，以便更好地为富人创造财富。贝勒斯详尽地阐述了劳动教育的重要性，强调只有通过劳动，才能获得更多的劳动知识，维持生计并实现生命的意义。他强调劳动不仅有助于个人心理健康的发展，而且一个从事劳动的人比一个长期读书的人要活得久，也提倡富人参与劳动以增强体魄。

3. 亚当·斯密：劳动决定价值

随着资本主义大机器制造时代的来临，人们逐渐认识到国民素质、劳动力和国家经济发展之间存在着密切联系。亚当·斯密（Adam Smith，1723—1790）与那些重农主义者不同，是一个典型的重商主义者。他认为，财富的根源在于劳动，一个国家的劳动生产力是创造价值、维持整个国家生活消费和便利设施的基础。亚当·斯密在《国富论》中阐述了国民创造的财富数量与总体劳动生产能力之间的内在逻辑关系，认为劳动能力的大小与创造财富总量成正比。在这一基础上，亚当·斯密主张劳动能力的大小与接受的劳动教育有关，认为增加对劳动力的培训教育可以带来有百利而无一害的效果。他强调财富来自劳动而不仅仅来源于参加生产的劳动力，更关键的是在于更高的劳动生产率。亚当·斯密还探讨了劳动分工的问题，解释了劳动分工对提高劳动生产率的作用。人是劳动的主体，人的知识和技能决定了劳动的价值。亚当·斯密认为，与学习一知半解的书本知识相比，机械技术知识更为重要，因为这能提高劳动者的素质，创造更多的财富。这也是他倡导劳动教育、重视劳动者文化素质的根本原因。

（二）强调劳动的育人教育

1. 卢梭：劳动是人生意义的最终答案

让-雅克·卢梭（Jean-Jacques Rousseau，1712—1778）是自然主义教育之父，亦是劳动教育的倡导者。他对于劳动的答案在他的《爱弥儿》一书中深刻地体现出来。他认为，劳动是人不可豁免的责任，从培养具有独立性与社会性的"自然人"的角度出发，主张实行劳动教育。他主张，劳动教育要选择具有实用性、卫生性与趣味性的劳动，且应根据儿童的年龄、性别和个性来安排。这不仅可以提高劳动效率，还可以发展儿童的劳动积极性和对劳动的兴趣。适宜的劳动教育是连接智育与实际生活的通道，通过劳动教育获得的知识要比单纯从书本上获得的知识更加牢固与可靠，因此应在儿童的12—15岁对其进行与智育同步的劳动教育；儿童应该进入工场去亲自接触与领会手工劳动，木工劳动是最优良且实用的手工劳动。"爱弥儿种豆子"的故事是卢梭通过劳动实践教导爱弥儿懂得财产观。在这场劳动实践中，卢梭通过指导爱弥儿进行劳动，使其产生一种劳动意识，使其明白通过自身的劳动获得的果实是属于她自己的。卢梭在书里强调，每个孩子都应该接受这样的劳动教育，要根据孩子性情，要让劳动与孩子的心理相结合，这样才会事半功倍。他认为，劳动既能使人们活动四肢，又能训练技巧，而且在劳动的过程中能够培养优雅的气质，劳动能够促进儿童身心的发展、身体的锻炼和思想的提升。

随着物质资料越来越丰富，人类拥有的东西超过了他们的需求，此时劳动合作和分工就出现了。卢梭在书中阐述了劳动分工与人的需求的关系,他认为人与人的天资和能力是不同的,所以哪怕一个人很有能力,也不可能同时把 10 份工作做好。如此一来,如果每个人都做 10 份工作,那这 10 个人的需要都得不到满足。因此,只要人人都从事自身擅长的工作,那么一人只需要做一份工作,这些人的需求都可以得到满足。卢梭简单地解释劳动分工理论,强调了劳动分工作用的最大化。卢梭批判不劳而获,他强调在自然面前,所有人的需要是一样的,满足需要的手段也没多大差别,人人都要在自然中劳动,劳动面前人人平等,并不存在多大的差异。任何一个公民,穷人也好,富人也罢,只要他不劳动,必然要遭到别人的唾弃。[①] 卢梭重视劳动本身,认为劳动教育是人们发展不可忽视的重要因素。

2. 裴斯泰洛齐:劳动教育促进了儿童的全面发展

裴斯泰洛齐(Johan Heinrich Pestalozzi,1746—1827)认为人的能力可分为"心、脑、手"三部分,它们需要协调发展。只有当脑和手的能力顺从于高尚的心时,这三者才能协调一致。[②] 这三者分别代表着"德育、智育和劳动教育",其中劳动教育被视为将这三者有机结合并发挥最大效能的催化剂。裴斯泰洛齐将劳动教育视为德育和智育的基础,特别是对儿童而言。他认为,如果儿童只注重思考而忽视动手能力,或者只注重使用蛮力而缺乏思考,都会影响其均衡发展。因此,劳动教育成为连接思考和动手能力的最佳桥梁。裴斯泰洛齐在《林哈德和葛笃德》一书中宣扬了他的教学理论,主张采取与自然发展秩序相结合的教学方式,关注儿童的心理情感发展,将爱与劳动相结合。他主张在儿童可接受的范围内开展劳动实践活动,通过教育和真实的劳动获得人的自尊,从而培养孩子的个性和道德。

[①] 卢梭. 爱弥儿[M]. 成墨初,李彦芳,译. 武汉:武汉大学出版社,2014:116—118.

[②] 朱旭东,王保星. 外国教育思想通史:第六卷 18 世纪的教育思想[M]. 长沙:湖南教育出版社,2002:387.

裴斯泰洛齐非常重视劳动教学的育人性，认为发展人的内在力量需要利用社会和人生相结合的教育方法，即将功课和劳作相结合。① 他强调人的劳动与社会发展的紧密关联，通过教学和劳动相结合，实现教师、学习者、教育手段和教育内容的一体化，从而使劳动育人效果最大化。他认为，对儿童而言，接受劳动教育是成长发展中不可或缺的一环，可以培养其创造精神与实践能力，以及崇尚劳动、热爱劳动的思想品德，从而实现儿童道德、智力和心理的全面发展。

四、工业革命时期劳动教育的社会价值

工业革命促进了经济和生产力的快速发展，导致社会结构和劳动力需求的变化，这就要求教育系统培养具备新技能和知识的劳动者。随着工业化进程不断推进，教育内容开始强调实用性和技术性，教育方法也趋向于实践和经验学习，以适应工业社会的需要。工业革命背景下，劳动教育成为教育改革的重点，教育家开始将劳动教育引入普通教育中，强调通过劳动活动培养学生的职业技能和社会责任感。工业革命推动了教育的普及和国家化，各国政府开始重视教育在国家发展中的作用，努力提高国民的文化水平和职业技能。

（一）第一次工业革命时期的劳动教育

1. 欧文的劳动教育实践：以工人及其子女为主要对象

罗伯特·欧文（Robert Owen，1771—1858）是英国空想社会主义者和教育改革家，他强调通过教育与生产劳动相结合来培养全面发展的"新人"，并进行了一系列劳动教育实践。在欧文所处的时代，英国下层民众受到严重压迫和剥削，社会生产的发展与变革导致农民和手工业者的生活极度艰苦。资本家为了牟取暴利，对工人实施了残酷的剥削与压迫，童工问题尤为突出。因此，欧文的劳动教育实践始终以劳动人民的利益为出发点。欧文认为，劳动教育不

---

① 张焕庭. 西方资产阶级教育论著选［M］. 北京：人民教育出版社，1979：173.

仅对个人的全面发展有积极作用，也是改善资本主义社会的手段与途径。他特别强调劳动的育人功能，认为劳动教育是培养新一代能够将科学技术与生产劳动、脑力劳动与体力劳动、理论与实践有效结合的人才的必要途径。同时，劳动教育也可以塑造人们普遍的品格，使其具备"不违背人性的语言、情感、信仰或身体方面的习惯和举止"，从而最终促进社会的进步与发展。

（1）在新拉纳克的劳动教育实践

1800年，欧文成为苏格兰新拉纳克纺织厂的经理，他站在劳动者的角度，开始了针对工人及其子女的教育工作。他为不到6岁的幼儿设立了幼儿学校；为6—10岁的儿童开办了初等学校；为11—17岁的在工厂劳动的少年工人开设了工人夜校。1816年，他将这三种学校合并，成立了英国的第一所公社学校——性格陶冶馆，并形成了一套完整的教育体系，从幼儿教育到初等教育再到成人教育，旨在培养能够应用科学技术、理论与实践相结合的新一代社会参与者。劳动教育成为初等学校和工人夜校的主要内容之一。在初等学校中，开展劳动教育是为了给孩子们未来的工作积累知识与经验。在学校，学生们被鼓励成为家务和园艺的助手，每天都会花几个小时的时间进行体力劳动，并接受缝纫等技能课程。对于年满12岁的儿童，他们将接受更为复杂的劳动教育，学习农业、渔业、矿业、烹饪、建筑等各个领域的生产劳动。工人夜校也是教育与劳动结合的重要实践。工人们白天从事工作和劳动，晚上则用两个小时的时间学习阅读、写作、算术等基础知识，以及缝纫、编织等对工作有益的技能。欧文在新拉纳克的劳动教育实践取得了成功，工厂效益不断提高，工人的生活状况得到改善。

（2）在"新和谐村"中的劳动教育实践

1825年，欧文在美国印第安纳州开展了社会主义公有制性质的教育实验，叫作"新和谐村"。该村设立了幼儿学校（接纳2—5岁的幼儿）、儿童日校（招收6—12岁的儿童）和夜间学校（招收12岁以上的少年、青年和成年人）。整体而言，"新和谐村"的公社学校教育模式与新拉纳克学校极为相似，依然坚持教育与生产劳动相结合的理念。儿童日校分为普通学校和工农业学校两种类型，后者是主要的劳动教育场所之一。在工农业学校，学生不仅学习常规文化知识，还接受工农业生产劳动教育和家庭劳动教育。欧文根据学生的年龄和个性需求，将劳动分为手工劳动、家庭劳动和园区劳动等不同类型。此外，欧文还明确划分了劳动和学习时间，这种交替的课程安排有助于学生将所学知识与劳动实践结合起来，更好地理解二者之间密切的关系。

欧文的劳动教育理念与实践成为后来马克思主义教育与生产劳动相结合的重要参考，可谓在马克思时代之前培养现代劳动者的杰出代表。

2. 福禄培尔的劳动教育实践：以促进儿童自我发展为目的

德国教育家弗里德里希·威廉·奥古斯特·福禄培尔（Friedrich Wilhelm August Fröbel，1782—1852）积极倡导幼儿教育，并创立了世界上首个幼儿园，毕生致力于幼儿教育事业，其教育实践中蕴含丰富的劳动教育元素。福禄培尔期望儿童不仅是被动接受知识的对象，更应通过自我活动和实际经验成为创造者。因此，他的教育理念的核心在于将创造性活动与学习相融合。福禄培尔强调劳动教育的重要性，认为"劳动是表现生命的方式和途径"[①]，"手工劳动有助于技能、创造力和肌肉运动的发展"[②]。因此，他主张脑力劳动与体力劳动相结合，在家庭和学校教育中，应让孩子参与适当的体力劳动。他还认为，早期劳动教育对儿童的发展至关重要，成年人应有意识地为儿童安排适宜的劳动活动。

1837 年，福禄培尔在德国的布兰肯堡创立了一所学前教育机构，最初叫作"幼童活动学校"，到 1840 年正式更名为"幼儿园"。

---

① 福禄培尔. 福禄培尔幼儿教育［M］. 李铭编，译. 北京：中国妇女出版社，2015：192.

② Dr. Rayees Ahmad Dar. Educational thought of Friedrich August Froebel［J］. International Journal of Advanced Multidisciplinary Scientific Research（IJAMSR），2018，1（9）：36—42.

他将幼儿的全面发展视为教育目标,以自主活动、游戏互动和社会参与为教学原则,为孩子们设计了一系列活动课程,展现人类在自然和社会中的基本生活。因此,劳动作为儿童自发表现和人类典型生活方式的一种形式,成为幼儿园课程中不可或缺的组成部分。幼儿园招收3—7岁的孩子,课程以活动、游戏和作业为主,其中包含众多劳动活动。在福禄培尔设计的作业中,已经包含了编织、缝纫等简单的劳动活动。① 此外,儿童还参与初级的自助服务劳动,以及园艺、木工、皮具、泥塑等手工劳动②,这些都是福禄培尔极力推崇的。其中,园艺劳动是幼儿园活动的核心之一。福禄培尔为幼儿园的孩子们设置了劳动园地,分为集体和个人两个部分。每天上午,孩子们都要参与一些简单的园艺劳动,以提升劳动技能和创造力,同时获取知识与情感的收获。

3. 教育家劳动教育实践的特点

这一时期的教育家们在劳动教育实践中展现了多方面的特点,这些特点充分体现了当时的时代背景和教育理念。第一,他们在劳动教育的内容上融入了工业生产、农业劳动和手工劳动等多种形式,反映了工业革命对社会生产力的影响,也符合当时社会对教育的需求。第二,教育家们更加强调劳动教育的育人功能,希望通过劳动教育实现学生身心的和谐发展,这一点与现代劳动教育的理念相符,体现了教育观念的进步性。第三,他们的劳动教育实践对象更为广泛,不仅包括初等教育和中等教育阶段,还延伸至成人教育和幼儿教育领域,展现了教育覆盖面的扩大和普及化趋势。第四,教育家们探索了多种劳动教育实践方式,包括将劳动与教育相结合以及在活动课程中实施劳动教育,这为后来的教育理论家如杜威和蒙台梭

---

① Shirakawa Y, Saracho O N. Froebel's kindergarten and its movement in Germany and the United States [J]. Early Child Development and Care, 2021, 191 (7-8): 1164-1174.

② Dr. Rayees Ahmad Dar. Educational thought of Friedrich August Froebel [J]. International Journal of Advanced Multidisciplinary Scientific Research (IJAMSR), 2018, 1 (9): 3.

利提供了启示和借鉴。第五,劳动教育的职业预备性得到了更加突出的强调。教育家们将劳动教育视为培养未来社会工作者和工人的重要途径,这与当时工业化进程对技术工人的需求密切相关。综上所述,这一时期的教育家们在劳动教育实践中体现出了时代性、育人性、普及性、多样性和职业性等特点,为当代劳动教育的发展奠定了基础。

(二) 第二次工业革命时期的劳动教育

1. 杜威在活动课程中的劳动教育

约翰·杜威(John Dewey,1859—1952)的教育理论体系中蕴含丰富的劳动教育思想。首先,杜威从经验教育的内涵要求和民主社会的现实需要出发,十分强调劳动和劳动教育。他的教育理论核心是经验教育,认为一切教学活动都应"从做中学",以儿童的实际生活经验为主。在这一视角下,劳动成为获取经验的重要途径。同时,杜威的哲学观基于民主社会,认为教育的最终目的是建设和改良民主社会、实现民主主义理想。劳动教育可以使儿童具备社会所需的知识与技能,促进民主社会的健康发展。从民主社会的角度看,劳动和劳动教育是必然要求。其次,劳动教育是活动课程和主动作业的重要形式。杜威课程论的核心是活动课程,以社会共同的基本事务为内容,主动作业是活动课程的基本形态,包含着广泛的人类价值,它涵盖园艺、木工、烹饪、缝纫、印刷、书籍装订、纺织、建筑、冶炼等劳动活动,并不局限于教室和学校,大自然、农场、车间、商店和实验室等都是学生学习与成长的场所。

1896年,杜威创办了芝加哥实验学校,又称"杜威学校"。杜威学校开展了全面的活动课程和实践教育实验,包括大量的劳动教育内容,其中最典型的劳动课有烹饪课、纺织课、木工课和园艺课,贯穿整个学校教育过程,具有逐步深化的教育意义,并在课程中占据重要地位。

杜威根据儿童的成长阶段和年龄特点,设计了详细的活动课程教学计划,其主题与儿童的发展能力和自然历史相协调。学生根据不同主题和内容自主参与相关劳动,这些劳动不受学校或教师的硬性规定，而是学生自主进行，旨在获取与活动主题相关的经验知识。4—5岁的学生主要重现家庭生活和社区生活，参与安放餐具、简单烹饪、洗碗、洗熨衣服和打扫等家务劳动。6岁的学生开始关注社会关系，劳动范围扩展到为日常生活服务的人群，涉及农业、矿业和伐木等领域。7岁的学生开始接触人类历史，学习重点放在原始部落的生活劳动上，具体劳动因学生感兴趣的部落而异。8岁的学生开始从事更复杂的劳动，学习集中于世界各大洲的移民和探险活动，涉及典型工业劳动。9岁的学生侧重于获得读、写、算等能力，这些能力仍然是从劳动中获得的，并作为劳动的附带产物和必要帮助，劳动内容侧重于特定民族的乡土劳动。10岁的学生主要在工场工作，为建立殖民地史展览室从事殖民地时期的劳动，同时加强缝纫和烹饪技能。11岁的学生研究欧洲背景下殖民地各国的活动，与农村劳动相关。12岁的学生具有更强的内在指导和判断力，根据个人兴趣从事科学、历史和地理研究的劳动，但学校仍组织烹饪劳动。13—15岁的学生进行更专业化的劳动，主要是建造和装潢杜威俱乐部；除俱乐部的相关劳动外，学生们自己挑选劳动，男生选择制作工具抽屉、照相三角架和揉面板，并进行学校维修工作，女生则制作工具箱、书架、桌子和乐谱架等物品。这些劳动都与儿童的能力发展协调一致。

2. 凯兴斯泰纳的劳作学校实践

凯兴斯泰纳（G. Kerschensteiner，1854—1932）是德国教育领域的重要人物，他将德国普通国民学校改革为新型劳作学校（Labor School），并在其中进行了关于劳动教育的诸多有益尝试与实验，开启了现代劳动教育之先河，以其创新性的教育思想和实践而闻名于世。

凯兴斯泰纳实施劳动教育旨在培养有益于国家并愿意为国家服务的和谐发展的公民，促进国家和社会的发展。劳作学校中的劳动教育主要包括四个任务：第一，进行职业预备教育，培养学生具备国家和社会所需的熟练工作技能和对劳动的兴趣与习惯,以成为有用之人;① 第二,培养学生的领悟力,以使其技能的熟练运用建立在深刻理解的基础上;第三,培养学生具备无私奉献的美德、性格与精神,成为具有优秀道德品质的国家公民,这被视为劳作学校教育中至关重要的一环;② 第四,培养学生的国家和民族归属感,促进他们在团体生活中的合作精神和能力。

凯兴斯泰纳强调,劳作学校承担着社会和国家赋予的重要责任,所以这些学校由国家负责办理,并实行强制、义务和免费政策。一方面,凯兴斯泰纳将国民学校的学制延长至8年;另一方面,德国政府提供了劳作学校所需的经费和法律支持。在劳动教育的组织上,学生可以根据兴趣选择1—2种职业工艺进行深入学习,学校会根据职业种类和学生兴趣进行分组教学,从而缩小教学规模,提高教育效果和教师的教学效率。"真正掌握新概念和在某些科目进行必要的手工操作,只有在学生人数适中的情况下才能实现。"③

在劳动教育内容上,凯兴斯泰纳进行了深入的调整。首先,他在国民学校中精简了通识教育学科,并增设了专门的劳动必修课程,而非简单地在传统学科中添加劳动元素和直观教学方法。其次,劳作学校的手工劳动课程与普通学校的手工课程有所不同,它们更加贴近生产生活和学生未来职业的实际需求,旨在为学生的职业预备提供支持。劳动课程包括手工劳动直观课、木工课、女生手工课、手工劳动概况课和专门的劳动课。其中,手工劳动直观课强调感官训练,促进学生的思维观察能力和概念学习;木工课对男女同学来说都是主课,每个年级都开设,是劳作学校中最重要的劳动课程,用来培养儿童的机械性技能;女生手工课则由专门训练的女教师负

---

① Kerschensteiner G. The fundamental principles of continuation schools [J]. The School Review,1911,19 (3): 162—177.

② Kerschensteiner G. The fundamental principles of continuation schools [J]. The School Review,1911,19 (3): 162—177.

③ 李红梅,马立志. 试论凯兴斯泰纳的"劳作学校" [J]. 继续教育研究,2010(6): 161—162.

责，包括编织、缝纫和刺绣等内容；手工劳动概况课和专门的劳动课从三年级开始开设。凯兴斯泰纳认为，只有当劳动活动满足学生的发展需要、有利于意志形成和判断力提高时，才具有真正的教育意义。因此，劳作学校提供的劳动课程不仅注重身体动作，也涉及思维活动，具有教育和陶冶的双重价值，而非仅限于纯手工、体力或生产性劳动。

在劳动教育方法方面，凯兴斯泰纳强调了实践经验对公民能力和精神的塑造至关重要。他认为，真正的素养不仅存在于知识的形式化学习中，还会通过实际的劳动体验和经历得到锤炼。① 为此，劳作学校提供了丰富的实践机会，包括各种工作场所和实验室，并邀请经验丰富的工艺技师进行现场教学，或由教师和学生组成劳动小组直接开展劳动，使学生能够理解机械原理、提升技能、进行科学思考，并享受劳动的乐趣。此外，学生还有机会参与工厂实践，拓宽视野。凯兴斯泰纳在劳动教育中注重培养学生的兴趣、发展学生的需求和创造力。他认为，劳动教育可以满足儿童的活跃天性，因此劳作学校鼓励学生按照自己的设想和目的进行独立思考和劳动，并检验自己的成果。另外，学校根据性别差异因材施教，安排了不同的劳动课程。凯兴斯泰纳认为，集体劳动是塑造性格和品德的最佳途径，在劳作学校中，学生通过集体劳动培养了对他人的考虑和为集体付出的精神，促进了公民美德的培养。同时，他反对将劳动教育等同于游戏的玩乐态度，要求学生以严谨的态度对待劳动，养成良好的劳动习惯和认真的工作态度。

3. 教育家劳动教育实践的特点

在这一时期，整个社会环境都非常支持劳动教育，因此教育家的劳动教育实践充满了独特的活力和特色。第一，大多数教育家建立了系统完善的理论框架，如凯兴斯泰纳的《劳作学校要义》，为劳动教育提供了理论支持；第二，劳动教育服务于国家，以培养学生

---

① Kerschensteiner G. Begriff der Arbeitsschule [M]. Oldenbourg：Oldenbourg Wissenschaftsverlag，2020：75—78.

成为对国家有用且愿意为国家服务的公民为最终目的；第三，教育家更强调劳动教育的育人作用，注重培养学生的创造力、独立思考能力和自主发展，关注儿童的兴趣、需要和天性等个人因素，主张儿童在劳动中得到自由成长；第四，他们的实践具有明显的职业预备性，且劳动内容更倾向于机械化和工业化，为学生提供职业教育的途径；第五，教育家的实践充满创新性和特色，为劳动教育注入了新鲜活力，并为今天的实践提供了借鉴价值。

第三节 中外古代劳动教育思想的特征与启示

劳动使人从动物当中脱颖而出，发展出丰富的物质世界和精神世界。人类的历史就是一部漫长的劳动进化史，通过劳动，人才得以发展，社会才得以进步。中国古代崇尚劳动的价值观念、以人为本的劳动教育原则、富有特色的"耕读文明"以及言传身教的教育方法至今仍深刻影响着我们。古代西方劳动教育的阶级性、独立性、生产性以及社会性等特征值得我们深思并从中汲取经验。了解中外古代劳动教育思想的特征，有利于我们从中获得启示，为当代发展劳动教育思想提供指导。

一、中国古代劳动教育思想的特征

中国古代对劳动教育的重视程度颇高，将劳动视为一种培养人的身心健康、实践技能和集体责任感的有效教育途径，认为劳动可以锻炼人的意志，培养人的勤劳、勇敢、团结、创造力等优秀品质。从先秦诸子百家，到秦汉、魏晋南北朝时期，再到唐宋元明清等，劳动教育始终是中国古代社会教育的一个重要组成部分。中国古代劳动教育秉持着崇尚劳动的价值观念，坚持以人为本的基本原则，采用耕读结合的教学形式和言传身教的教育方法，主张让人们在劳动中修身养性，提倡通过劳动实践来培养人的道德品质、社会公德和职业技能。

(一) 崇尚劳动的价值观念

《周易·谦》中指出，"劳谦君子，万民服也"，意为勤劳谦虚的君子，民众都敬重服从他。《颜李遗书·颜习斋先生年谱》中提到"君子之处世也，甘恶衣粗食，甘艰苦劳动，斯可以无失矣"，意为君子的生活方式，是甘愿穿恶劣的衣服、吃简单的饭食，甘愿从事艰苦的劳动，这样可以保证没有什么过失。中国古代将"劳动"与"君子"挂钩，将劳动视为一种值得尊敬的、光荣的行为，认为"劳动"是"君子"的重要品德之一，通过劳动可以获得一定的成就和社会地位。反之，不劳而获则被视为一种极其可耻的行为。例如，《魏风·伐檀》中写道："坎坎伐檀兮，置之河之干兮，河水清且涟猗。不稼不穑，胡取禾三百廛兮？不狩不猎，胡瞻尔庭有县貆兮？彼君子兮，不素餐兮！"创作者深恶痛绝地批判了不劳而获的剥削阶级，发出了"不劳而食不配为君子"的呐喊，表达了底层劳动者对于上层统治者的不满和反抗。《魏风·硕鼠》中更是将不劳而获的统治者比作硕鼠，揭露了统治者的无耻与丑陋，深刻表达了劳动人民对不劳动的剥削者的痛恨。

中国古代人们崇尚劳动，一方面在于劳动是古代社会生活的第一需要，只有通过劳动人们才能获得食物、衣物、工具以及住所等基本生活资料。《左传·宣公十二年》中提出"民生在勤，勤则不匮"，揭示了劳动的基本价值和意义，即劳动是人们生存和发展的基础，人们只有通过勤劳的劳动才能获得生活的必需品，在社会中继续生存和发展。另一方面，劳动是创造财富、改变社会地位的重要途径。《醒世恒言》里提到"富贵本无根，尽从勤里得"，认为劳动是富贵的根源。《文中子中说·述史篇》指出，"天下未有不劳而成者也"，将劳动视为取得成果的重要途径。可见我国古代劳动人民十分崇尚劳动，认为劳动可以创造财富和幸福生活，只有勤奋劳作、辛勤耕耘的人，才会获得丰硕的成果，取得一定的成功和业绩。崇尚劳动的价值观念贯穿中国古代劳动教育思想之中，指引着古代劳动教育活动的开展和延续。

(二) 以人为本的基本原则

中国古代劳动教育以人为本的基本原则体现在把人民当作劳动的中心、社会的中心，当作国家安定和富强的基础。在中国古代优秀传统文化中，"民可近，不可下。民惟邦本，本固邦宁"的政治思想是统治阶级治国、理政、安邦的基本原则，强调人民在社会和历史中的中心作用。商鞅在推行农战政策强国的治国思想时指出"治国者贵民壹，民壹则朴，朴则农，农则易勤，勤则富"，认为治国的根本在人民，通过教化使人民行为朴实、专心劳动、勤快务农，就会变得富裕。《管子·治国第四十八》指出，"民作一则田垦，奸巧不生。田垦则粟多，粟多则国富。奸巧不生则民治。富而治，此王之道也"。这同样阐明了劳动人民专一务农、勤奋劳动对于社会安定和国家富裕的重要性。劳动人民被当作社会稳定、富强的逻辑起点。《管子·治国》中提出："凡治国之道，必先富民。民富则易治也，民贫则难治也。"这充分体现了中国古代"民本"的思想，阐明了百姓富足的重要意义，说明了只有民心归附才能富国强兵的道理。

此外，中国古代劳动教育还强调要在保障劳动人民物质生产和生活资料富足的基础上，关注对劳动人民的精神教化。孔子早在两千多年以前，就阐明了"富民"和"教民"的思想，而且科学地指出了"先富后教"的发展思想，认为要先"富之"，再"教之"，"贫而无怨难，富而无骄易"，只有先让人民富裕起来，才能谈精神层面的礼仪教化。"不富无以养民情，不教无以理民性"，指明了"富民"是"教民"的基础，充分展现了中国古代对劳动者主体地位的关注，贯彻了以人为本的基本原则。

(三) 耕读结合的教学形式

耕读结合是一种将农业生产活动和文化知识学习相结合的教学形式，发源于中国古代的农耕文明。早在西周时期，我国就出现了耕读结合教育的雏形，《国语·周语上》就记载了"三时务农而一时讲武"的教育形式。进入春秋战国时期，在封建土地私有制确立、私学兴起、文化下移以及阶层流动等因素的影响和作用下，"耕"和"读"两者开始真正融合，耕读结合的形式在民间开始出现。此后，耕读结合的教学和生活方式在中国古代历代教育，尤其是私学教育中得到了极大传承和发展。到宋朝时期，书院教育开始盛行，为缓解教育经费短缺的问题，"学田制度"应运而生。书院拥有自己的"学田"，先生和学生可以一边开荒垦地，一边讲课学习，实现了自给自足的生活形态，反映了古代知识分子半耕半读的生活方式，形成了中国古代特有的"耕读文化"。

耕读结合与单纯的体力劳动不同，是体力劳动与脑力劳动的结合，能促进学生"耕"的实践活动和"读"的理论学习两者相互促进、相互融合。此外，耕读结合的教学形式还能帮助学生树立起正确的道德伦理观念，养成热爱劳动、崇尚劳动、积极学习等良好品质。敬姜在《论劳逸》中指出："夫民劳则思，思则善心生；逸则淫，淫则忘善；忘善则恶心生。"清初教育家颜元说："吾用力农事，不遑食寝，邪亡之念，亦自不起。"他们认为只要专心劳动，让生活充实起来，就可以克服邪念、淫逸、懒惰等不良习性，养成良好的道德品质。耕读结合的教学形式不仅可以帮助学生，特别是农民家庭的学生读书识字和学习经典文化知识，具备一定的文化素养和道德修养，还能让学生在耕作的同时掌握实际生产技能，感受劳动的辛苦和收获的喜悦。"诗书传家远，耕读继世长。"耕读结合既是一种有效的教学形式，更是中国古代劳动教育思想的经典传承，是融入民族文化血脉的朴素情怀。

（四）言传身教的教育方法

《后汉书》曰："以身教者从，以言教者讼。"意思是身体力行，别人就会听从；只说不做，别人就会不听。言传身教是中国古代一种重要的教育方法，在实践性、示范性很强的劳动教育中发挥了重要作用，被认为是最具说服力的社会教化途径。言传身教的教育方法最早出现在家庭范围内，以血缘的形式进行传递。《说文解字》中对"教育"的解释是："教，上所施，下所效也"；"育，养子使作善也"；"效，象也"。孔子曰："其身正，不令而行；其身不正，虽令不从。"孟子曰："身不行道，不行与妻子。使人不以道，不能行于妻子。"这些观点诠释的核心便是强调父母要言传身教、身体力行。

随着社会劳动工艺技术的发展，言传身教的教育方法开始走出家庭，演变为师徒传授。如果说家庭教育的言传身教更注重道德品质上的示范，那么师徒传授则更注重劳动技能上的授受。《新唐书》里就曾经记载了不同种类工匠学艺的年限："钿镂之工，教以四年；车路乐器之工，三年；平漫刀矟之工，二年；矢镞竹漆屈柳之工，半焉；冠冕弁帻之工，九月。"通过师傅亲身的言语指导和行为示范，学徒能够在实际生产中一边劳动，一边学习，在潜移默化中获得劳动技艺的传承。

二、西方古代劳动教育思想的特征

西方古代劳动教育思想与当时人类社会的政治、经济、文化和科技等发展密切相关，西方古代人民对劳动教育的态度经历了由消极到积极，再到强调利用劳动教育提高人的劳动素质，从而推动社会生产发展的转变。在不断的发展过程中，西方古代劳动教育思想表现出了注重阶级性、具备独立形态、教育内容兼顾生产性与社会性的基本特征。

（一）注重阶级性的劳动观念

古代西方的奴隶制将人民分为公民、外人和奴隶三种。奴隶处于社会阶级的最底层，与其他两者的地位有着天差地别。奴隶承担了国家全部的生产劳动，被视为为贵族提供物质享受的工具，其所从事的劳动也被认为是极其卑微的，与哲学思辨、诗歌创作、国家治理等相比是一种无知、肮脏的活动。古希腊哲学家柏拉图和亚里士多德正是对奴隶的劳动持有消极和鄙夷态度的典型代表。柏拉图在其所著的《理想国》中将全体人民划分为治国者、武士和劳动者三个层级，每个人只有在自己的层级领域里才能实现自身的价值。他认为治国者是最高尚、最具智慧的，其日常所需生活资料皆由劳动者来提供；武士也不需要直接从事生产劳动，肩负着保卫城邦、保护人民的重任，也属于高贵的阶级；只有劳动者的地位最为低下，从事劳累又忙碌的生产活动。柏拉图反对社会阶级的逾越，认为劳动者生性粗暴愚昧，若让其参与到国家治理中，必然会造成"铜铁当道，国破家亡"的局面。

由于对劳动者和劳动的鄙夷态度，人们在古希腊、古罗马时期的学校中，并没有发现关于劳动教育的痕迹和论述。随着人们意识的觉醒和工业革命的到来，一些教育家、思想家开始从不同的角度来看待劳动的意义和作用，西方的劳动观念和劳动教育发生了新的变化，出现了"慈善学校""工读学校""乞儿学校""学徒学校"等包含劳动教育内容的新形态。虽然对于劳动人民的劳动教育引起了重视，但相较于资产阶级的弟子而言，对劳动人民的教育就仅限于"劳动"，而并不包括强身健体、发展心智、解放思想、了解科学等内容，体现了古代西方劳动教育鲜明的阶级性观念。

（二）具备独立性的教育形态

随着工业革命和大机器生产时代的到来，西方的劳动教育逐渐呈现出独立性的教育形态，部分正规学校开始开设专门的劳动教育课程，人们对劳动教育的认识更加深刻。洛克在为英国政府"贸易与殖民地委员会"起草的《贫穷儿童学校计划》中，建议每个教区建立一所劳动学校，并要求领取救济金的贫困家庭要把13—14岁的儿童送到学校学习，同时，所有儿童必须全部参加劳动，通过劳动来抵偿自己的生活和学习开支。[1] 在洛克劳动教育思想的影响下，英国的产业学校实现了劳动教育的实践，结合英国的"济贫区学徒制度"，不少贫困家庭的儿童都参与了劳动教育，学习基本的生活和生产技能，在一定程度上实现了自食其力。贝勒斯同样关注对儿童的劳动教育，他在《关于创办一所有用的手工业和农业的劳动学院的建议》中提出了自己的主张，即必须对儿童进行劳动教育，劳动能致富，不劳动者不得食。他认为，劳动是创造价值的源泉，贫民应该依靠生产劳作而不是救济生活，他提出要创办工业学院，把教育和劳动结合起来，帮助贫困家庭及其后代脱离贫困。

裴斯泰洛齐曾言："当我们把学校和工场结合起来，并在真正的

---

[1] 滕大春. 外国教育通史：第3卷［M］. 济南：山东教育出版社，1990：63.

心理学基础上办学的时候，新的一代必然会培养起来。"① 他立足于将劳动和学习结合起来培养人，创办了一批贫儿院和学校，帮助许多贫困家庭的儿童学习了科学文化知识，获得了一定的劳动技能。尽管洛克、贝勒斯、裴斯泰洛齐等人的劳动教育思想难免带有一定的阶级色彩，但其所提出或创办的劳动学校、产业学院、贫儿院等，使得西方劳动教育能够以独立的形态出现，引起人们的重视，端正了人们对劳动者和劳动的态度，不仅有利于帮助贫困儿童个人实现成长成才，更有利于维持社会的稳定，符合人类社会发展的必然需要。

（三）兼顾生产性与社会性的教育思想

古代西方的劳动教育最初以生产性为主要特征，重点关注人的体力劳动。教育在还没有发展出独立形态之前，一直是与社会生产劳动融合在一起的，可以说最初的教育就是生产劳动教育，教育依附于生产劳动之中。莫尔提出，乌托邦的"每一座城及其附近地区中凡年龄体力适合于劳动的男女都要参加劳动，准予豁免的不到五百人"②。劳动教育的主要内容则是学习农业和手工业知识，参加农业生产和手工业制作。在劳动教育的独立形态出现以前，人们重点关注的就是生产更多的物质产品资料，以维持生存所需，因而早期西方的劳动教育内容便带有明显的生产实践和体力劳动倾向。

随着社会的进步和思想的解放，人们不仅关注劳动教育的生产性，也注意到了劳动教育对于儿童个人成长和社会发展的重要影响。傅立叶认为，劳动和教育在未来社会中具有重要的意义，主张在劳动和学习中促进儿童智力和体力的全面发展，从而培养能够促进社会发展的人。欧文十分重视劳动教育在社会发展和人的成长中的作用。他认为，"新和谐移民区"的成年人在为自己创造一切必需品的时候，也应当广泛地吸引儿童参加各种各样的工作。儿童在成人的

---

① 张焕庭. 西方资产阶级教育论著选［M］. 北京：人民教育出版社，1979：205.
② 华东师范大学教育系，杭州大学教育系. 西方古代教育论著选［M］. 北京：人民教育出版社，1985：248.

领导下参加生产劳动的时候，就获得了有益的劳动技术。在欧文看来，在未来的社会（公社）中，教育是与生产劳动密切联系的，生产劳动本身就是一个教育因素。他主张生产劳动与教育相结合，并认为这是造就人类社会全面发展的人的唯一方法。①

三、中外古代劳动教育思想对当代劳动教育的启示

劳动教育思想是人类巨大的精神财富，是人类对劳动实践的认识与深化。无论是中国古代的劳动教育思想，还是西方古代的劳动教育思想，都对我们当今发展劳动教育具有重要启示。我们要在实践中不断强调劳动教育形态的独立性，正视劳动教育对人的全面发展的重要意义，并始终坚持教育同生产劳动和社会实践相结合的前进方向。

（一）强调劳动教育形态的独立性

《大中小学劳动教育指导纲要（试行）》（以下简称《指导纲要》）阐明了劳动教育的内涵，指出"劳动教育是发挥劳动的育人功能，对学生进行热爱劳动、热爱劳动人民的教育活动"。当前我国劳动教育主要依附于校内日常劳动、社区服务、工厂实习、校外实践等形式，尚未形成独立的劳动教育形态，且存在着较为严重的"有教育无劳动"的现象，影响劳动教育开展的质量。建立独立形态的劳动教育，是保障劳动教育落到实处、提升质量的有效途径。《指导纲要》明确提出了要独立开设劳动教育必修课，要求中小学劳动教育课平均每周不少于1课时；职业院校开设劳动专题教育必修课不少于16学时；普通高等学校要将劳动教育纳入专业人才培养方案，明确主要依托的课程，可在已有课程中专设劳动教育模块，也可专门开设劳动专题教育必修课，本科阶段不少于32学时。此外，《指导纲要》还提出要将劳动素养纳入学生综合素质评价体系，以劳动教育目标、内容要求为依据，将过程性评价和结果性评价结合起来，

---

① 徐辉. 从生产性到育人性：西方劳动教育思想的历史演变及启示[J]. 教育科学，2020，36（5）：27—34.

健全和完善学生劳动素养评价标准、程序和方法，切实发挥评价的育人导向和反馈改进功能。将劳动教育从日常教育活动中抽离出来，形成劳动教育相对独立的课程体系，有利于引起人们对劳动教育的重视，深化对劳动教育重要性的理解。同时，应当及时总结《指导纲要》的试行经验，不断改进和完善，保证劳动教育必修课从设立到落实全过程的质量，将劳动观念和劳动精神教育贯穿人才培养的全过程。

（二）正视劳动教育对人的全面发展的重要意义

人的全面发展是我国教育方针的理论基石。劳动教育是一个人得以发展的基础，对人的全面发展具有重要意义。首先，劳动教育能培养人尊重劳动、热爱劳动的良好品德，继承和弘扬中华民族崇尚劳动、勤俭节约的优秀传统文化，使学生明白劳动不仅能创造财富，还能丰富人的精神内核，滋养人的道德品行。其次，劳动教育能培养学生的创造能力和实践能力。在劳动中，学生既要动手又要动脑，需要充分调动自己的思维和身体，进行发散性思考，从而在劳动中做出创造性活动。因此，劳动教育不仅能够培养学生的生活技能，还有利于促进学生的智力发展，培养学生的创新思维、创造能力和动手实践能力。最后，劳动能充分调动人的肌体活力，改善人的精神面貌，促进学生的身体健康成长。无论是体力劳动还是脑力劳动，都需要人耗费一定的精力，做出一定的努力，改善包括呼吸、新陈代谢、血液循环等在内的肌体机能，从而促进人的身体发育。开展劳动教育，是教育理念和教育实践的一大进步，是更加注重人的全面发展的重要体现。我们要正视劳动教育对人的全面发展的重要意义，坚持以人为本的劳动教育原则，既要关注劳动教育的生产性，也要重视劳动教育的育人性和社会性，切实发挥出劳动创造财富、创造新思维、促进人的个体发展、促进社会进步的功能，切实培养出德智体美劳全面发展的综合型高素养人才。

（三）坚持教育同生产劳动和社会实践相结合的前进方向

无论是中国古代的"耕读文化"，还是西方重视生产性的劳动教育思想，都在启示着我们：教育始终不能与生产和实践相分离，必须始终坚持教育同生产劳动和社会实践相结合的前进方向。当前我国的教育在不同程度上存在着与生产劳动和社会实践相脱离的现象，"应试教育"的硬性要求和做法，导致学生动手能力低下、劳动观念淡薄，缺乏社会实践经验，缺乏与人沟通、交流与合作的意识和能力，思想素质、身体素质和心理素质较差，毕业后难以较好地适应社会工作。而现实教育中实践性的缺失，严重影响了学校教育的人才培养质量，难以真正满足经济发展、科技进步等现代化建设的需要。因此，强调教育与生产劳动和社会实践相结合重要且必要，能够增强我们的教育改革意识，具有重要的现实意义。同样，劳动教育只有与生产劳动和社会实践相结合，才能充分发挥出独特的育人功能。劳动教育既是国民教育体系的重要内容，也是我国学校教育的优良传统。虽然当前社会劳动的形态已经发生了重大变革，计算机、智能控制、数字技术等工具的应用代替了传统的人力农耕生产，但我们仍需要继承和弘扬"耕读结合"的优秀精神内核，贯彻"教劳结合"的劳动教育思想，将劳动教育与现代生产紧密结合起来，引导学生树立科学合理的劳动观和价值观。

第二章　马克思恩格斯关于劳动教育的思想

马克思主义是博大精深的理论体系，涵盖了人类社会生活的诸多领域。马克思和恩格斯围绕劳动的作用与意义、如何认识劳动与劳动者、劳动与教育的关系等问题形成了一系列理论观点和行动主张，这些观点和主张共同构成了马克思主义劳动教育思想的主要内容。马克思和恩格斯关于劳动教育的思想在批判的基础上吸收和借鉴了空想社会主义和资产阶级思想家的观点主张，集中体现了马克思主义哲学、政治经济学、科学社会主义的基本原理，对于深刻揭示人类社会发展规律、推动实现人的全面发展发挥着重要的指导作用。

第一节　马克思恩格斯劳动教育思想的理论基础

任何一种思想理论的诞生背后都是时代的影子，都是在借鉴和审视已有认知的前提下，基于对当时的政治、经济、文化等各种因素深刻认识的产物。马克思恩格斯关于劳动教育的思想的产生和发展也是如此，不同历史时期的空想社会主义者对于劳动教育的认识，为马克思恩格斯的劳动教育观生成进行了铺垫，而马克思和恩格斯对劳动和劳动人民的深刻认识，则为劳动教育思想的形成与确立打下了坚实的理论基础。

一、借鉴吸收空想社会主义劳动教育观点

（一）早期空想社会主义对劳动教育的认识

英国的托马斯·莫尔和意大利的托马斯·康帕内拉是早期空想社会主义的代表人物，他们在代表作《乌托邦》和《太阳城》中所表达的劳动教育思想是资本主义矛盾发展的产物，也反映了无产阶级劳动者寻求解放的愿望。

1. 莫尔和康帕内拉的劳动思想

在莫尔建构的乌托邦中，人们团结一致，共同努力从事劳动活动，不仅为社会提供丰富的物产，而且将劳动所得共同分享。乌托邦人在从事劳动的同时，也注重休闲时间的充分利用与健康享受。为了更好地保证乌托邦人自由充分地享受空闲时间，乌托邦的宪法明文规定，"在公共需要不受损害的范围内，所有公民应该除了从事体力劳动，还有尽可能充裕的时间用于精神上的自由及开拓，他们认为这才是人生的快乐"[①]。康帕内拉把劳动看成是社会生活中很重要的一部分，强调适度的劳动不仅对人们的身体健康有好处，而且对人们的精神状态也有益处。同时，他把社会成员普遍参加劳动视为理想社会制度的重要特征。在太阳城中，每个人都是从事劳动活动的劳动者，劳动对于每个人而言都是具有光荣意义的存在。一方面，太阳城以最大的努力满足着人们的生活需要，并且高度重视人们的身心娱乐活动，从而使人们的身心得以健康发展；另一方面，太阳城中的人光荣地从事劳动，在他们眼中，劳动没有贵贱之分。他们每个人既热爱劳动，又认真完成工作，甚至残疾人群体也能够在太阳城中找到适合自己的工作。

2. 莫尔和康帕内拉的教育思想

莫尔非常重视乌托邦人的受教育问题，针对当时英国令人担忧的教育状况，他既描绘了理想世界中的教育图景，又特别强调了政

---

① 托马斯·莫尔. 乌托邦[M]. 戴镏龄，译. 北京：商务印书馆，2008：80.

府统一领导和管理的必要性和重要性,尤其强调了对教育事业的管理,包括建设与教育有关的基础设施等具体措施。康帕内拉也强调教育要由国家来主管,他认为教育问题不单单是与个人和家庭有关的重大责任,更是与国家和民族的未来息息相关的重要内容。因此,国家极其重视儿童的日常生活和青少年的教育问题,在太阳城中的每一位公民都平等地享有受教育权,并且拥有自由发展的权利。

3. 莫尔和康帕内拉的劳动教育思想

在莫尔看来,劳动者自身多样的劳动技能为他从事不同种类的工作提供了必要的前提条件,而正是教育使得劳动者既能够掌握农业生产所需要的技能,又能够通晓各种各样的手艺,从而既能够在社会生活中从事农业耕作,又能够在社会生活中从事其他类型的工作。在康帕内拉的作品中,教育是全面的,涉及智、德、体、美、劳等多个方面。其中,他特别强调了劳动教育的重要性。在太阳城中,仅仅选择接受教育并非一劳永逸,还必须掌握劳动本领,在实际生活中从事各种劳动生产活动。儿童到了7岁便要在作坊中学习劳作,8岁时便要在兼顾基本课业的同时去从事自己所喜欢的生产劳动。

(二) 18世纪空想社会主义对劳动教育的认识

1. 梅叶的劳动教育思想

让·梅叶是18世纪法国无神论者和唯物主义思想家。在梅叶生活的时代,广大农民深受教会和专制制度的压榨,封建社会中充斥着许多不平等现象。梅叶坚决致力于为农民摆脱剥削和压迫而竭力呐喊。

梅叶的劳动思想中蕴含着平等和共享的主张。梅叶眼中未来的理想社会应该是人人劳动、财产公有的社会,他强烈反对人们身上所背负的关于劳动和生活的不平等分量分工,反对努力劳动者负担越发沉重、生活越发不便,而不劳动者却安然享受生活、过得幸福方便的畸形现象。他主张人人参与社会有益劳动,共同劳动所得的

"一切物资和财富都成为大家应该平等享有的财产"①。在教育层面，梅叶认为无知是使群众受到蒙骗的原因。他主张所有儿童在全社会的共同努力下都应受到同样的良好教育，要通过社会教养来使儿童获得美德教育，进而使他们能够成为对国家有利的人。

2. 摩莱里的劳动教育思想

摩莱里在对法国当时社会状况进行深入研究的过程中，看到了由于国内经济几度衰败和自然灾害频发，普通民众生存环境不断恶化，底层人民困苦不堪。对此，他提出了很多具有针对性的主张并对未来社会进行了设想和建构。

摩莱里认为，人类本性驱使人们选择劳动，不劳动则会慢慢滋长懒惰的风气，而私有制将劳动成果占为己有，会极大地引起人们对劳动的厌恶。另外，他还发展了康帕内拉劳动光荣的思想，强调人人都要参加劳动，并主张消灭脑力劳动和体力劳动的差别。摩莱里非常反对不参加劳动的人的"无所事事"，他认为任何人都不能免除参加体力劳动的义务，也不能享有不从事体力劳动的特权。

关于教育，摩莱里主张教育和劳动的早期结合，既重视道德教化的培养，又注重实践能力的培养。他强调社会对教育发挥的重要作用，认为应该由社会养育和教育孩子。摩莱里对不同年龄段的儿童提出了不同的教育内容及要求，他在《自然法典》中讲到，"10岁以前的孩子，要到保育院接受小学教育，教育者由儿童父母轮流担当，同时受到族长的监督或由各行业的工长和行业首长担任，儿童达到10岁后接受职业教育，并进入工坊学习"②。

（三）19世纪初空想社会主义劳动教育的认识

1. 圣西门的劳动教育思想

圣西门认为，所有的劳动都能为社会创造物质财富和精神财富，对推动社会发展发挥积极作用。他指出，"艺术家、学者和实业家三

---

① 让·梅叶. 遗书：第二卷 [M]. 北京：商务印书馆，1985：116.
② 摩莱里. 自然法典 [M]. 黄建华，姜亚洲，译. 北京：商务印书馆，2019：123.

者的联合活动，可以创造满足社会的精神需要和物质需要所必要的一切条件"①。他把劳动看作人类追求幸福的手段，创造性地将劳动和幸福结合起来，强调劳动是幸福的基础，劳动创造幸福。他指出"为人类的幸福而劳动，这是多么壮丽的事业！这是多么宏伟的目标！"②

圣西门非常重视社会教育，他强调要由专门的机构来管理社会和人民教育工作，同时要由掌握科学知识的人来主管对教育机构的领导。他认为，要想人民通往幸福之路走得顺畅，就必须重视和尽量发展自然科学知识，全面发展教育。圣西门指出，教育应先实践后理论，然而现实却相反，法国将实践拒之门外，用"自己没有权利和能力参与社会事务"的观念对普通人进行洗脑，使他们对此习以为常。这种做法不仅从根本上扼杀了人可以拥有实践能力的萌芽，而且导致人不能获得基本的发展。

2. 傅立叶的劳动教育思想

傅立叶高度重视劳动，把劳动权视为最主要的天赋人权。傅立叶主张建立"和谐制度"，而"和谐制度"的基本单位是生产—消费协作社即"法郎吉"。在他的"和谐制度"里，工种是人们可以自由选择的或者是可以经常调换的。在这一制度中，劳动将变成一种享受。傅立叶强调人们之间的协作，提倡根据自愿原则进行不同劳动的全面协作，这种协作将人们团结起来，实现了生产秩序的有效运行和稳定发展，从而促进社会财富的增加，促使教育文化事业蓬勃发展。

傅立叶在"和谐制度"中对教育问题进行了深刻的阐述。他十分重视儿童教育问题，将儿童教育的重要性与"和谐制度"的发展性密切联系起来，认为儿童拥有良好的教育和引导是对良好的"和谐制度"的巩固和完善。此外，他还强调教育范围的广阔性，不赞同教育受制于特定的狭小范围。

---

① 圣西门选集：第二卷［M］. 董果良，译. 北京：商务印书馆，1982：293.
② 圣西门选集：第一卷［M］. 北京：商务印书馆，2004：3.

傅立叶还提出教育要与生产劳动相结合,目的是要实现人在智力和体力上的全面发展,而之所以能够实现这种全面发展,还在于有可供提升智力和体力的活动,即生产劳动。

3. 欧文的劳动教育思想

欧文极其同情工人的实际状况,力图采取一系列的措施帮助工人改善环境,他所提出的一系列思想,具有极其深远的意义。正如恩格斯所说,"当时英国的有利于工人的一切社会运动、一切实际进步都是同欧文的名字联在一起的"①。

在劳动方面,欧义强调劳动境况的改善与提升,强调用较好的劳动手段和生活方式代替原来的恶劣的甚至是有害的条件。他在工人工作日时长、工人工资、工人住宅、工人商店等各个与工人生活息息相关的方面提出了符合工人切身利益的主张。他反对因为劳动和产品分配关系而造成的社会不平等现象,强调要通过改造社会,建立新的经济制度而使人们的劳动趋于正常。欧文首次提出了"工人享有自己的劳动成果",认为既然财富由劳动者创造,那么它必然是属于劳动者所有,社会财富属于劳动人民全体。

在教育方面,为了使劳动者更好地从事劳动活动,欧文创设了一个理想的"劳动公社"。在这个公社中,不同年龄的人从事不同的工作,而且他们从小就要接受教育以适应劳动公社的发展状况,并逐步具备管理劳动公社的能力。他认为,儿童应该边学习边进行简单的生产劳动,这样不仅能够提高他们的道德品质,还能够使他们拥有良好的习惯和实践能力,把儿童培养成为能够独立、合理地思考并积极从事社会活动的人才。他所创办的"幼儿学校"和"性格陶冶馆"充分体现了他将生产劳动和教育相结合的思想。

(四) 空想社会主义对劳动教育认识的贡献与不足

空想社会主义对未来社会提出了一些天才的设想和主张,正如恩格斯所说,"他们终究是属于一切时代最伟大的智士之列的,他们

---

① 马克思恩格斯选集:第3卷[M].北京:人民出版社,1995:731.

天才地预示了我们现在已经科学地证明了其正确性的无数真理"①。空想社会主义强调劳动是每个人的劳动，参加劳动是每个社会成员不可推脱的义务，对于那些不参与劳动却享受幸福生活的寄生虫们要予以反对；强调劳动不是为了谋生，而是人们赖以生活的一部分，劳动创造了财富，这是人类的普遍幸福和个人幸福的前提。空想社会主义强调教育的作用，特别重视教育与生产劳动相结合，重视儿童从哪里接受教育、接受什么样的教育以及怎样接受教育等问题。这些闪烁着智慧光芒的思想不仅在当时具有进步意义，也为马克思主义劳动观的形成提供了丰富素材。

然而，空想社会主义自身所具有的历史局限性，导致其对于劳动教育的认识也存在不足之处。空想社会主义虽然对资本主义的育人环境、育人方式、育人制度等进行强烈批判，但针对资本主义社会所表现出来的弊病，他们只是憧憬构建不同于资本主义的未来理想社会，憧憬劳动教育能够沿着正确的道路发展。他们只是从头脑中设计出新的社会方案，将完善的道德教育和改善人的理性放在高高在上的位置，认为只要这样做就能够出现好的社会，这就注定他们关于未来理想社会的构想是空想。他们的理念建立在唯心主义之上，缺乏实践的支撑和对劳动及劳动教育本质的深刻认识，因而根本无法带领他们真正走向未来的美好社会。

二、马克思恩格斯关于劳动的主要观点

实践的观点是马克思主义的基本理论观点，马克思、恩格斯在推动唯物史观和社会实践深度结合的基础上，实现了劳动观的进一步发展。实践是人类的存在方式，劳动是人类实践最初和最主要的形式。劳动实践维系着人类自身的生存与繁衍，推动了人类社会的发展与进步，是创造财富和价值的重要源泉，对于人类社会的持续发展发挥着不可替代的支撑作用，离开了劳动，人类和人类社会也将不复存在。

---

① 马克思恩格斯选集：第3卷[M]. 北京：人民出版社，2012：37.

(一) 劳动创造人类

恩格斯曾经指出,"劳动是整个人类生活的第一个基本条件,而且达到这样的程度,以致我们在某种意义上不得不说:劳动创造了人本身"①。作为人的基本存在方式和实践形式,劳动创造人本身不仅体现为劳动维系着人类的生存与繁衍,更在于人类在劳动过程中结成了复杂的社会关系,从而使人的本质得以确立。由此可见,劳动对人类的重要意义与价值。

1. 劳动是人类特有的实践活动

恩格斯在《自然辩证法》中以19世纪最新的科学研究成果为基础和依据,对劳动在人类的起源、进化和发展中所发挥的决定性作用进行了深入和充分的论证,进而说明劳动是人特有的实践活动,是人与动物的显著区别。恩格斯指出,"动物仅仅利用外部自然界,简单地通过自身的存在在自然界中引起变化;而人则通过他所做出的改变来使自然界为自己的目的服务,来支配自然界。这便是人同其他动物的最终的本质的区别,而造成这一区别的又是劳动"②。

人类创造出劳动工具,从而实现对自然界的更有针对性的改造,使之能够更好地符合人类自身的需要。这说明,人的劳动实践本身具有鲜明的目的性和计划性特征,与动物进行的生理本能活动存在着根本差别。因此,劳动作为人实现自我价值的唯一途径,成为人类区别于其他动物所特有的社会实践活动,最终使人类从动物界脱离出来。

2. 劳动是维系人类生存的手段

人类要想生存就必须依赖于一定的物质生活资料,也就是"他们的活动和他们的物质生活条件,包括他们已有的和由他们自己的活动创造出来的物质生活条件"③。人类要获取物质生活资料只有通过劳动才能实现,物质资料生产是劳动的首要内容。正如马克思所

---

① 马克思恩格斯选集:第3卷[M]. 北京:人民出版社,2012:988.
② 马克思恩格斯选集:第3卷[M]. 北京:人民出版社,2012:997-998.
③ 马克思恩格斯全集:第3卷[M]. 北京:人民出版社,1985:23.

指出的那样,"任何一个民族,如果停止劳动,不用说一年,就是几个星期,也要灭亡,这是每一个小孩子都知道的"①。另外,人类最初的物质生活资料都是来源于自然界的,因而劳动作为维系人类生存的手段,首先体现和反映为人与自然的关系。在马克思看来,"劳动首先是人和自然之间的过程,是人以自身的活动来中介、调整、控制人和自然之间的物质变换的过程"②。在这个过程中,人类对自然界的认识不断深化,并通过结合自身所具备的能力,充分利用自己的身体并通过发明和使用工具作为身体的延伸去开发、利用和改造自然,从而源源不断地从自然界中获取自身生存所需要的物质和能量。可以说,人类在改造自然的同时,也改造了自身。

3. 劳动创造了人类的社会关系

劳动创造了人,也创造了社会。马克思认为,人的本质就其社会性来说,是一切社会关系的总和,而人们在劳动过程中所结成的关系是最初的也是最重要的社会关系。人类的劳动过程既包含着人与自然之间的关系,也包含着在处理人与自然关系的过程中形成的人与人之间的关系,即社会关系。

"人们用以生产自己必需的生活资料的方式,首先取决于他们得到的现成的和需要再生产的生活资料本身的特性。这种生产方式不仅应当从它是个人肉体存在的再生产这方面来加以考察。它在更大程度上是这些个人的一定的活动方式、表现他们生活的一定形式、他们的一定的生活方式。"③ 也就是说,人们在劳动中开展相互交换活动,从而建立起物质联系。这种关系既是生产劳动得以顺利开展的前提,也是最初的社会关系。劳动生产的物质关系对人的社会关系和自然关系具有决定性意义,"因为他们在同自然界的斗争中没有协作是不行的;他们只有靠联合起来的力量才能向自然界争得他们

---

① 马克思恩格斯选集:第4卷[M]. 北京:人民出版社,2012:473.
② 马克思恩格斯选集:第2卷[M]. 北京:人民出版社,2012:169.
③ 马克思恩格斯全集:第3卷[M]. 北京:人民出版社,1960:24.

生存所必需的东西（产品本身作为共同产品都是群的财产）"①。

(二) 劳动创造历史

唯物史观认为，迄今为止的人类历史都是人类通过实践创造的。正如马克思所指出的，"对社会主义的人来说，整个所谓世界历史不外是人通过人的劳动而诞生的过程，是自然界对人来说的生成过程，所以关于他通过自身而诞生、关于他的形成过程，他有直观的、无可辩驳的证明"②。劳动作为人类最初的实践形式，也是最主要的形式，为人类历史的开创奠定了基础，同时作为人类历史活动的主要内容之一，推动了人类历史不断发展与前进。

1. 劳动是人类历史的前提和首要内容

马克思和恩格斯立足于历史唯物主义，把生产物质生活资料的劳动视为人类社会最基本的活动和社会历史得以展开的第一个前提，从而确立了劳动在社会生活中所占据的重要地位。首先，人类的存在是人类历史的前提。"任何人类历史的第一个前提无疑是有生命的个人的存在。因此第一个需要确定的具体事实就是这些个人的肉体组织，以及受肉体组织制约的他们与自然界的关系。"③ 其次，物质资料生产劳动是人类社会历史存在和发展的前提和基础。马克思、恩格斯认为，"人们为了能够'创造历史'，必须能够生活。但是为了生活，首先就需要吃喝住穿以及其他一些东西。因此第一个历史活动就是生产满足这些需要的资料，即生产物质生活本身，而且，这是人们从几千年前直到今天单是为了维持生活就必须每日每时从事的历史活动"④。最后，劳动是人类开展其他一切历史活动的基础。恩格斯明确指出，"历史破天荒第一次被置于它的真正基础上；一个很明显的而以前完全被人忽略的事实，即人们首先必须吃、喝、住、穿，就是说首先必须劳动，然后才能争取统治，从事政治、宗

---

① 马克思恩格斯全集：第 45 卷 [M]. 北京：人民出版社，1985：210.
② 马克思恩格斯文集：第 1 卷 [M]. 北京：人民出版社，2009：196.
③ 马克思恩格斯全集：第 3 卷 [M]. 北京：人民出版社，1985：23.
④ 马克思恩格斯选集：第 1 卷 [M]. 北京：人民出版社，2012：158.

教和哲学等等"①。这表明，政治、宗教和哲学等历史活动从根本上来说是人们物质关系基础之上的产物，体现了社会存在决定社会意识的唯物史观基本规律。

2. 劳动推动人类社会历史的不断前进

劳动不仅为人类历史提供了前提和基础，而且推动着人类社会的历史不断向前发展。生存是人类社会历史发展的前提和第一需要，但并不是唯一的需要。正如马克思所言，"已经得到满足的第一个需要本身、满足需要的活动和已经获得的为满足需要用的工具又引起新的需要"②。人类在通过劳动满足了生存这个"第一个需要"之后，就会提出新的更高层次和更全面的社会发展需求，而要满足新的需要仍然必须通过自由的有意识的劳动活动来进行创造。首先，在满足需要与新需要产生的螺旋式循环往复过程中，只有人类自身从事生产的本质力量即生产力不断得到提升，人自身才能不断获得发展，社会历史才能不断实现进步。也就是说，"人们所达到的生产力的总和决定着社会状况，因而，始终必须把'人类的历史'同工业和交换的历史联系起来研究和探讨"③。其次，直接生活的生产和再生产在人类社会历史发展中发挥着决定性作用。恩格斯认为，"生产本身又有两种，一方面是生活资料即食物、衣服、住房以及为此所必需的工具的生产；另一方面是人类自身的生产，即种的繁衍"④。人的历史发展和不同地区的社会制度总是受到这两种生产的制约，具体而言，"劳动愈不发展，劳动产品的数量、从而社会的财富愈受限制，社会制度就愈是在较大程度上受血族关系的支配"⑤。

(三) 劳动是创造价值和财富的源泉

劳动不仅创造了人类和人类社会的历史，也是创造财富和价值的源泉，为人类社会的发展进步提供和积累了必要的物质财富和精

---

① 马克思恩格斯文集：第3卷[M]. 北京：人民出版社，2009：459.
② 马克思恩格斯全集：第3卷[M]. 北京：人民出版社，1985：32.
③ 马克思恩格斯全集：第3卷[M]. 北京：人民出版社，1985：33-34.
④ 马克思恩格斯全集：第21卷[M]. 北京：人民出版社，1985：29-30.
⑤ 马克思恩格斯全集：第21卷[M]. 北京：人民出版社，1965：30.

神财富。马克思主义劳动价值论以"活劳动是价值的唯一源泉"为核心思想,以商品二因素、劳动二重性、价值形式、价值规律等为主要内容,构建了最为科学和完整的价值学说理论体系,充分揭示了劳动在财富和价值创造中的地位和作用。

1. 商品二因素与劳动二重性

马克思主义劳动价值观认为,劳动过程是由劳动者、劳动对象和劳动资料等三个要素共同构成的。劳动者通过劳动资料对劳动对象进行改造的过程,既是保存原先存在于生产资料中的价值并将其转移到产品中去的过程,即物化劳动过程,也是劳动者发挥能动作用物化成新的价值的过程,即活劳动过程。在此基础之上,通过对劳动创造商品价值过程的考察,马克思发现了商品的二因素和生产商品的劳动所具有的二重性。马克思指出,"一切劳动,一方面是人类劳动力在生理学意义上的耗费;就相同的或抽象的人类劳动这个属性来说,它形成商品价值。一切劳动,另一方面是人类劳动力在特殊的有一定目的的形式上的耗费;就具体的有用的劳动这个属性来说,它生产使用价值"①。因此,商品是使用价值和价值的统一体,其使用价值是由具体劳动生产的,而其价值则是由凝结在商品中的一般的、无差别的人类抽象劳动形成的。此外,马克思还将创造商品价值的劳动区分为体力劳动和脑力劳动,并强调价值是体力劳动和脑力劳动共同作用的产物。他指出,"资本主义生产方式的特点,恰恰在于它把各种不同的劳动,因而也把脑力劳动和体力劳动,或者说,把以脑力劳动为主或者以体力劳动为主的各种劳动分离开来,分配给不同的人。但是,这一点并不妨碍物质产品是所有这些人的共同劳动的产品"②。

2. 劳动时间决定商品价值量

劳动不仅创造了价值和财富,也为衡量商品的价值提供了尺度。既然商品的价值是由劳动创造的,那么要衡量商品的价值量就可以

---

① 马克思恩格斯选集:第2卷[M].北京:人民出版社,2012:106.
② 马克思恩格斯文集:第8卷[M].北京:人民出版社,2009:418.

通过衡量抽象劳动的量来实现，又由于劳动时间是计算劳动量的天然尺度，因此也就可以用来衡量商品的价值量。马克思认为，"商品不是只存在于想象之中的一般劳动时间的对象化（这种劳动时间本身只是和自身的质相分离的、仅仅在量上不同的劳动），而是一定的、自然规定的、在质上和其他劳动不同的劳动的一定结果"①。也就是说，商品价值的社会属性决定了用来衡量其价值量的不能是个别劳动时间，而只能是社会必要劳动时间，即"在现有的社会正常的生产条件下，在社会平均的劳动熟练程度和劳动强度下制造某种使用价值所需要的劳动时间"②。

进而，马克思认为影响社会必要劳动时间的因素是多样的，如科学技术的发展及其在生产中的应用水平、劳动者的熟练程度、生产过程的社会化程度、生产资料的状况等。马克思根据生产不同产品的劳动之间的差异，将劳动划分为简单劳动和复杂劳动，并将简单劳动作为社会必要劳动时间的计量单位，而"各种劳动化为当做它们的计量单位的简单劳动的不同比例，是在生产者背后由社会过程决定的"③。

3. 剩余劳动创造出剩余价值

在深入研究资本主义的基础上，马克思分析了资本主义的生产过程，指出其具有物质资料生产过程和剩余价值生产过程的两重性，而"生产剩余价值或赚钱，是这个生产方式的绝对规律"④。具体来说，一方面，劳动力成为商品是剩余价值生产的前提。马克思认为，劳动力是凝结在人体内的体力和智力等劳动能力的总和，劳动力不等同于劳动，劳动是劳动力的使用过程。在资本主义生产过程中，一无所有的劳动者为了生存只能将自己的劳动力出卖给雇佣资本，从而使劳动力成为特殊的商品，使自己成为雇佣劳动者。

---

① 马克思恩格斯文集：第8卷［M］．北京：人民出版社，2009：41．
② 马克思恩格斯选集：第2卷［M］．北京：人民出版社，2012：99．
③ 马克思恩格斯选集：第2卷［M］．北京：人民出版社，2012：104．
④ 马克思恩格斯文集：第5卷［M］．北京：人民出版社，2009：714．

另一方面，雇佣劳动者的剩余劳动是剩余价值的唯一源泉。马克思认为，资本主义生产过程包括价值形成过程和价值增殖过程，而价值增殖过程是其主要方面。雇佣工人在价值增殖过程中的劳动又分为必要劳动和剩余劳动两个部分，"按照资本的天生固有的规律，凡是人类所能提供的一切剩余劳动都属于它"①，用于为资本家生产剩余价值。为了实现这一目的，资本家采用工资的形式作为掩盖手段。"工资的形式消灭了工作日分为必要劳动和剩余劳动、分为有酬劳动和无酬劳动的一切痕迹。全部劳动都表现为有酬劳动。"②工资的实质是工人劳动力的价值或价格，然而却表现为工人劳动的价格，从而模糊了工人必要劳动与剩余劳动的界限，剩余价值就被资本家无偿占有了。

三、马克思恩格斯关于劳动人民的理论认识

马克思主义唯物史观揭示了劳动在人类和人类社会发展过程中所处的地位和发挥的作用，重视劳动、尊重劳动者就必然成为马克思主义理论及其政党对待劳动和劳动者必须坚持的基本立场。这一立场体现为马克思和恩格斯对资本主义条件下劳动异化的批判和对实现劳动本质回归路径的理论探索。

（一）人是生产劳动的主体

人民性是马克思主义的基本特征之一，人民立场是马克思主义的根本立场。马克思、恩格斯的思想具有丰富而深刻的人民主体性，彰显出他们对人民的深切关怀。在《德意志意识形态》中，马克思和恩格斯说道："我们的出发点是从事实际活动的人。""现实中的个人，也就是说，这些个人是从事活动的，进行物质生产的，因而是在一定的物质的、不受他们任意支配的界限、前提和条件下活动着的。"在社会实践中，人的实践活动并不是头脑发热或者随意而为，而是有目的、有意识且合乎规律的，同时受到社会历史条件和社会

---

① 马克思恩格斯文集：第7卷[M]. 北京：人民出版社，2009：447.
② 马克思恩格斯文集：第5卷[M]. 北京：人民出版社，2009：619.

历史规律的制约。面对资产阶级的剥削和压迫，无产阶级必须拿起革命的武器消灭资本，充分发挥主体活力以促进生产力极大发展。因此说，作为主体的人不仅通过实践创造了人类历史，还实现了自身的不断发展。人们通过发明劳动工具而不断从事劳动生产，在充分发挥主观能动性同时尊重客观规律的前提下，不断进行实践创造，不断丰富自己的生活方式，不断地推动生产力的发展，从而推动人类历史向前发展。这也恰恰证明了"人民群众是历史的创造者"这一观点。

作为主体的人既通过与自然的交互作用来实现对自然的改造，又通过劳动创造社会财富来实现对社会的改造。可以说，离开劳动的人是没有意义的，而离开人的劳动是不存在的。因此，作为主体的人一定要能够在从事劳动的过程中发现劳动的意义与价值，发现自身的意义与价值，发现生活的不同滋味与美好之处，并通过劳动创造出属于自己的幸福，实现个人价值与社会价值的统一。

（二）人通过劳动体现自身本质

"通过实践创造对象世界，改造无机界，人证明自己是有意识的类存在物，就是说是这样一种类存在物，它把类看做自己的本质，或者说把自身看做类存在物。"[①] 劳动作为人的类本质特性，不仅揭示了人与自然之间的关系，也揭示了人的存在的社会性特征。由于人的本质在其现实性上是一切社会关系的总和，又由于劳动创造了人类的社会关系从而体现为人的类本质，因此从根本上来讲，劳动既是对个人的本质和力量的肯定，也是个人同其他人沟通的中介。然而，在资本主义制度下，由于劳动者和劳动产品、劳动本身发生异化，人和人的关系被物和物的关系取代，形成了一种物对人的统治关系，即劳动异化导致劳动者类本质的丧失。

基于对异化劳动的分析和批判，马克思和恩格斯毕生致力于寻求一条切实可行的道路来实现劳动的解放和劳动者自由全面的发展，而这条道路的最终指向就是未来的共产主义社会。首先，只有在共

[①] 马克思恩格斯选集：第1卷[M]. 北京：人民出版社，2012：56.

产主义社会中，劳动的本质才能够实现回归。马克思和恩格斯认为，在未来的共产主义社会当中，由于阶级和阶级对立已经被彻底消灭，劳动和劳动者才能从资本的控制下被解放出来，劳动恢复其本来的面目，不再是谋生的手段，而是生活的第一需要并成为一种享受。其次，只有在共产主义社会中，劳动者的各类需要才能得到尊重并逐步得以实现。具体而言，在共产主义的初级阶段即社会主义条件下，劳动者的平等权利否认任何阶级差别，"每一个生产者，在作了各项扣除以后，从社会领回的，正好是他给予社会的。他给予社会的，就是他个人的劳动量"[①]，即实行按劳分配。而按劳分配的前提，是从社会总产品中扣除用于补偿生产资料、扩大再生产、建立后备基金、支付管理费用、满足共同需要、为丧失劳动能力的人设立基金等各部分。在共产主义的高级阶段，"通过消除旧的分工，通过产业教育、变换工种、所有人共同享受大家创造出来的福利"[②]。在社会生产力高度发展的基础上，实行各尽所能、按需分配，全体社会成员需要得到满足，就可以自由地发展体力与智力，最终实现自由全面的发展。

（三）雇佣劳动使人的本质发生异化

在资本主义生产条件下，劳动受制于资本，劳动在资本主义生产关系领域的表现形态是雇佣劳动。马克思指出，在资本主义生产关系中，劳动本身成为特殊的商品，资本"作为进行新生产的手段的积累起来的劳动"[③]取得了支配劳动及其产品的话语权，迫使雇佣劳动成了资本增殖的源泉，最终使劳动的本质属性发生了异化，"劳动所生产的对象，即劳动的产品，作为一种异己的存在物，作为不依赖于生产者的力量，同劳动相对立"[④]。

异化劳动不仅使劳动和劳动产品走向了人的对立面，从而使劳

---

① 马克思恩格斯选集：第3卷 [M]. 北京：人民出版社，2012：363.
② 马克思恩格斯文集：第1卷 [M]. 北京：人民出版社，2009：689.
③ 马克思恩格斯全集：第6卷 [M]. 北京：人民出版社，1961：486.
④ 马克思恩格斯选集：第1卷 [M]. 北京：人民出版社，2012：51.

动者处于不利的地位，而且使得劳动者作为人的类本质发生了异化。在异化劳动下，劳动者始终处于不利的地位。一方面，劳动者所创造的价值被资本家剥夺，他所得到的不过是他作为工人维持生存所必要的那一部分，除此之外没有任何其他的收入。因此，"工人生产的财富越多，他的生产的影响和规模越大，他就越贫穷。工人创造的商品越多，他就越变成廉价的商品。物的世界的增值同人的世界的贬值成正比"①。另一方面，由于工人的劳动沦为资本的附庸，不从事劳动生产但又享受特权的地主和资本家们凌驾于工人之上，对工人发号施令，劳动和劳动者不但没有受到尊重，劳动者的各种自我发展需要反而受到了抑制，以致难以实现自身全面自由的发展。工人"在自己的劳动中不是肯定自己，而是否定自己，不是感到幸福，而是感到不幸，不是自由地发挥自己的体力和智力，而是使自己的肉体受折磨，精神遭摧残"②。

第二节　马克思恩格斯劳动教育思想的内涵要义

马克思和恩格斯在形成科学劳动观的过程中，基于资本主义条件下社会发展的新趋势，在对资本主义的劳动教育思想及其实践弊端进行批判的过程中提出了教育必须与生产劳动相结合的思想，深入分析了教育与生产劳动相结合的必要性与重要作用，阐明了教育与生产劳动相结合的基本前提、主要内容与实现方式，形成了劳动教育思想的总体框架。

一、教育与劳动相结合思想产生的时代背景

（一）社会化大生产的迅速发展

中世纪后期城市复兴，手工业和商业成为城市经济的主要构成

---

① 马克思恩格斯文集：第1卷［M］．北京：人民出版社，2009：156．
② 马克思恩格斯选集：第1卷［M］．北京：人民出版社，2012：53．

部分。为了加快工作效率，与其他手工业者进行竞争，从而保证自身的利益，城市手工业者招收学徒，并形成了"行会同盟"，彼此之间严格规定了师徒关系，最终发展成为学徒。但是，随着生产力的进一步发展，基于大工业生产发展的客观要求与内在需要，原有的行会和学徒制已经不能满足需要，迫切需要展开劳动者的培养与教育。

1. 满足大工业生产方式需要

机器大工业生产是以机器生产为基础的社会化大生产，与之前的工场手工业相比，它不仅对于科学技术有着较强的依赖性，也加强了社会生产不同领域之间的分工与协作。它把人从劳动分工中进一步解放出来，实现了由"人—产品"到"人—机器—产品"的转化。在这一过程中，机器媒介起作用的关键不再是学徒制度，而是人本身，人需要通过接受教育来掌握机器操纵从而进行生产。同时，社会分工的精细化使得各个生产环节之间形成一个密不可分的整体，任何一个生产环节都成了资本市场细化操作的必需。于是，在资本的推动下，在机器大工业生产社会化的发展下，教育与劳动相结合的理念孕育而生，包括马克思和恩格斯在内的很多思想家逐渐将目光转向对劳动者的教育。

2. 回应科学技术革命召唤

马克思认为，现代工业的技术基础是革命的，大工业的本性决定了劳动的变换、职能的更动和工人的全面流动性。因此，"承认劳动的变换，从而承认工人尽可能多方面的发展是社会生产的普遍规律"①。18世纪中叶，以蒸汽机的应用为标志的第一次工业革命催生了一批经过教育的熟练劳动者。1834年第一台实用电动机的诞生将人类带入电气时代，进一步凸显了教育与生产劳动相结合对于解放和发展生产力的重要意义。为适应现代生产，培养现代化的技术工人成为社会发展的普遍共识，教育与劳动相结合的观念得到进一步

---

① 马克思恩格斯全集：第23卷［M］．北京：人民出版社，1972：319.

3. 反映资本主义社会变化

进入资本主义社会，教育的生产性、世俗性、公共性更加显露，教育的目的从原来培养统治阶级所需的少量管理人才，逐渐转向培养满足社会化大生产所需的大量劳动者，教育的对象也不再仅仅局限于名门贵族，而是作为一项公共事业向广大劳动者开放。基于资本主义社会中教育出现的上述新变化，为适应社会发展和大生产的现实需要，推动教育与生产劳动相结合成为必然趋势，马克思在对资本主义生产条件下工人及其子女教育现状进行充分调查的基础上，在批判总结空想社会主义和资产阶级思想家教育与劳动思想的过程中，提出了独具特色的"教劳结合"思想。

（二）资产阶级思想家关于劳动教育的理论主张

文艺复兴和宗教改革之后，劳动对市民阶层的形成、壮大和社会财富创造发挥着越来越大的作用。劳动越来越引起哲学家和思想家们的关注和重视，英国教育思想家洛克在《贫穷儿童劳动学校计划》一书中第一次提出"劳动学校"这一机构，他认为劳动学校是为了救济贫穷儿童而设置的机构。与洛克同时期的英国经济学家贝勒斯提出创办适合贫困儿童的学校，使贫困儿童在进行手工业和农业活动的过程中接受教育，在创造社会价值的同时实现人生的成长。在他们看来，劳动教育的主要功能在于解决当时的社会贫困现象。他们关注的核心在于劳动的社会生产价值，而不是劳动的教育价值。

1. 卢梭关于劳动教育的主要观点

卢梭认为，"劳动不单单是一种可以创造社会价值的社会分工活动，对于一个国家来说，劳动是一个公民的责任，不劳而获的行为就是流氓行为；个人的角度，一个人应该学会一种技术，过自给自足的生活，这样的生活才是最可取的，最符合人性的"[①]。可见，卢梭把劳动看作一个重要的教育手段。他关于劳动教育的主张主要有

---

① 让-雅克·卢梭. 爱弥儿[M]. 李平沤, 译. 北京：人民教育出版社，1984：262.

以下几个方面：

首先，卢梭提出应当通过劳动教育改变人们对劳动的不正确的传统偏见。他主张教育要回归自然，在朴素的自然中让孩子们自然成长，让他们不曾摧毁的天赋个性自由发展。在卢梭构建的乌托邦中，每位儿童可以自由全面发展，劳动不再是低下的代名词，通过劳动打破了偏见，劳动教育成为自然人的塑造活动。这表明卢梭发现了生产劳动的社会教育意义，考察了教育与生产劳动的关系，并把劳动纳入祛除社会弊端的乌托邦蓝图之中。

其次，卢梭认为，通过劳动教育可以使少年认识社会关系，发现社会中的不平等现象，从根本上理解社会罪恶和堕落的根源。当时的法国，虽然大工业生产尚未建立起来，但资本主义已有很大的发展，社会需要大量的自由劳动者。为了适应社会的变化，应将劳动作为引导儿童认识社会、学会生存的重要场域。卢梭将劳动视为通向社会的桥梁，儿童在劳动中通过对"物"的生产，进一步认识隐藏在"物"背后的生产关系。这样，儿童就可以懂得基本的社会权利，懂得在这些社会权利的网络中寻找适合自己的位置，选择适合自己的劳动行业。

最后，卢梭认为，当人类已经不满足于个人劳作的成果，开始追求多人合作劳作的艺术，特别是当人类发现可以通过一些方式，一个人同时拥有两份食粮的好处时，平等就此被私有制取代。当人类开始出现私有财产观念的时候，人类的异化就开始了。在这里，卢梭已经猜测到了异化的直接根源是人类生产劳动的发展和私有观念的形成。不难看出，这与马克思的思想路径有着高度的一致性，表明卢梭对劳动教育的研究已经不仅限于通过教育扭转对劳动的偏见，而是已经进入更深的层次。

2. 亚当·斯密对于劳动教育的认识

亚当·斯密认为，劳动是社会财富增加的唯一源泉，是创造社会财富的重要方式，整个社会要在人的劳动上下功夫。这表明他开始关注人的问题，主张在社会大生产的条件下对劳动主体的人进行普及教育，进而提高人的劳动能力。

在亚当·斯密看来，教育和训练具有经济意义。他认为，要学习一种才能，就必须接受教育，必须进学校。这些才能，对于个人而言自然是他财产的一部分，对于他所属的社会而言，也是社会财产的一部分。工人增进熟练程度，可以看作社会上的固定资本。工人在学习的时候固然要花费一笔费用，但这种费用可以得到偿还并赚取利润。人在从事工作的时候，必然期望除获得普通劳动工资外，还收回全部学费，并取得利润。亚当·斯密通过经济学的角度，用人的付出与投入将教育与劳动结合起来，对劳动与教育结合以及普及的教育具有重要的启发性意义。

亚当·斯密认为，通过长时间从事某项专业化的劳动，工人们可以获得更高的技能水平，并提高自己的专业能力。这种专业化的劳动分工不仅使得个人在特定领域有所专长，也促进了技术和知识的积累和传播。这种在劳动中发展教育的思想为马克思教育劳动相结合思想的研究提供了素材。

（三）资本主义条件下劳动教育的弊端

随着工业革命的兴起、社会化大生产的迅猛发展、资本主义制度的形成确立，资本主义生产方式得到迅速发展，西方的劳动教育也出现了新的形态，除了生产劳动中的劳动教育之外，还出现了学校的劳动教育，而且学校的劳动教育越发兼具生产性和育人性的特点。但是，由于资产阶级的劳动教育思想具有明显的阶级性和等级性，其劳动教育实践也必然有难以克服的弊端，即迫使劳动者劳动和接受劳动教育，导致工人对劳动的错误理解和对劳动教育的恐惧。

在资本主义社会，资本家的逐利本性决定了他们加速资本积累的方式必定是不断扩大再生产以提高产品的生产效率，从而形成自己的规模优势。他们不会胡乱投资，只有在综合分析各种社会影响因素的前提下才会有选择地将自己的资本投入那个最能够让自己获利的行业，所以资本是辅助人的劳动能力扩大和发展的必备条件。正是因为大资本家的存在，他们利用自己的资本优势吸纳了大量的劳动者参与到资本的运动中来，无形中把控了整个社会行业发展的风向标，也无形中把控了资本主义条件下人类的劳动教育的进程与方向，使得劳动教育具有很强的逐利性，教育的目的不是让人们了解劳动的本质，而是为资本家逐利而服务。这不利于让全社会的劳动者对于自身的劳动有一个正确的理解和认识并激发自身对于劳动的热爱和激情。马克思对此进行了批判，他认为工人是生产劳动的主体，更应该通过教育的方式，让工人认识到自身劳动的重要性，对劳动充满热爱，激发自己在劳动中的积极性和主动性，深刻理解劳动的内涵，明白劳动不仅是一种个体性的活动，还是一种社会性的活动，只有在相互协作的共同劳动中才能够形成推动社会发展的强大合力。

二、马克思恩格斯关于教劳结合的主要论断

马克思和恩格斯在批判和吸收空想社会主义者有关劳动教育思想合理成分的基础上，通过对资产阶级劳动教育思想的批判，提出了教育必须与生产劳动相结合的理论观点。这是马克思主义劳动教育思想的核心观点。在马克思看来，"生产劳动同智育和体育相结合，不仅是提高社会生产的一种方法，而且是造就全面发展的人的唯一方法"①。

（一）劳动与教育相结合推动社会发展进步

马克思在《哥达纲领批判》一书中认为，在资本主义制度下，劳动教育是防止工人阶级沦为资产阶级附庸的"最必要的抵御之策"，是推动社会发展进步的重要手段之一。马克思的劳动教育思想就是要打破资本主义社会"劳心者治人，劳力者治于人"思想的禁锢，使教育成为每个人都平等享有的权利。马克思指出，劳动教育的对象最主要的就是正在成长中的少年儿童，他们是工人阶级以及人类未来的希望。在资本主义的现实条件下，儿童没有足够的能力来保护自己，因而社会有责任使他们免受现有制度的伤害。首先，国家必须制定法律，通过立法的形式保护青少年儿童所拥有的权利。

---

① 马克思恩格斯选集：第 2 卷 [M]. 北京：人民出版社，2012：230.

其次，还需要进行相应的劳动教育。实行劳动教育，可以进一步提高工人阶层的素质和能力，为改造旧社会，建立新的社会增加足够用的人才储备。马克思认为，只有将劳动与教育相结合，使得全体成员都参与到社会劳动和生产的过程中去，才能在提高工人素质与能力的同时，形成推翻旧社会、建立新社会、改造现代社会的强大力量。

通过对资本主义大工业建立和发展过程的分析，马克思认识到了劳动同教育相结合的必然性，明确了劳动教育是走向共产主义的必然要求。马克思认为，资本主义之所以能够在不到一百年的时间里创造出巨大生产力，其中一个重要的原因就是现代科学技术的发明及其在生产领域的广泛应用。科学技术在生产中的应用主要是通过劳动者对现代生产技术的掌握和熟练运用来实现的，而劳动技能的掌握主要是通过教育来实现的。因此，要推进社会化大生产的持续发展并走向未来的共产主义生产方式，劳动和教育相结合就成为一种必然趋势。马克思认为，通过理论知识传授和亲身参与实践训练等方式对劳动者开展劳动教育，可以使劳动者的技能得到提升，使之成为推动社会发展进步的重要力量。对此，马克思提出，"在社会主义社会中，劳动将和教育相结合，从而既使多方面的技术训练也使科学教育的实践基础得到保障"①。

（二）教育与生产劳动的实践相结合是造就全面发展的人的方法

首先，马克思主义劳动观特别强调劳动对于人的生存的初始意义，肯定劳动的自由创造性对"现实的个人"的地位和价值，把"被对象性的人、现实的因而是真正的人理解为人自己的劳动成果"②。劳动激发了人的自然适应性的改变。人能够通过制造和改进手工工具，逐渐超越自身本能的自然限定而生长出初步的自觉性和劳动能力，即初步的人的自由性。人逐渐具有了劳动能力，不再仅仅依从于生命种系的自然性束缚，进而加速了人的自然生命的进化，

---

① 马克思恩格斯选集：第3卷［M］．北京：人民出版社，2012：710.
② 马克思恩格斯全集：第16卷［M］．北京：人民出版社，1964：216.

并且内在地推进了人的自由精神的进一步生长，使人不断具有人所应具有的精神特质。

其次，马克思和恩格斯坚持从历史唯物主义的立场和观点出发，深入分析和揭示社会发展、教育和人的全面发展三者之间的内在关系，把教育与生产劳动相结合确立为无产阶级教育的根本原则，并与马克思主义劳动观的其他组成部分一起纳入科学社会主义的理论轨道之上。马克思和恩格斯认为，劳动与教育相结合在促进社会化大生产的发展和社会进步的同时，也成为促进实现人的全面发展的重要路径，能够使劳动者的品德更加高尚、身体更为强健、人格更加健全，为最终实现人的全面自由发展奠定基础。以对童工问题的认识为例，马克思分析了劳动与教育相结合在实现人的全面发展过程中所起到的作用。他指出，虽然童工现象在资本主义条件下是畸形的存在，但是如果从为人将来的自身发展奠定基础的角度来看，"现代工业吸引男女儿童和少年来参加伟大的社会生产事业，是一种进步的、健康的和合乎规律的趋势"①，因为这是符合人的生存与发展的自然规律的。基于这样的认识，马克思进一步提出，"对所有儿童实行公共的和免费的教育。取消现在这种形式的儿童的工厂劳动。把教育同物质生产结合起来"②。无论是原始社会中的采集与打猎，还是近代以来的机器大工业生产，都是在人的协作分工下完成的活动。这说明人在社会生产过程中才是改造社会的主体，且人的智力和体力在这个过程中也获得了发展。

最后，自由创造性劳动要求以人的自由性实现全面而充分发展为前提。在价值论意义上，劳动推动了人的自由性不断走向全面而充分的发展。马克思主义劳动观肯定劳动既是合规律性的又是合目的性的活动，体现了物的尺度与人的尺度的统一。劳动受制于一定的客观前提，需要合规律性。同时，劳动更本质的是作为人的自由自觉意志的行动，是人在寻求"真"的认识基础上达到对"善"的

---

① 马克思恩格斯全集：第16卷［M］. 北京：人民出版社，1964：216.
② 马克思恩格斯选集：第1卷［M］. 北京：人民出版社，2012：422.

伦理目的和"美"的精神体验的价值实现活动。马克思主义劳动观肯定劳动是人追求和创造"真""善""美"的价值实践活动。"真""善""美"的价值不断实现的过程就是人的智性、德性和审美性即自由性不断全面而充分发展的过程。

（三）教育与生产劳动相结合是改造社会的重要手段

所谓整个世界历史不外是人通过人的劳动而诞生的过程，而生产劳动作为所有劳动活动中最为根本的活动，制约着人与社会的关系运动。

首先，生产交往是人与人之间最基础的交往活动，现实的人一定是从事生产的人。马克思主义认为，历史过程中的决定性因素归根到底是现实生活的生产和再生产。对人类社会的发展而言，社会改造需要人接受教育并将其付诸生产劳动实践，教育与生产劳动一旦中断，人本身的存在将会受到威胁，人类社会的发展和改造也将无从谈起。

其次，人的本质力量只有通过教育与生产劳动相结合才能得到最为根本的对象化展现。人因其所具有的主观能动性创造和发展了社会关系，这也是人区别于其他动物的重要标志。由于社会改造是需要人与人之间协作完成的生产实践，是需要有组织开展的活动，因此人改造社会的能力只有在生产劳动中才能得以对象化。也就是说，人不仅要接受教育去提高改造社会的能力，而且必须推动教育与生产劳动相结合。

最后，生产劳动直接关系着人如何创造社会关系的核心即生产关系。社会只有在生产劳动中才能存在，人们在生产实践中开展社会交往、不断积累直接经验与间接经验，形成区别于动物的意识，并以主体身份创造了社会客体，开启人类社会发展史。人要完整地认知社会关系不仅需要来自教育传递的间接经验，也需要自身在生产劳动中获得的直接经验。同时，人在生产中利用工具形成自身的主体性（主体性意识与主体性能力），使得人能够按照自我意志改造社会关系，不断摆脱自然界与外在物的束缚。直至共产主义社会实现人自由而全面的发展，教育与生产劳动相结合仍是改造社会的重要手段。

三、马克思恩格斯教育与劳动结合思想的基本内涵

马克思和恩格斯基于机器大工业的建立发展及其对于资本主义条件下生产关系和劳动关系的影响剖析了教育与劳动相结合的历史前提，基于资本主义生产条件下的经济关系和阶级关系阐述了开展劳动教育的主要内容，基于对社会发展规律的认识和未来社会发展的方向论述了开展劳动教育的基本方式。

（一）关于教育与生产劳动相结合的历史前提

1. 机器大工业的革命本性

马克思认为，现代工业技术具有革命性的本质，它推动着生产劳动的过程和劳动者的技能素质必须随之发生变化，这种状况的出现是现代社会生产的普遍规律。对于如何使各种关系适应这个普遍规律，马克思指出，"工艺学校和农业学校是这种变革过程在大工业基础上自然发展起来的一个要素；职业学校是另一个要素，在这种学校里，工人的子女受到一些有关工艺和各种生产工具的实际操作的教育"[①]。马克思和恩格斯生活的时代，新的机器投入生产，这就要求使用它的劳动者要具备一些科学文化知识，而学徒制这种旧的教育形式已不能适应这个新的要求，于是就要求在工厂的生产劳动过程之外对儿童、青少年进行文化科学知识教育。从这个角度看，正是由于机器的采用，培养现代劳动者的教育才从生产劳动中分离出来而产生了初等学校、工艺学校、农业学校和职业学校等现代学校。由于当时的生产水平、科学技术水平和劳动人民的生活水平还较低，童工还被普遍采用，即相当一部分少年儿童，特别是劳动人民的子女被吸收到工厂中劳动。他们只能在劳动中学，没有条件参加学校教育。因此，机器大工业的革命本性在某种程度上促进了劳动教育的发展，但是资本主义本身的弊端决定了儿童并不能真正地

---

① 马克思恩格斯全集：第23卷[M]．北京：人民出版社，1972：535．

第二章 马克思恩格斯关于劳动教育的思想

接受劳动教育，不能体会劳动教育对于人发展的美好意义。

2. 机器大工业条件下生产关系的转变

马克思揭示了机器大工业代替手工业的客观趋势，阐述了机器大工业生产背景下教育和生产劳动相结合的可能性。新的生产劳动技术应用于社会生产后，提升劳动者素质的迫切需求使生产劳动同教育相结合具有了可能性，而要使这种可能性转变为现实，需要以生产关系作为中介。马克思和恩格斯认为，不同类型的生产关系对于教育与生产劳动结合所产生的影响也会不同，合理的生产关系促进教育与生产劳动的结合，不合理的生产关系有可能阻碍教育和生产劳动的结合。

在比较手工劳动和机器劳动对劳动教育的不同影响时，马克思充分肯定手工劳动曾经发生过的重要作用，他把手工业劳动比喻为社会生产的技艺养成所，认为手工业劳动是培养劳动者的手艺、发明技巧和自由个性的学校。而生产力是社会发展最基本的动力，教育与生产劳动结合作为提高社会生产的方法是机器大生产发展的客观需要。因此，即使是不合理的生产关系（如资本主义的生产关系），在一定阶段，特别是在生产技术变革时期，也可能在一定限度内促进教育与生产劳动的结合。

3. 机器大工业条件下劳动者劳动方式的转变

马克思指出："在以前的生产阶段上，范围有限的知识和经验是同劳动本身直接联系在一起的，并没有发展成为同劳动相分离的独立的力量，因而整个说来从未超出制作方法的积累的范围，这种积累是一代代加以充实的，并且是很缓慢地、一点一点地扩大的。"[①]奴隶主的学校教育和封建主的学校教育等古代学校教育的中心是传授统治术和进行思想统治，可以称之为一种统治术教育或思想统治教育。马克思和恩格斯通过对现代生产和现代科学技术革命及其与现代教育的相互关系的认识和分析，从欧文的教育实验和

---

① 马克思恩格斯全集：第47卷[M]．北京：人民出版社．1979：570.

英国工厂法实施的实践中，发现了现代教育和现代生产劳动相结合的必然性。当人类社会历史发展到资本主义阶段，特别是机器代替了手工工具以后，大工业则把科学作为一种独立的生产能力与劳动分离开来。这就是说，科学已从生产中分离出来变成了脱离直接经验的独立的知识体系，而生产的发展主要依赖的是生产工作者对系统科学知识的掌握和运用。这时从事生产劳动所凭借的已经是科学知识而非直接的生产经验和劳动技艺，使用机器从事生产的劳动者不掌握科学知识就行不通了。但是，生产工作者对系统科学知识的掌握不可能在生产过程中而必须在生产过程之外的教育过程中进行，教育由此和生产劳动形成密切的联系。现代教育迅速从生产劳动中分离出来而成为一个独立的过程，接受现代学校教育又成了劳动者参加现代生产的必备条件，从而形成教育和生产劳动的新关系。

（二）关于教育与生产劳动结合的主要内容

马克思认为，工人阶级的子女接受教育，必须让他们了解生产过程和原理并学会使用工具。马克思进一步认为，每种教育与生产劳动相结合的方式都要把劳动生产知识渗透到知识教育、体育和技术教育课程中，让儿童真正了解生产的原理、掌握劳动工具，从而摆脱被机器奴役的局面。他提出，"把有报酬的生产劳动、智育、体育和综合技术教育结合起来，就会把工人阶级提高到比贵族和资产阶级高得多的水平"[①]。马克思主义的教劳结合实质上是为了恢复创造人和人类社会的体脑结合的劳动的本质，进而实现人的本质的复归。相较而言，教劳结合中的"劳"更多承载本真劳动中"体"的部分，而"教"则更多承载"脑"的部分。从恢复劳动本质的目的来说，教劳结合中的"教"和"劳"是并列的，即包括德育教学活动、智育教学活动、体育教学活动、综合技术教育教学活动、劳育教学活动等在内的总体教学活动。

---

① 马克思恩格斯全集：第16卷[M]．北京：人民出版社，1964：218．

1. 生产劳动与智育

马克思和恩格斯通过对人类发展历史的考察，论证了劳动与智育的关系。他们认为，身体的生成与劳动是以一体两面的形式存在的，通过以自然物为对象的物质劳动过程，自然对象被改造、加工、重置成为满足人之多重需要的形态，人通过劳动创造了人化自然，而自然界又与人紧密关联在一起，因此劳动进而反作用于人的身体，也在精神和肉体的双重维度上改造了人自身。

人在劳动过程中，克服了外界种种不利因素和关系的束缚，按照自由意志重置事物的相对关系。在此过程中，人的生理维度所蕴含的所有潜能因劳动而得到现实化，从而实现体力和智力的双重发展，成为解放个人、实现自由的方式和手段。具体而言，劳动工具的使用标志着人由动物向人类的历史性转变。工具的使用对人体各运动和感觉器官产生了新的刺激和锻炼作用，饮食结构的极大丰富提供了更充足的营养，保障和促进了大脑的进一步发育。为了满足劳动过程中的沟通需要，作为一种特殊符号的语言被创造出来。在这一系列过程中，人类身体逐渐摆脱动物式的自然印记，原始自然因素逐渐被劳动改变，人类的身体结构和素质不断改进，以劳动产物的身份获得了更高素质的身体形态。

原始社会生产力水平低下，个人只有通过人与人相互依赖、共享劳动产品的方式才能维持生存。随着劳动生产水平的提高，剩余劳动产品的出现和私有制观念的出现，使得个人的自我意识由纯粹的精神进一步现实化。现代概念下的智育就是培养学生的知识和智力，提高他们的学习能力和解决问题的能力。虽然资本主义条件下的智育是为了服务于资产阶级而产生的教化方式，但也不可否认资本主义条件下的劳动对智育的发展具有促进作用，为智育的发展提供了精神和物质基础。

2. 生产劳动与体育

马克思在批判继承资产阶级思想家、教育家关于体育思想观点的基础上，提出体育是实现人的全面解放的重要手段。马克思指出，"正如我们在罗伯特·欧文那里可以详细看到的那样，从工厂制度中萌发出了未来教育的幼芽,未来教育对所有已满一定年龄的儿童来说,就是生产劳动同智育和体育相结合,它不仅是提高社会生产的一种方法,而且是造就全面发展的人的唯一方法"①。可见,马克思对体育在教育中作用的论述与以往那些思想家和教育家的观点有着本质的不同。历史上的思想家和教育家认为,开展体育教育的目的是培养能征善战的武士,即便是具有民主思想的资产阶级教育家,也只是希望把平民教育提高到绅士教育的水准而已,其最终目的还是巩固资本主义的统治和服务于资本主义的生产方式。然而,在马克思的认知中,体育不仅是一种强身健体的手段,而且是实现人的彻底解放的方式之一。马克思提倡体育教育,除了要实现个人身心的协调发展,更重要的是培养出不同以往所有社会的一代新人。在消灭私有制的社会条件下,人们得到身心充分自由全面的发展,彻底摆脱劳动分工的束缚,消灭体脑差别,由此彻底消灭劳动对人的异化作用,实现人的真正解放。

马克思认为,虽然体育是人全面解放的手段之一,但人的全面解放并不是人类的终结,而只是人类全面发展的起点。要实现人的全面发展,就要统筹做好各项教育活动,而体育在各项教育中具有基础性作用。因为体育是生命生存的属性,只为生命发展而服务,作为人的有意识的生命活动而展开,积极营造属于人的生存空间和实践场域,让人享受生命活动的自由与快乐。然而,在资本主义社会机器大工业体系中,工人阶级由于受到资产阶级蒙蔽,不了解如何教育自由而全面发展的下一代。马克思和恩格斯认为,要培养全面发展的下一代,首先就在体育。他们认识到,体育是发展儿童身心健康的基础,通过开展体育教育,既能锻炼学生强健的体魄,更能使他们获得愉悦的身心,而只有身心健康,才能统筹智、体、劳三者共同发展,从而为实现人的全面而自由的发展奠定基础。

---

① 马克思恩格斯选集:第 1 卷 [M]. 北京:人民出版社,2012:56.

3. 生产劳动与综合技术教育

马克思首先明确提出综合技术教育这一概念，他在1866年《临时中央委员会就若干问题给代表的指示》中指出，综合技术教育就是要使儿童和少年了解生产各个过程的基本原理，同时使他们获得运用各种生产的最简单的工具的技能，对儿童和少年工人应当按不同的年龄循序渐进地授以技术教育课程。这表明，马克思提出综合技术教育的目的，就是让儿童能够了解生产活动的全过程，从而摆脱片面分工的束缚，真正实现人的全面发展。

马克思还分析了实施综合技术教育的必要性和可能性，总的来说，就是以具有革命性的技术变革为基础的现代大工业决定了现代劳动者必须是受到全面教育的全面发展的劳动者。马克思指出，现代工业"通过机器、化学过程和其他方法，使工人的职能和劳动过程的社会结合不断地随着生产的技术基础发生变革。这样，它也同样不断地把大量资本和大批工人从一个生产部门投到另一个生产部门。因此，大工业的本性决定了劳动的变换、职能的更动和工人的全面流动性"[1]。蒸汽机的出现使资本主义开始走向成熟，到这个时期，由于商品生产的进一步发展，促进了机器的广泛使用和生产的进一步社会化，工人的工作并不固定，而是随着资本的走向而流动，科学从生产中进一步分离并遵循科学发展本身的逻辑成为独立的知识体系。从当时的社会条件来讲，综合技术教育是必要生存条件，大工业的本性需要全面发展的工人，而全面发展的工人必须接受全面发展的教育，必须具备综合技术的素养。从未来发展来讲，综合技术教育也是在人类解放之后，实现人的自由全面发展的内在要求。

4. 生产劳动与德育

德育是做人的思想工作，是提高人的认识和改造世界的能力，提高思想政治觉悟和道德水平，培养社会发展所需要的人的重要社会实践活动。做好德育工作需要对"人的问题"进行研究，马克思

---

[1] 马克思恩格斯全集：第23卷[M]. 北京：人民出版社，1972：319.

主义关于人的本质理论揭示了人的思想在社会关系、现实实践活动中的形成和发展。因此，德育关乎人本质的发展与社会关系的改变。

人的本质外在表现为社会关系的动态发展过程，需要在社会关系中得到不断发展，最终实现合规律性与合目的性的统一。马克思认为，人与动物的区别之一，就在于人对自己生命活动的理解和把握，人能够意识到自己的生命活动是自己的实践对象之一。当人开始生产自己的生活资料即迈出由他们的肉体组织所决定的这一步的时候，人就开始把自己和动物区别开来。人们在生产自己的生活资料的同时，间接地生产着自己的物质生活本身，因而也就有了独立自主的人格和尊严，而认知自主性和人格尊严则是人类道德的产生根源。德育的本质就是生命活动和自我实现的方式，是自我发现、自我认知和探索真理及由他律向自律转化的过程。因此，开展德育教育就是遵循人的类本质对人进行教育，培养自律、全面健康的对象，促进人的自由而全面的发展。德育的培养，是人与人之间相互作用的结果，也就是人通过外在的方式使人的本质在人与人之间的相互作用中不断得到确证。随着时代的发展，人的生活环境也会发生改变，德育对象的思维、意识也必然会不断发展。因此，德育要紧跟现实社会生活的变化，遵循人本质的发展，实现人与人的类本质相一致。

（三）关于教育与生产劳动结合的实现方式

1. 推进实现教育公平

在马克思看来，教育在阶级社会中具有阶级属性，资本主义社会的学校教育是由资本主义生产关系所决定的，是属于资产阶级的教育。资产阶级教育必定是为资产阶级服务的，用以维护资产阶级的经济利益和政治统治。每一个体本来都应享有平等的受教育权，但这一权利在资本主义社会由于资产阶级的强烈的阶级对立意识而被剥夺。无产阶级的任务就是要消灭带有阶级性质的教育，代之以没有阶级差别的教育即普遍的教育，抑或称为教育公平。

马克思在《哥达纲领批判》中针对拉萨尔主义空泛错误的教育公平观进行逐条的批判，深刻揭露了拉萨尔关于教育的主张是被资本逻辑所裹挟的空谈，科学阐述了马克思立足于无产阶级立场的教育公平思想。马克思主要是通过对剩余价值的分析揭露了资本主义社会中存在的教育的不公现象：在资本主义条件下，童工长时间为资本家创造剩余价值以维持自身生存，因而根本没有时间参与教育，就算有时间去接受教育，也是被资本家榨取过剩余价值后的时间，身心疲惫乏累，教育并没有成为适龄儿童的主旋律。面对资本主义教育的种种不公，马克思指出必须对所有的适龄儿童实施公共的和免费的教育，社会有责任保护他们并由国家出资对一切儿童实行普遍教育，直到成长到社会独立成员的年龄为止。这是实现教育公平的基本保障，也是推动教育与生产劳动相结合的基本前提。

2. 实行普遍劳动义务制

马克思和恩格斯在《共产党宣言》中明确提出实行普遍劳动义务制，并将之作为无产阶级夺取政权之后尽快增加生产力总量的重要政治纲领之一。马克思和恩格斯提出普遍劳动义务制，既是对无产阶级革命胜利后完成巩固政权和发展生产力任务提出的举措，也是建立在对资本主义社会劳动就业特征深刻分析与批判的基础之上。马克思和恩格斯认为，资本主义条件下的劳动并不是平等和普遍的劳动，劳动并没有成为所有社会成员的义务，劳动成为枷锁并且只会套在劳动者也就是雇佣工人的身上，而资本家却可以从来不参加劳动就过上坐享其成的剥削生活，这是很大的不平等。由于劳动力和生产资料的结合是通过劳动力市场以雇佣方式实现的，因此并不是每个劳动者都有当然的劳动权利，甚至会随时受到解雇和开除的威胁。同时，资本家为尽可能多地获得剩余价值，对雇佣工人实行强制性的监督。所以，在资本主义制度下劳动就业，既不是普遍的劳动权利，也不是主人翁的劳动义务，而是潜伏着不可调和的阶级矛盾和对抗。

马克思和恩格斯认为，只有无产阶级政权夺取和建立社会主义制度之后，才有可能调和这种矛盾，实行普遍的义务的劳动。在未来"不劳动者不得食"这条基本原则面前，人人是平等的，任何人都不能像资本家那样不劳而获，从而实现劳动的平等性。每个劳动者作为社会的主人,都能从事有报酬的劳动,各尽所能地为社会作贡献,实现劳动的普遍性。由于社会主义制度将从根本上消除人压迫人的现象,劳动者成为社会和生产资料的主人,这就使劳动者感受到自己是为包括自身在内的整个社会而劳动的,劳动就业不再是令人厌恶的社会强制,而是逐渐形成的自觉的行动,进而成为每个社会成员义不容辞的义务。

第三节　马克思恩格斯劳动教育思想的理论价值

马克思和恩格斯在对资本主义条件下生产劳动和劳动教育实践的分析和批判的基础上阐释了马克思主义关于劳动教育的主要理论观点,这不仅是对资本主义社会进行批判的需要和理论成果,同时对于马克思主义理论本身的丰富和发展也具有十分重要的理论价值。

一、深刻揭示社会及教育发展规律

马克思恩格斯劳动教育思想的深刻意义,首先就在于揭示了劳动对于社会和教育发展的重要性。劳动教育理论与唯物史观互相促进,明确了劳动是人类社会发展的起点,劳动随社会发展而不断发展,揭示了劳动的本质,进一步促进了劳动教育理论和实践的丰富和发展。

（一）论证了劳动是人类社会发展的起点

阐明自然与人的劳动之间存在着密切的关系。劳动是人类与自然相互作用的一种形式,是人类通过改造自然物质来满足自身生存和发展需求的活动。自然资源是劳动的物质基础,人类的劳动活动直接依赖于自然的供给。"人通过人的劳动而诞生整个世界历史的过程,是自然界对人来说的生成过程。"① 人类通过劳动改造自然,利

---

① 马克思恩格斯文集:第1卷[M].北京:人民出版社,2009:531.

用自然资源进行生产和创造，从而满足物质和文化生活的需要。

劳动是人类逐步摆脱原始状态，实现文明发展的重要动力。人们在劳动中不断摸索、实践，创造出了耕种工具、石器、陶器、纺织品等，劳动使人类不断积累生产经验，促进了社会生产力的提高。人们通过劳动分工，发展出不同的职业和专业，促进了社会的多样性和繁荣，而劳动也促进了商品的产生和交换，形成了市场经济的基础。总之，劳动使人类从采集、狩猎的生活方式转变为农耕生产和手工业生产，逐渐形成了定居社会和城市文明，推动了人类社会的发展

劳动作为人类社会生产和生活的基础活动，随着社会的发展和进化，在方式、方法和技术上不断地升级和演变。在早期，人类主要从事原始的狩猎、采集和简单的农耕活动，依靠自然界提供的资源进行生产。随着农业的兴起和手工业的发展，劳动活动逐渐分工、专业化，为社会的进步和发展奠定了基础。随着工业革命和现代科学技术的发展，劳动方式发生了巨大的变革。通过劳动，人类不断从事生产活动，创造出文明、科技和文化，促进了自我实现与社会发展。劳动使人类充分发挥了自己的能动性和创造力，促使个体与整个社会不断进步和提高。因此，可以说劳动使人类成为人，塑造了人类的文明与社会的进步。

（二）验证了唯物史观基本原理

劳动教育思想与唯物史观是相互支撑的，唯物史观是指导劳动教育思想的世界观和方法论，劳动教育思想的发展验证并丰富发展了唯物史观。马克思主义强调劳动是人类特有的有意识、有目的的社会实践活动，是人类与自然界进行物质、能量、信息交换的过程，是人类生存和发展的基础。这一理念在劳动教育思想中得以运用和体现，即劳动不仅是一种技能传授过程，更是个体社会化和人格形成的重要途径。劳动教育关注劳动的社会属性和历史变迁，有助于理解劳动如何塑造社会关系、推动历史进步，从而验证了唯物史观中关于社会存在决定社会意识、生产力决定生产关系的基本原理。

劳动教育思想强调通过改变劳动条件和教育方式来促进人的自

由个性和社会关系的和谐发展，深化了唯物史观关于人的解放和全面发展的理论。马克思主义在阐明劳动在社会历史发展中核心地位的基础上，揭露资本主义生产方式下劳动的异化现象，即劳动者与其劳动产品、劳动过程、人的类本质以及人与人之间的关系相异化。劳动教育思想在坚持批判这种异化现象的基础上，倡导通过教育改革与社会实践来克服异化，实现劳动者的全面发展。这些思想不仅验证了唯物史观的科学性，还极大地丰富了其内容，为使其从一种理论假设进化为能够深刻解释人类社会历史发展规律的科学原理提供了有力支撑。

（三）揭示了资本主义劳动的本质

马克思在唯物史观指导下提出的较为成熟的劳动价值理论，强调劳动是商品价值的源泉，揭示了劳动在商品生产中所起的中心作用，以及劳动价值对商品价值的决定性影响。在此基础上，马克思的劳动思想强调了劳动在资本主义社会中的双重特性。一方面，劳动是生产力发展的基础，人类通过劳动创造了财富和价值；另一方面，劳动在资本主义制度下成为资本家剥削工人的手段，导致了剥削和压迫。这种对劳动本质的深入分析为探索人类劳动本质提供了理论基础，并且为揭示资本主义劳动的本质提供了重要的启示。

马克思主义坚持历史唯物主义方法论，阐明劳动在社会形态演进中发挥决定作用，明确生产力的发展是推动社会形态更替的根本动力，而劳动的性质、组织形式和效率的提升直接决定了生产关系乃至整个社会结构的变化。资本主义条件下生产过程日益社会化，劳动分工日益精细，劳动者之间形成紧密的协作关系。但是，这种高度社会化的劳动却导致了劳动者的个体异化。一方面，劳动者成为受资本家支配的劳动工具，无法控制自己的劳动过程；另一方面，劳动者无法从劳动产品中获得精神满足和自我实现。这种异化状态是资本主义生产方式特有的矛盾现象，也是推动无产阶级寻求解放的重要动力。

二、对构建劳动教育体系发挥指导作用

马克思和恩格斯在对资本主义条件下劳动的本质、劳动教育思想及其实践进行揭露和批判的基础上,为无产阶级未来构建的劳动教育体系确立了总体原则,梳理出了基本构成要素,从而为更好开展劳动教育实践和发挥劳动教育作用提供了总体上的指导。

(一)确立构建劳动教育体系的总体原则

马克思和恩格斯基于对劳动本质的认识以及劳动在人类社会发展和个人全面发展中的核心地位的深刻理解,在其劳动教育思想中确立了构建劳动教育体系的一系列原则,为今后无产阶级政权构建劳动教育体系提供了坚实的理论支撑和正确的方向指引。

一是劳动的人本价值原则。马克思恩格斯劳动教育思想强调劳动是人的本质属性,是实现人的自由全面发展的重要途径。劳动的人本价值原则就是要求劳动教育体系必须将尊重劳动、崇尚劳动作为核心价值取向,引导受教育者认识到劳动不仅是谋生手段,更是实现个人价值、提升生活品质、促进社会进步的重要方式,培养学生尊重劳动成果,珍视劳动者的付出,形成热爱劳动、积极投身劳动的良好风尚。

二是劳动的实践性原则。马克思主义认为,人的认识源于实践,特别是物质生产劳动实践。构建劳动教育体系应遵循实践性原则,注重理论与实践相结合,让受教育者在亲身参与劳动的过程中,理解和掌握劳动知识与技能,培养解决实际问题的能力,体验劳动过程中的艰辛与快乐,从而深化对劳动本质与作用的认识,形成正确的劳动观念。

三是劳动的全面发展原则。按照马克思主义关于人的全面发展理论要求,劳动教育应服务于人的智力、道德、身体、审美等多方面的协调发展。构建劳动教育体系应遵循全面发展原则,设计涵盖德育、智育、体育、美育等各领域的劳动课程和实践活动,确保通过实施劳动教育既能提升受教育者的专业技能,又能培养其社会责任感、道德品质、审美情趣等综合素质,促进其全面成长。

四是劳动的社会历史原则。马克思恩格斯的劳动教育思想揭示了劳动与社会历史条件的紧密联系。因此，构建劳动教育体系也应遵循社会历史发展规律，适应科技进步和经济社会发展的新趋势，关注劳动形态的发展变化，不断引入新的劳动理念和技术元素，培养受教育者的创新思维和适应新的劳动形式与劳动需求的能力。同时，劳动教育体系还应体现尊重劳动的社会价值，引导受教育者形成尊重劳动，理解和尊重不同社会分工下劳动者的正确态度。

五是劳动的教育公平原则。马克思主义主张消灭一切阶级差别和对立，实现人的自由平等。就构建劳动教育体系而言，就是要遵循马克思和恩格斯所倡导的教育公平原则，确保所有受教育者不受性别、种族、家庭背景等方面差异的影响，都有平等接受劳动教育的机会，享有充分的劳动实践资源，消除劳动教育机会的不均等，助力实现普遍的、公平的劳动。

（二）明确构建劳动教育体系的基本要素

马克思恩格斯劳动教育思想中关于劳动本质认识、劳动观塑造、劳动知识与技能传授、劳动实践的组织、劳动教育的系统性与全程性、与社会生产劳动的联系以及与人的全面发展的关系等思想观点为构建劳动教育体系提供了基本依据，有助于确保劳动教育有效实施，培养服务于社会主义和共产主义建设事业的德智体美劳全面发展的合格建设者。

一是准确认识劳动本质。马克思主义劳动观强调劳动是人类本质的体现，是人类社会存在和发展的基础。因此，劳动教育首先要让受教育者深刻理解劳动是个体自我实现、社会发展和人类进步的根本动力，认识到劳动创造价值，是人的自由自觉活动，对于个人的全面发展和社会关系的变革具有重要意义。

二是塑造正确劳动观。在对劳动本质正确认识的基础上，劳动教育必须帮助受教育者树立起正确的劳动观念，塑造尊重劳动、热爱劳动、崇尚劳动的精神风貌。这就要求在劳动教育过程中推崇劳动的尊严与价值，破除对劳动的轻视与偏见，培育受教育者对劳动的情感认同和自觉参与意识。

三是传授劳动知识与技能。开展劳动教育的直接目标是培养适应生产劳动需要的人才，因而进行劳动知识的学习和劳动技能的训练就成为劳动教育实践最基本的内容。具体来说，主要就是通过对受教育者教授基本的生产知识、工艺技术、劳动安全知识等，提升他们对生产劳动的目标、环节、流程等问题的理性认识，为在真正参与生产劳动实践过程中适应并胜任工作要求打好基础。

四是组织进行劳动实践。马克思恩格斯劳动教育思想特别强调劳动的实践性。因此，开展劳动教育必然要坚持理论与实践的有效结合，受教育者在学校除学习一般文化和科学知识之外，还应通过参加校内外劳动实践活动，如工农业生产劳动、家务劳动、职业体验等方式，亲身体验劳动过程，锻炼实际操作能力，体验劳动的艰辛与成就感，加深对生产劳动的感性认知。

五是坚持劳动教育的全过程性与系统性。马克思主义劳动观认为，劳动是人重要的生存方式和实践方式，对于劳动者个人和人类而言，劳动都是一个持续发展的实践过程。因此，劳动教育首先不应是零散和片面的，而是要贯穿教育全过程，形成螺旋上升、逐步深化的体系。劳动教育也不是孤立进行的，而是需要家庭、学校、社会等多种主体参与，形成全社会共同参与的劳动教育网络。同时，劳动教育也必须与社会生产劳动的实际保持紧密联系，关注科技发展对劳动形态的影响，引导和培养受教育者发展适应生产技术和社会发展的劳动素养和能力。

六是面向人的全面发展。马克思恩格斯劳动教育思想特别强调劳动对于实现人的全面发展的作用。因此，构建劳动教育体系也应与之相呼应，致力于培养具备良好道德品质、科学文化知识、身心健康素质、审美素养和劳动技能的全面发展的劳动者，帮助他们在劳动中更好实现个体价值，为人类社会发展进步贡献力量。

三、丰富完善人的全面发展思想

马克思恩格斯关于劳动教育的思想致力于通过教育使人从异化劳动中摆脱出来，实现劳动本质与人的本质的回归，为实现人的自由全面的发展并向着共产主义理想社会迈进创造了条件并提供了内在动力,从而丰富和完善了人的全面发展思想。

(一) 为实现人向本质回归提供指引

马克思主义认为,人的类本质是指人类作为社会生物所共有的特性,特别是通过自由自觉的劳动改造自然、创造社会的能力,即"创造对象世界,改造无机界。人证明自己是有意识的类存在物,就是说是这样的一种存在物,它把类看作自己的本质,或者说把自身看作类存在物"①。有生命的人的存在是人类历史的第一个前提,而劳动是人类生活的基础,劳动过程中的实践活动也是人的本质活动,是人区别于动物、实现自我确证的关键活动。因此,马克思提出劳动是人类生活的第一个基本条件,也是决定人的解放程度的基本尺度。

劳动本应当是一种自由自觉的活动,它作为人的本质活动,应当是人生存的内在需要之一。人们能够根据自己的兴趣、能力、愿望选择劳动方式和内容,劳动成果能够直接服务于劳动者自身的发展和幸福,并创造人类文明,推动人类社会不断发展。但是,由于资本主义生产方式的出现,特别是雇佣劳动制度不仅使资本家脱离了劳动,而且使得直接从事劳动的生产者与产品相脱离,人的本质在异化劳动中也被异化。

马克思倡导通过社会变革消除异化劳动,实现劳动者的自由劳动。只有通过消除私有制和剥削,才能实现劳动者的解放,使劳动回归其作为人的自我实现和人类社会进步源泉的本来面目。在这个过程当中,劳动教育将发挥重要作用,教育人们认识并反抗剥削性劳动关系,使劳动主体在教育中不断觉醒,成为变革生产关系的主体,劳动主体的觉醒使人从异化劳动中摆脱出来。在这种状态下,劳动不再是异化的苦役,而是实现人的全面发展和人与人之间和谐共处的重要途径。人通过劳动创造物质财富和精神财富,满足自身

---

① 马克思恩格斯全集:第3卷[M]. 北京:人民出版社,2002:273.

生存和发展需求，同时在劳动过程中实现自我价值并重新回归到人的本质上来。

（二）为实现人的全面自由发展创造条件

实现人的全面自由发展是马克思主义历史唯物论的根本价值指向，"人以一种全面的方式，也就是说，作为一个完整的人，占有自己的全面的本质"①。人总是处于一定的社会关系中，"社会关系实际上决定着一个人能够发展到什么程度"②。推动人的全面发展意味着人的社会关系的全面发展，实现社会关系的全面和谐，使人的社会性得到充分延伸和发展，从而为实现人的自由和解放创造条件。人的解放就是让人拥有真正的主体间交往关系，"任何解放都是使人的世界即各种关系回归人自身"③，人类劳动的发展为推进作为劳动主体的人的发展和解放提供了可能性。所谓劳动发展，就是通过对劳动异化的扬弃而回归人的劳动真正本质的过程，是对教育提出提升劳动者自由力量并促进劳动教育本身发展的过程，是劳动及劳动教育中的压迫和被压迫矛盾关系被不断消解的过程。劳动解放，就是作为劳动主体的人的解放，从而走向人的自由全面发展。劳动解放不仅是充分满足人对物的需要，更是要在这个过程中实现人的精神更加深刻的发展，使劳动的自由创造性不断增强，意味着对人自身更丰富的价值生活的肯定和实现，意味着更充分的自我发展的教育价值的实现。

社会生产力的巨大进步和劳动解放，体现为劳动的精神性内涵与技术性手段的不断提升和丰富，这使得劳动教育更能够以劳动的方式展开，在教育目的、教育内容、教育条件和教育手段上更能够灵活自由地满足个体自由发展需要。人的交往环境、交往模式对于人的发展和文化传承、创新具有决定性影响，劳动解放意味着更广阔的人的发展格局的解放，因而也是一种走向更自由全面发展的教

---

① 马克思恩格斯文集：第1卷［M］．北京：人民出版社，2009：189．
② 马克思恩格斯全集：第3卷［M］．北京：人民出版社，1972：295．
③ 马克思恩格斯文集：第1卷［M］．北京：人民出版社，2009：46．

育解放。资本主义社会的劳动分工和大工业生产方式，提出了推动劳动解放和劳动主体走向全面发展的客观要求，同时为实施劳动教育创造了社会条件。科学技术不断取得进步，使劳动获得了更强大的力量去克服必然性，使劳动者能够从对物的依赖中获得解放与自由，并不断获得更自由的发展机会。劳动教育以现实劳动为基础，利用已经实现的劳动解放促进劳动的进一步解放和人的自由全面发展。在劳动发展与劳动解放过程中，包括教育在内的人的交往关系不断得到拓展，为人的解放与全面发展创造了新的更充分的社会交往活动基础。

（三）为实现人的全面自由发展提供动力

劳动教育对于克服异化劳动及其所造成的人的本质异化和片面发展，对于促进人的自由全面发展都具有现实必要性和历史必然性。究其原因，就在于其内在动力机制来自生产力与生产关系的矛盾运动、教育与劳动、人的发展与社会发展之间的必然联系。在通过劳动发展和劳动解放克服了自然必然性和劳动异化现象之后，追求更充分自由活动与劳动发展和教育发展之间形成了新的互动关系，为实施劳动教育来促进实现人的自由全面发展提供了根本动力。

按照马克思主义劳动观的认识，虽然在资本主义私有制度和生产制度下，出现了劳动异化和人的发展异化的现象，造成了劳动者更充分和更全面发展的自由权利被制度性地剥夺，但是劳动并没有因为资产阶级在思想上的否定和对劳动成果的贪婪占有而失去自身所固有的创造性力量，也并没有在社会对抗中阻碍发挥人的本质力量去丰富劳动成果的历史性创造行为。相反，劳动异化的过程也是劳动内在矛盾不断运动的过程。在这个过程当中，生产力特别是不断发展的科学技术，作为劳动内部最活跃和最积极的推动力量，最终将会把造成劳动异化的资本主义社会的生产关系、劳动关系和阶级关系彻底瓦解掉，从束缚劳动的异化的生产领域中不断地把劳动解放出来，从而使劳动真正成为人类共同的一般活动，最终逐渐发展成为符合人发展要求的真正的自由活动。

就劳动主体而言，虽然异化劳动与人的自由全面发展相背离，但从现实来看，也为全面提升劳动者的素质与能力以及推动劳动性质的转变创造了客观条件，使得通过教育和劳动教育对劳动主体进行重塑、不断培育和生产出新生劳动力成为迫切的现实要求，从而在客观上形成了变革教育与劳动以消除劳动异化的力量。因此，教育和劳动教育的价值就在于，要直接面对生产力发展与变革生产关系的矛盾运动，为劳动者冲破异化劳动的束缚发挥引导作用。通过实施劳动教育，得以觉醒并获得自由的精神力量的劳动主体成为变革社会关系的主体，而教育也随着社会关系的变革和发展不断演化为面向全面劳动的教育。面向全面劳动的教育与劳动教育最终走向共通，为不断克服人的片面发展的历史局限性、冲破劳动的阶级局限性并克服劳动异化、推进社会进步和促进人的自由全面发展提供精神动力支持。

第三章 列宁的劳动教育思想及其实践

弗拉基米尔·伊里奇·列宁，无产阶级革命家、政治家、理论家和思想家，曾担任苏联人民委员会主席（即苏联总理）、工农国防委员会主席等重要职务。列宁认真学习并积极传播马克思、恩格斯的思想，系统阐述唯物史观的基本原理，论述了无产阶级的历史地位和伟大使命，在缔造第一个社会主义国家、世界上第一个无产阶级执政党的过程中，成功领导了俄国十月社会主义革命，开辟了马克思主义民族化之路。列宁的教育理论和思想极为丰富，其中可以挖掘出深刻的、丰富的劳动教育思想。列宁尤其强调坚持"教育与生产劳动相结合"。列宁将教劳结合的思想与苏维埃建设实践结合起来，进一步促进了马克思教劳结合思想的发展和民族化。列宁基于这一教育思想，在苏联建立了民主平等的教育制度，并在很短时间内普及了教育，提高了苏联全体国民的文化科学水平，培养了千百万的干部和专家，组建了由亿万名训练有素的劳动者组成的劳动大军。

第一节 列宁教劳结合思想的时代背景

一、不同时代背景下的劳动教育

（一）早期俄国革命时期强调通过教育获得劳动者的力量

列宁在 19 世纪 80 年代末开展革命活动，当时的俄国已经是一个资本主义国家，农奴制的废除推动了俄国资本主义的发展。随着大工业的发展，工人阶级登上历史舞台。俄国在进行社会主义革命前，存在一系列的经济和政治矛盾，这些矛盾的尖锐化决定了无产阶级的革命变革的必然性。[①] 在革命前的俄国，工人劳动日平均工作时间为9.5—10小时，受到了残酷的剥削。第一次俄国革命失败后，整个俄国重新恢复了掠夺性罚款制度，无情的剥削、艰困的生活和劳动条件迫使工人走上反对资本主义制度的斗争道路。同时，资本主义关系侵入农村，加深了农村已有的社会矛盾。20世纪初，俄国资本主义进入帝国主义阶段，资本主义生产关系同经济制度和政治制度中极端严重的农奴制残余交织在一起。这种农奴制残余阻碍资本主义经济的发展，使无产阶级受到特别残酷的剥削。社会发展的根本需要和劳动人民的切身利益迫切要求推翻沙皇政府。1901年，由于世界经济危机的影响和俄国国内大饥荒的发生，俄国社会经济发展的一切矛盾开始变得十分尖锐。工业停滞、经济萧条，中小企业纷纷倒闭，资本加速集中，工人大批失业，农民在饥饿的死亡线上痛苦挣扎。1901年春季，俄国的工人运动发展到一个新的阶段，开始由经济罢工转为政治罢工和游行示威。俄国革命运动的发展迫切需要无产阶级政党正确的政治领导。

蓬勃的革命运动要求俄国社会民主工党从政治上对无产阶级进行领导，建立无产阶级和农民的联盟，团结一切革命力量，组织全民武装起义，把斗争的矛头直指沙皇专制制度。列宁在《俄国自由主义的新发明》中指出，我们应当教育、团结和组织数量比1905年多两倍的无产阶级群众，而唯有无产阶级，在独立的社会民主党领导下并且同各先进国家的无产阶级携手前进，才能为俄国争得自由。[②] 他还强调，在革命过程中，必须火速把一切具有革命主动性的人团结起来和动员起来，必须更广泛和更大胆地、更大胆和更广

---

① 基姆.社会主义时期苏联史（1917—1957）[M].中国人民大学编译室，等译.北京：生活·读书·新知三联书店，1960：12.
② 克鲁普斯卡雅.克鲁普斯卡雅论教育：上卷[M].卫道治，译.北京：人民教育出版社，2017：148－149.

泛地、再更广泛和再更大胆地吸收青年参加工作,不要对青年不放心。①

列宁强调对无产阶级开展教育,以此培养无产阶级的革命力量。他指出,在社会民主党的政治活动中,现在和将来始终都有某种教育因素:应当培养整个雇佣工人阶级去担任为全人类摆脱一切压迫而斗争的战士的角色;应当对这个阶级一批又一批的阶层不断进行训练,应当善于接近这个阶级的既最少接触我们的科学又最少接触生活的科学的最不开化的成员,只有这样,才能够跟他们交谈,才能够和他们打成一片,才能够坚持不懈地、耐心地把他们提高到社会民主主义的觉悟上来,而不把我们的学说变成干巴巴的教条,不是光靠书本来教这种学说,而是还靠无产阶级的这些最不开化和最不开展的阶层参加日常生活中的斗争。②列宁在《社会主义和无政府主义》一文中指出:"在俄国的革命中,团结无产阶级力量、组织无产阶级以及对工人阶级进行政治教育和训练的任务急切地被提出来了。"③列宁在《前"布尔什维克"派出席统一代表大会的代表告全党书》中明确指出:"在当前所处的这样的革命时代,党在理论上的任何错误和策略上的任何偏差,都要受到实际生活本身的最无情的批评,而实际生活正在以空前的速度启发和教育工人阶级。"④无产阶级的历史任务就是要使旧社会给无产阶级留下的所有小资产阶级出身的人得到再锻炼、再教育和再改造。

(二)俄国革命时期通过劳动者教育使革命力量觉醒

在当时的俄国,日益迅速发展起来的一些大工厂导致小手工业者和农民相继破产。资本主义的增长使部分厂主、商人、土地占有者财富大大增加,工人的贫困和受压迫程度也迅速增加。俄国工人通过反对专制政府的无限权力的斗争来争取自身解放,争取自身解

---

① 列宁全集:第九卷 [M]. 北京:人民出版社,1984:前言.
② 列宁全集:第十卷 [M]. 北京:人民出版社,1984:336.
③ 列宁全集:第十二卷 [M]. 北京:人民出版社,1984:121.
④ 列宁全集:第十二卷 [M]. 北京:人民出版社,1984:358.

放的斗争是政治斗争，其中首要任务是争得政治自由。列宁认为："没有政治自由，既不可能有现代资产阶级社会生产力的充分发展，也不可能有广泛的、公开的和自由的阶级斗争，更不可能有无产阶级群众的政治教育、政治培养和团结。"① 俄国工人要通过斗争来学习分辨和分析各种各样的资本主义剥削方式，学会认识以资本剥削劳动为基础的社会制度，以及通过斗争，检阅自己的力量，学习如何联合，学习认识联合的必要性和意义。

19世纪90年代，工人的大罢工有了很大的进步。列宁认为："工人本来也不可能有社会民主主义的意识，这种意识只能从外面灌输进去。社会主义学说是从有产阶级的有教养的人即知识分子创造的哲学理论、历史理论和经济理论中发展起来的。工人要想成为社会民主党人，就应当明确认识地主和神父、大官和农民、学生和游民的经济本性及其社会政治面貌，就应当知道他们强的方面和弱的方面，就应当善于辨别每个阶级和每个阶层用来掩饰它自私的企图和真正的'心意'的流行词句和种种诡辩，就应当善于辨别哪些制度和法律反映和怎样反映哪些人的利益。而这些无论在哪本书里都学不到，要学到它，只有通过生动的场面和及时的揭露，揭露当前我们周围发生的事情。"②

列宁认为，教育是劳动者摆脱资产阶级压迫，获得解放的重要手段。"农民受到的教育愈多，他们就会愈彻底、愈坚决地拥护完全的民主革命。"资产阶级政府越是试图剥夺劳动者的受教育权，劳动者就越有必要接受教育，只有接受教育，工人才能在异化的劳动中觉醒革命的力量。③ 列宁在《新的革命工人联合会》中明确提出，要对参加斗争的工人进行教育，启发他们的阶级觉悟。列宁在《革命第一个回合的胜利》中指出："革命的成功取决于把人民中更广阔

---

① 列宁全集：第十卷［M］. 北京：人民出版社，1984：284.
② 列宁全集：第六卷［M］. 北京：人民出版社，1984：67.
③ 唐宇聪，张应强. 列宁劳动教育思想的发展演变和根本特点［J］. 山西师范大学学报（社会科学版），2023（4）：96－104.

的阶层吸引到自由事业方面来，取决于教育他们，组织他们。"① 列宁强调了在教育中实际行动的重要性，他在《游击战争》中明确指出："正如在国内战争进程中全体人民都在斗争中重新受到教育和进行学习一样，我们的各级组织也应当受到教育，应当根据实际经验进行改造，以适应这个任务。"② 列宁同时强调了斗争实践对于提高社会主义觉悟的重要性，指出："只有通过政治民主的道路才能使无产阶级在同资产阶级的公开斗争中受到锻炼和教育，提高社会主义觉悟，才能走向社会主义革命。"

列宁提出应当具体地、立足于当前实践对无产阶级开展教育，以提高无产阶级的思想觉悟，通过无产阶级觉悟的提升来提高无产阶级的斗争能力。他指出："把对觉悟的无产阶级群众进行长期的教育、组织和团结的工作，提到日程上来。"③ 同时，他认为"马克思主义者不应当抽象地对待反宗教斗争问题，他们进行这一斗争不应当立足于抽象的、纯粹理论的、始终不变的宣传，而应当具体地、立足于当前实际上所进行的、对广大群众教育最大最有效的阶级斗争"④。他认为："觉悟的工人必须使群众通过切身的经验认识到自由的必要，能够教育群众的是一种经验，是活生生的经验，而不是纸上的经验；启发他们的正是觉悟的工人进行的建设共和国的宣传。"⑤ 他认为："工人阶级所承担的伟大任务是要启发一切民主群众的革命意识，在斗争中教育他们，领导他们进行猛烈的冲击，以便推翻罗曼诺夫王朝，使俄国得到自由和建立共和国。"⑥

（三）社会主义建设时期强调劳动教育的政治属性

列宁认为，在苏维埃的社会主义建设中，要注重对劳动群众开展政治教育，特别是在社会主义建设期间，新经济建设必须获得广

---

① 列宁全集：第十二卷 [M]. 北京：人民出版社，1984：54.
② 列宁全集：第十四卷 [M]. 北京：人民出版社，1984：33.
③ 列宁全集：第二十一卷 [M]. 北京：人民出版社，1984：126.
④ 列宁全集：第十七卷 [M]. 北京：人民出版社，1984：394.
⑤ 列宁全集：第二十一卷 [M]. 北京：人民出版社，1984：54.
⑥ 列宁全集：第二十二卷 [M]. 北京：人民出版社，1984：270.

大劳动人民的积极拥护和大力支持。他指出:"苏维埃只有在加强劳动群众的政治教育,提高他们的知识和教育以及他们掌握文化的条件下,才有可能开展社会主义建设。"① 列宁认为,必须努力使各民族在学校教育中联合起来,以便把实际生活中要做的事在学校中先准备起来。同时,他要求以劳动作为党性修养的试金石,无产阶级在社会主义建设时期必须严格自律,以身为范。在列宁看来,广大劳动人民进行思想政治教育是增强劳动人民爱岗敬业意识、提高劳动素质、巩固国家制度的需要。列宁强调要对劳动者,尤其是工人进行思想政治教育。列宁的《在全俄教育工作第一次代表大会上的讲话》(1918年8月28日)中指出,劳动者渴求知识,知识是他们争取解放、获取胜利所必需的武器,他们遭到挫折就是因为没有受教育,现在要真正做到人人都能受到教育,全靠他们自己。② 他指出,一定要提高工人的知识水平,要发挥劳动的经济建设功能和义务劳动的教育作用,形成工人阶级的觉悟,组建一支怀揣社会主义共同理想、拥有共产主义情怀的革命队伍,以巩固政权、发展经济和实现共产主义理想,推进苏维埃社会主义建设。

二、通过教劳结合开展争取人民利益的斗争实践

列宁在革命初期就强调对工人阶级开展教育,从一开始从事革命活动就提出了把自发的工人运动和社会主义结合起来这一十分重要的任务。③ 他揭露了19世纪90年代民粹派对俄国文化发展和教育改革道路的错误观念,提出了教育劳动大众对获得革命胜利的重要意义。列宁指出,"政府"迫害工人受教育的愿望,害怕劳动大众受到教育。他在《我们的大臣们在想些什么?》中指出:"工人们!你

---

① 基姆. 社会主义时期苏联史(1917—1957)[M]. 中国人民大学编译室,等译. 北京:生活·读书·新知三联书店,1960:127.
② 列宁全集:第三十五卷[M]. 北京:人民出版社,1984:78.
③ H. A. 康斯坦丁诺夫,等. 苏联教育史[M]. 吴式颖,周蕖,朱宏,译. 北京:商务印书馆,1996:355.

们看,我们的大臣们对知识和工人的结合真是怕得要死!你们应当向所有的人表明:任何力量都不能阻止工人的觉醒!没有知识,工人就无法自卫;有了知识,他们就有了力量!"①列宁认为,只有通过斗争才能够实现对群众的教育。他在《关于1905年革命的报告》中指出:"离开群众本身的独立政治斗争特别是革命斗争,在这种斗争之外,永远不可能对群众进行真正的教育。只有斗争才能教育被剥削的阶级,只有斗争才能使它认识到自己的力量有多大,扩大它的眼界,提高它的能力,启迪它的智力,锻炼它的意志。"②

列宁强调了教育的斗争性,他指出学校事业是为了推翻资产阶级而斗争,确定了学校同劳动人民对社会进行社会主义改造斗争的相关联性。他认为,等级学校要求学生属于一定的阶层,而阶层学校不面向个别阶层,却面向全体公民。资产阶级学校的特点在于全体公民在法律上有受教育的平等权利,而实际上只有富者才能受教育。

同时,列宁强调教育要与"沸腾生活"相结合。列宁怒斥了尤沙柯夫利用教学与生产劳动相结合的伟大思想来实现反人民的中等教育计划的企图。他认为,尤沙柯夫的教学与生产劳动相结合"不是人类普遍和全面发展的条件,而只是为了付中学学费"③。列宁在《关于目前形势和党的任务》中指出,"无产阶级领导农民夺取政权的任务仍是俄国民主革命的任务",强调当前的首要任务仍然是"对先进的无产阶级群众进行长期的社会主义教育、组织和团结的工作"④。他指出,那种使学习、培养和教育只限于学校以内,因与创建共产主义社会的沸腾实际生活脱节,这种教育是不值得依赖的。⑤他认为,学校应当成为劳动居民传播共产主义原则和无产阶级思想

---

① 列宁全集:第二卷[M].北京:人民出版社,1984:68.
② 列宁全集:第二十八卷[M].北京:人民出版社,1984:395-399.
③ 列宁全集:第二卷[M].北京:人民出版社,1984:19.
④ 列宁全集:第二十一卷[M].北京:人民出版社,1984:146.
⑤ 列宁全集:第三十九卷[M].北京:人民出版社,1984:307.

的工具。青年应当把自己受培养和教育的每一步骤同劳动人民为建立共产主义制度而进行的斗争联系起来，孜孜不倦地帮助劳动人民树立新的和先进的东西。列宁指出："除了通过对群众进行政治教育和社会主义启发教育的方式进行斗争之外，与无产阶级的阶级敌人进行其他方式的斗争是多余的，甚至是有害的。"①

三、社会主义建设对人才培养的要求

（一）教劳结合思想符合社会主义国家教育目的

列宁批判资产阶级教育存在脱离生活实际的问题，社会主义国家学校的"目的在培养能够最终实现共产主义的一代人"。他提出必须把教育与生产实际结合起来，提高劳动人民的文化知识和生产力水平，以满足社会主义现代化建设的需要。无论是脱离生产劳动的教学和教育，还是没有同时进行教学和教育的生产劳动，都不能达到现代科技水平和科学知识现状所要求的高度。②

列宁从对青年团的教育角度，指出教劳结合符合社会主义国家的教育目的。列宁在《青年团的任务（在俄国共产主义青年团第三次代表大会上的讲话）》中阐述了青年要负担建立共产主义社会的任务，共产主义青年团及其他一切组织的任务就是要学习，通过青年一代的努力来建立共产主义社会。青年们的共产主义道德完全服从无产阶级阶级斗争的利益。他指出，广大青年需要用对基本事实的了解来发展和增进每个学习者的思考力，不仅应该掌握知识，而且应该用批判的态度来掌握这些知识，不是用一堆无用的垃圾来充塞自己的头脑，而是用对一切事实的了解来丰富自己的头脑。列宁强调青年们应当在立足于现代科学技术，立足于电力的现代技术的基础上使农业和工业都得到改造和恢复。每个青年必须懂得，只有接受了现代教育，他才能建立共产主义社会，只有掌握了一切现代知

---

① 列宁全集：第二十九卷 [M]. 北京：人民出版社，1984：357.
② 张俊峰. 列宁教育与生产劳动相结合思想探析 [J]. 福建师大福清分校学报，2015（3）：64—67.

识，才能把共产主义由背得烂熟的现成公式、意见、方案、指示和纲领变成能把青年们直接工作统一起来的活生生的东西。列宁提出要把学校活动的每一个步骤，把培养、教育和训练的每一个步骤，同全体劳动者反对剥削者的斗争密切联系起来，训练、培养和教育不能只限于学校以内，而要与沸腾的实际生活紧密相连。"共产主义青年团必须把自己的教育、训练和培养同工农的劳动结合起来，不要关在学校里，不能只限于阅读共产主义书籍和小册子。只有在与工农的共同劳动中，才能成为真正的共产主义者。共产主义青年团要使大家从小就在自觉的有纪律的劳动中受教育。"① 也就是明确了俄国共产主义青年团的基本任务是对劳动青年进行共产主义教育，在共产主义教育中把理论教育与积极参加劳动群众的生活、工作、斗争和建设紧密结合起来。

（二）教劳结合思想有利于培养社会主义建设新人

社会主义国家坚持教育与生产劳动相结合，是培养一代社会主义建设新人的需要。沙皇俄国是一个文化教育极度落后的国家，不识字的居民占总人口的四分之三，将近五分之四的学龄儿童不能入学，广大工农群众被剥夺了受教育的权利。② 列宁指出，社会主义学校培养的是具有共产主义思想和道德，具有建设社会主义文化本领、实际技能的全面发展的新人。在资产阶级制度下，教育与生产劳动脱节，学校浸透了资产阶级等级思想，是资产阶级统治的工具，目的是为资本家培养恭顺的、努力的和能干的工人。只有把学习马克思主义同学习人类创造的全部知识结合起来，把实现共产主义的愿望同接受现代科学技术的教育结合起来，把教育同生产劳动结合起来，才能够培养一代社会主义建设新人。

列宁高度重视人民群众在社会主义建设中的作用，在和平时期开展经济建设时也非常重视教育工作。他在《关于综合技术教育》

---

① 列宁全集：第三十九卷 [M]．北京：人民出版社，1984：302—312．
② 宋才发．对列宁关于教育与生产劳动相结合思想的再认识 [J]．教育评论，1987（3）：3—8．

一文中提出要"把立即向综合技术教育过渡，或者确切些说，立即采取许多马上就能做到的走向综合技术教育的步骤，规定为必须绝对执行的任务"①。他主张把第二级学校（或其他高年级）教育同职业技术教育结合起来，但必须在职业技术学校里增加普通教育课程和共产主义课程，保证实际上转到综合技术教育。列宁认为，劳动人民不但要识字，还要有文化，有觉悟，有知识。必须使每一个工厂、每一座电站都变成教育的据点。②他呼吁青年学生既要学习理论知识，又要参加实践活动，既要增长科学文化知识，又要促进身心健康发展，成为有广博知识、有共产主义觉悟、发展全面的社会主义建设者。

（三）教劳思想符合社会与时俱进发展方向

列宁的教劳思想在苏维埃俄国建设的不同时期均有所体现，而且在不同的历史发展时期，其教劳思想的内涵也发生着变化。③在社会主义革命时期，列宁强调以革命斗争为中心开展劳动教育。到了社会主义建设时期，列宁强调以经济建设为中心开展劳动教育。列宁在《论工会的任务》（1982年12月—1919年1月）中指出："现在的主要任务是通过顽强的、坚持不懈的、更加广泛的教育工作和组织工作来克服无产阶级和半无产阶级中某些小资产阶层的偏见，不断扩大苏维埃政权还不够广泛的基础，教育落后的劳动阶层（不仅通过书本、演讲、报纸，而且通过实际地参加管理）。"④ 列宁在《俄共纲领草案初稿》中明确指出："把学校由资产阶级的阶级统治工具变为摧毁这种统治和完全消灭社会阶级划分的工具。在无产阶级专政时期，学校不仅应当传播一般共产主义原则，而且应当对劳动群众中的半无产者和非无产者阶层传播无产阶级在思想、组织和

---

① 列宁全集：第四十卷 [M].北京：人民出版社，1984：226.
② 列宁全集：第四十卷 [M].北京：人民出版社，1984：158.
③ 唐宇聪，张应强.列宁劳动教育思想的发展演变和根本特点 [J].山西师大学报（社会科学版），2023（4）：96-104.
④ 列宁全集：第三十五卷 [M].北京：人民出版社，1984：399.

教育等方面的影响，以培养能够最终实现共产主义的一代人。"① 同时，他明确指出"现实这方面最迫切的任务是把教育和社会生产劳动紧密结合起来，吸引劳动居民积极参加教育事业"。

到了社会主义发展时期，列宁强调以共产主义理想教育为中心开展劳动教育。他认为阶级社会的实质（因而也是阶级教育的实质），就是法律上完全平等，所有的公民享有完全平等的权利，有产者享有完全平等的受教育的权利和机会。②

四、现代生产和科学技术发展的需要

（一）教劳结合思想是现代生产的需要

1921年开始，苏维埃国家遭遇了严重的经济危机和政治危机，开始实行新经济政策。实行新经济政策后，苏联经济得到了恢复和发展。这一时期，苏联走上了工业化道路，传统落后的劳动方法已经濒于消失，开始被以最新科技成就为基础的大的现代工业取代，电气化时代的到来为苏维埃的发展提供了重要的科技支撑。生产技术基础的不断变化，要求现代工人能够适应各种不断变化的生产条件，掌握新的生产方法。列宁强调通过劳动教育使广大劳动者积极参与到工业生产中，"用自己的劳动创造全部财富"，不断学习和采用先进科学技术，提高劳动生产率，建立大工业的物质基础。

在联共（布）第十五次党代表会议后，苏联工业发展不仅要依靠现代技术，而且要依靠现代科学和现代技术来改造整个农业，使小型和中型的农业转向大型的集体农业。列宁认为现代生产就是现代工业生产，重视电气化等工业技术，注重电气化发展。他在《电气化的意义》中指出电气化是现代技术，能够提高生产力，要推进电气化不仅要提高劳动群众知识，还要提高劳动群众的文化水平。列宁强调没有群众的参加就不可能进行整个国家的经济改革，因而要向广大群众开展综合技术教育，通过教育与劳动结合的方式，提

---

① 列宁全集：第三十六卷［M］．北京：人民出版社，1984：87．
② 列宁全集：第二卷［M］．北京：人民出版社，1984：453．

高劳动群众的技术水平。

(二) 教劳结合思想是现代科技发展的需要

在苏维埃俄国的社会主义建设时期,俄国的工业化有了较快发展,国家的工业化以及工农业的改造,推进了现代生产的发展。现代生产需要大批有知识、有才能、有独立操作能力的工人,既要求提高全体劳动人民的文化水平,也要求培养相应的中等技术人才。现代生产所需要的熟练劳动完全不同于过去那种熟练劳动,熟练劳动主要依靠专业化和多年学习,新技术要求高度的智力、独立工作能力和机智性。新技术所要求的人才,既要有丰富的科学知识,又要具备实际参加劳动的能力,这种人才能够从生产上把群众组织起来,领导他们前进,指导他们工作。

列宁认为,必须把现代文化知识和现代生产实践相结合,实现现代生产劳动、现代科技和现代教育三者结合。教育要以国家现实需求为导向,通过坚持"普遍生产劳动同普通教育相结合"的基本原则,更好地培育现代科学技术人才,使广大人才用知识来全力武装自己,又把已有知识用于实际,从而更好地投入到社会主义建设中去。

列宁强调国家的工业化发展要求教育培养学生具备一般的劳动素养,明白生产的全过程,指导技术发展的方向,具有操纵任何一台机器的一般技能。同时,他强调要通过综合技术教育和综合技术学校培养学生获得一些熟练技巧和有限的知识,培养他们对技术的热爱、对科学的兴趣,使他们成为视野开阔、双手灵巧的新的一代人。

(三) 教劳结合思想是社会主义教育的客观反映

列宁教劳结合思想是社会主义教育的必然趋势和客观反映。列宁认为,现代教育就是在现代生产基础上的以传授现代科学技术知识和市场实践知识为主要内容的教育。[①] 1920 年 10 月 2 日,他在俄

---

① 宋才发. 对列宁关于教育与生产劳动相结合思想的再认识[J]. 教育评论,1987 (3):3-8.

国共青团第三次全国代表大会上指出:"资本主义旧社会留给我们最大的祸害之一,就是书本与生活实践完全脱节,虚伪地向我们描绘资本主义社会的情景。"因此,社会主义教育的核心宗旨是教育与劳动相结合。

教劳结合顺应学生生长规律,符合社会主义教育规律。列宁主张让儿童活泼地学习,也就是把知识学习和实践操作结合起来,反对脱离生产劳动的注入式教育。他认为,应该把学习和生产劳动二者有机结合起来,根据儿童的年龄特点以及知识学习的需要,从教育观点出发安排适合的生产劳动,使劳动服从于教学目的。教育与劳动相结合可以使教育内容更加丰富充实,对儿童的成长也有很大益处。

劳动是一种伟大且有益的教育手段,教育与生产劳动相结合大有好处。作为社会主义国家的苏维埃俄国要求少年普遍从事义务劳动,要求12—16岁的男女少年要参加义务劳动,不仅要满足社会生产需要,还要照顾青年一代的健康发展。中学应该培养新型的中等技术人才,这种人才一方面要具备相当的教育和社会素养,另一方面要能从实际上和理论上了解自己的专业。① 可以说,教劳结合思想是社会主义教育的客观反映。

第二节 列宁教劳结合思想的基本内容及意义

一、列宁教劳结合思想的特征

(一)继承与发展马克思教劳结合思想

列宁深入学习马克思理论,进一步继承与发展了马克思教劳结合思想。马克思十分重视教育与生产劳动相结合,在1866年日内瓦

---

① 克鲁普斯卡雅. 克鲁普斯卡雅论教育:中卷[M]. 卫道治,译. 北京:人民教育出版社,2017:836.

举办的第一国际第一次会议的决议中,马克思强调坚持教育必须与生产劳动相结合。他指出,必须把劳动与生产结合起来,这样劳动才具有重大教育意义。马克思强调教劳结合能够消除学校阶级性质,也是改造现代社会的强有力手段。马克思在《共产党宣言》中指出,只有把教育工作与生产劳动紧密结合起来,才能消灭现代学校的阶级性质。[1] 他在《哥达纲领批判》中写道:"生产劳动和教育的早期结合是改造现代社会的最强有力的手段之一。"[2] 教育与生产劳动相结合也是造就全面发展的人的唯一方法,马克思在《资本论》第一卷中写道:"正如我们在罗伯特·欧文那里可以详细看到的那样,从工厂制度中萌发出了未来教育的幼芽。未来教育对所有已满一定年龄的儿童来说,就是生产劳动同智育和体育的结合,它不仅是提高社会生产的一种方法,而且也是造就全面发展的人的唯一方法。"[3] 马克思提出了综合技术教育的思想,主张开设专门的技术类、职业技能类院校,综合技术教育使教育与生产劳动相结合有了实质性的内涵,成为劳动教育的典型形式。[4] 由此可见,马克思非常重视教育同生产劳动相结合的思想,多次强调二者结合是生产力发展的客观要求,是保障劳动工人及其子女受教育权的重要内容和实现人的全面发展的重要途径。[5]

列宁继承了马克思和恩格斯关于劳动的观点,在"十月革命"胜利后,列宁进一步提出通过劳动来建设和发展社会主义,他认为正是由于资本主义片面的社会分工造就了有缺陷的人。列宁在全俄各省国民教育厅社会教育处处长第三次会议(1920年2月)上的讲

---

[1] 克鲁普斯卡雅. 克鲁普斯卡雅论教育:上卷 [M]. 卫道治,译. 北京:人民教育出版社,2017:158.

[2] 马克思恩格斯全集:第十九卷 [M]. 北京:人民出版社,1984:35.

[3] 马克思恩格斯全集:第二十三卷 [M]. 北京:人民出版社,1984:530.

[4] 刘淑艳,刘培路. 列宁劳动教育思想的内涵和实践路径论析 [J]. 中国劳动关系学院学报,2022 (1):11—20.

[5] 杨文. 时代新人培育视角下列宁劳动教育思想的核心要义与当代启示 [J]. 唐都学刊,2023 (3):71—77.

话中指出:"在资本主义社会里,教育工作的根本缺点之一是同组织劳动的主要任务脱节,因为资本家需要训练和培养出来的是一些恭顺驯服的工人。在资本主义社会里,组织国民劳动的实际任务同教学工作没有联系。"① 列宁继承和发展了马克思教劳结合思想,他在《卡尔·马克思》一文中指出:"工厂制度使我们看到'未来教育的幼芽……对所有已满一定年龄的儿童来说,就是生产劳动同智育和体育相结合,它不仅是提高社会生产的一种方法,而且是造就全面发展的人的唯一方法'。"② 马克思和恩格斯探讨了"劳动教育如何促进社会主义社会的建立问题",列宁继承并发展了这一问题,提出了"劳动教育如何促进社会主义社会的建设和发展问题"。

《俄国共产党(布尔什维克)纲领》(1919年3月18—23日俄国共产党第八次代表大会通过)中指出,1917年,十月革命在俄国实现了无产阶级专政,无产阶级在贫苦农民即半无产阶级的支持下开始建立共产主义社会的基础。在国民教育方面,俄共提出"把学校由资产阶级的阶级统治工具变为完全消灭社会阶级划分的工具,变成进行社会的共产主义改造的工具"这一任务。在无产阶级专政时期,学校不仅应当传播一般共产主义原则,而且应当通过对劳动群众中半无产者和非无产阶层传播无产阶级思想,对劳动群众在思想、组织、教育等方面产生影响,以培养能够最终实现共产主义的一代人。苏维埃政权确定了下列有关学校及教育方面的基本原则:一是对未满17岁的男女儿童一律实行免费的义务的普通教育和综合技术教育(从理论上和实践上熟悉各主要生产部门)。二是完全实现统一的劳动学校的各项原则:以本族语言讲课,使学校绝对成为世俗的,使教育和社会生产劳动紧密结合,培养共产主义社会的全面发展的成员。三是培养具有共产主义思想的新的教育工作者骨干。四是吸引劳动居民积极参加教育事业。五是对17岁以上的人广泛开展同普通综合技术知识有联系的职业教育。六是使高等学校的课堂对一切

---

① 列宁全集:第三十卷 [M]. 北京:人民出版社,1957:334.
② 列宁全集:第二十六卷 [M]. 北京:人民出版社,1984:75.

希望学习的人,首先是对工人广泛开放;吸引能在高等学校教书的人参加高等学校的教学工作。①

(二) 确立综合技术教育的具体原则

列宁认为,没有年轻一代的教育和生产劳动的结合,未来社会的理想是不能想象的;无论是脱离生产劳动的教学和教育,还是没有同时进行教学和教育的生产劳动,都不能达到现代技术水平和科学知识现状所要求的高度。②列宁在《关于修改党纲的草案》新党纲第14条中指出:"对未满16岁的男女儿童一律实行免费的义务的普通教育和综合技术教育(从理论上和实践上熟悉一切主要生产部门);把教学和儿童的社会生产劳动密切结合起来。"③党纲中国民教育方面的条文补充了对青年和成年人实行综合技术教育,在所有学校里就是通过综合技术教育来为劳动作全面准备。

综合技术教育不仅要教儿童学会主要的、基本的劳动形式,而且要使他们把将要获得的技术知识和农业知识在各种极其复杂的环境中加以运用。学生不学习狭隘的职业知识,而是接受广泛的综合技术教育和一般的劳动熟练技巧。生气勃勃的综合技术教育是与企业、与公益工作相联系的综合技术教育,而现代生活所要求的,就是要进行这种生气勃勃的综合技术教育。

(三) 以教劳结合提高劳动生产率

列宁提出以教劳结合来提高劳动生产率。他在《俄共(布)纲领草案》(1919年2月)中明确提出:"提高劳动生产率是根本任务之一,因为不这样就不可能最终地过渡到共产主义。要达到这一目的,除了进行长期的工作来教育群众和提高他们的文化水平,还要立即广泛地和全面地利用资本主义遗留给我们的、在通常情况下必须浸透了资产阶级世界观和习惯的科学技术专家。"这就意味着要通过教育劳动群众来提高劳动生产率,教育要以实际需求为导向,培

---

① 列宁全集:第三十六卷 [M]. 北京:人民出版社,1984:412.
② 列宁全集:第二卷 [M]. 北京:人民出版社,1984:461.
③ 列宁全集:第二十九卷 [M]. 北京:人民出版社,1984:488.

养掌握现代科技和科学知识的人才，将科学技术运用到生产实践中，为社会主义建设服务。为了实现以教劳结合来提高劳动生产率，列宁鼓励学生参加工厂的劳动以及各种生产实践活动，① 以提高学生的劳动技能，开展劳动竞赛，激发劳动活力，提高劳动生产率。

（四）将教劳结合思想作为重要教育目标

列宁将教劳结合思想作为重要的教育目标，通过劳动活动来开展教育，使劳动成为教育的一种重要形式，通过劳动教育提高劳动群众素质。他在《农庄中学与感化中学》中提到了尤沙柯夫的《教育空想——全民中等义务教育计划》。尤沙柯夫计划在每个乡里建立一所中学，招收达到学龄（8—20 岁，最高也可以到 25 岁）的全体男女居民，这种中学必须是经营农业和进行道德教育的生产团体。② 夏天根本不上课，专门从事农业劳动。学生毕业后要作为工人留在学校里工作一个时期；由他们从事冬季劳动和手工业劳动，因为手工业劳动可以补充农业劳动，使每所中学能够以自己的劳动来养活全体学生、工人、教师和行政人员，并且抵偿教育费用。这种中学会成为大型的农业劳动组合。学校中还有以做工来"抵偿"教育费和生活费的"固定工人"。

（五）以推动社会教育来提高劳动者素质

列宁的教劳思想中强调了社会教育的作用，他在《教育人民委员部条例草案》中明确指出，教育人民委员部包括三个司，学前和第一级学校司即 15 岁以前少年儿童社会教育和综合技术教育司、职业综合技术教育司即第二级学校（15 岁起）和高等学校司（职业教育总局）。社会教育司负责各种社会教育工作，不包括通常由职业教育总局主管的职业技术训练班的工作。列宁指出，正规劳动学校局，特别是职业教育总局，利用各个办得还可以的工业企业和农业企业（国营农场、农业实验站、好的农庄、发电站等）进行职业技术教育

---

① 宫长瑞，等. 列宁关于劳动教育的核心思想及其当代价值［J］. 江苏海洋大学学报（人文社会科学版），2021（9）：50—57.

② 列宁全集：第二卷［M］. 北京：人民出版社，1984：19.

和综合技术教育时，应当特别注意更加广泛地、经常地吸收所有合适的技术人员和农艺专家参加。他强调了社会结构中技术人员和专家的教育作用，他强调没有那些具有理论修养和长期的实践经验的教师以及在职业技术教育方面（其中也包括农艺方面的教育）具有同样水平的人参加中央机关的工作，不得实行任何一项重大决策。① 他提倡发展社会教育，以提高无产阶级的劳动素质。

（六）强调劳动文化的培育

列宁提出共产主义道德的概念，期望通过劳动教育来培育共产主义道德。他揭示了共产主义劳动的实质，指出共产主义劳动从比较狭窄和比较严格的意义上说，是一种为社会造福的无报酬的劳动，这种劳动不是为了履行一定的义务，不是为了享有取得某种产品的权利，不是按照实现规定的法定定额进行劳动，而是自愿的劳动，是无定额的劳动，是不指望报酬、没有报酬条件的劳动，是根据为公共利益劳动的习惯，根据必须为公共利益劳动的自觉要求来进行的劳动，这种劳动是健康的身体的自然需要。因此，列宁尤其推崇"共产主义星期六义务劳动"，并通过义务劳动来培育广大人民群众的共产主义道德。

二、列宁教劳结合思想的实践路径

（一）坚持党的领导、发挥群团组织效力

列宁指出，坚持马克思主义政党的领导是社会主义政治教育的本质规定，② 劳动教育是实现社会主义政治教育的重要途径，要通过劳动教育来实现政治教育。他指出，社会主义劳动教育不能脱离政治，必须坚持正确的政治方向，坚持马克思主义劳动观，在党的领导下，同传统旧习气、懒散、无秩序等现象作斗争，使劳动者形

---

① 列宁全集：第二卷［M］. 北京：人民出版社，1984：19.
② 曲建武，张慧敏. 列宁政治教育思想对大学生思想政治教育的启示［J］. 国家教育行政学院学报，2020（11）：58－64.

成自觉的劳动纪律和共产主义劳动态度。① 在坚持党的领导的基础上，列宁强调要发挥群团组织在劳动教育中的作用。他在《中央委员会给教育人民委员部党员工作人员的指示》中强调吸收专家要有两个必要条件：第一，非党专家必须在党员专家监督下进行工作。第二，关于普通科目的教学内容，特别是关于哲学、社会科学和共产主义教育的教学内容，只能由共产党员来确定。② 列宁指导并创建了俄国共产主义青年团，主张发挥共青团的组织、引导和保障作用。

（二）推进电气化教育和综合技术教育

列宁注重电气化发展，注重通过综合技术教育来推动电气化等现代技术的教育。

他在《电气化的意义》中指出，电气化是现代技术，能够提高生产力，要推进电气化就要提高劳动者的文化。正如马克思所认为的，大工业必须革新所有的生产手段，综合技术教育是生产变革和劳动分工的一种手段，使工人能够经常改变自己的技能，掌握不同的技能以便掌握新的机器。

列宁也重视综合技术教育的开展，他在《关于综合技术教育》③中明确指出一定要立刻尽可能地实施综合技术教育，要将第二级（12—17岁）学校同职业技术学校合并，把第二级学校改为职业技术学校，但是同时为了不变成培养手艺人的学校，应避免过早地专业化，在所有职业技术学校里增加普通课程。

列宁认为，综合技术教育应该是群众性的，应该激起群众的主动性，把实施综合技术教育规定为必须执行的任务。各种劳动的学习或者可能具有职业教育的性质，或者可能具有综合技术教育的性

---

① 刘淑艳，刘培路. 列宁劳动教育思想的内涵和实践路径论析 [J]. 中国劳动关系学院学报，2022（1）：11—20.

② 列宁全集：第四十卷 [M]. 北京：人民出版社，1984：326.

③ 列宁全集：第四十卷 [M]. 北京：人民出版社，1984：225—227.

质。① 列宁把农业也包括在综合技术内，他关心培养新的技术基础的自觉的建设者，将培养劳动力与培养新的技术基础的自觉的建设者融合起来。苏联建立了两类近似综合技术教育学校的学校：一是工厂艺徒学校，是把教育与生产实际紧密联系的综合技术教育学校；另一种是群众性学校——青年农民学校，在这里教育与生产紧密联系。

列宁明确指出了走向综合技术教育的步骤，规定必须绝对执行的任务包括：一是参观附近的电站，并在那里讲一些有实验的课；做一些只有用电才能做的实习作业；立刻制定详细的大纲。二是参观每个办得还可以的国营农场。三是参观每个办得还可以的工厂。四是动员全体工程师、农艺师，全体大学数理系的毕业生，来讲授电力和综合技术教育课、实习作业指导课，并进行巡回指导及其他工作。五是设立关于综合技术教育的小型博物馆、展览列车、展览船等。他要求综合技术教育的学生必须同时具有最基本的普通知识和综合技术知识。

列宁把综合技术教育问题跟新的劳动态度、纪律问题等联系在一起。② 综合技术学校的任务是培养精通本行业务、能够胜任工匠并接受过这方面实际训练的"手艺人"，这些人具有广泛的普通知识（懂得某些学科最基本原理；明确指出是哪些学科），使他们成为共产主义者（明确指出应当知道些什么）；具有综合技术的见识和综合技术教育的基本（初步）知识。

（三）强调学校教育与社会教育协同育人

列宁强调统筹多样化劳动教育渠道。③ 他认为，在最短时间内从工人农民中培养出各方面的专家，是教育人民委员部在新时期的

---

① 克鲁普斯卡雅. 克鲁普斯卡雅论教育：中卷［M］. 卫道治，译. 北京：人民教育出版社，2017：800.
② 克鲁普斯卡雅. 克鲁普斯卡雅论教育：中卷［M］. 卫道治，译. 北京：人民教育出版社，2017：802.
③ 杨文. 时代新人培育视角下列宁劳动教育思想的核心要义与当代启示［J］. 唐都学刊，2023（3）：71—77.

任务，要大力加强学校教育工作和社会教育工作同整个共和国、同本区本地的迫切的经济任务之间的联系。列宁强调了工会、国民教育委员会、苏维埃政权在实施劳动教育中的作用。他认为："使工会更加成为对全体劳动群众进行劳动教育和社会主义教育的机关；积极发挥国民教育委员会的作用，吸引劳动居民积极参与教育事业；积极发挥苏维埃政权的作用，通过建立图书馆、成人学校、人民大学、讲习所等帮助工人和劳动农民自修自学。"①

列宁指出，工会是教育组织，是吸引人们学习的组织。工会是学校，是学习管理的学校，是学习经济的学校，是学习共产主义的学校。他指出："党应当用一切办法教育参加工会的工人，使他们广泛了解阶级斗争和无产阶级的社会主义任务，以便通过自己的活动取得在这些工会中的实际领导作用，从而使这些工会在一定条件下直接靠拢党，但是决不许排斥非党员。"② 要通过工会让孩子们学会如何最有效地组织劳动，如何培养自己集体工作的能力，如何珍惜时间和考虑彼此的力量，如何在工作中相互帮助。要通过工会的作用，大大提高劳动的教育作用。

列宁也强调其他组织机构的作用。为了实际地了解现代技术，应该利用每个电力站、铁路工厂，利用每一台拖拉机、缝纫机，利用每一个小型工厂、重工业工厂和轻工业工厂。每个电站动员一切适当的人力经常举办座谈会、讲座，上实习课，向工人农民介绍电的常识、电的意义和电气化计划；一个电站也没有的县份，应该尽快办起电站。③ 他也强调苏联教育人民委员会的作用，支持开办工厂艺徒学校，学校要与工厂和企业挂钩，校内要设置劳动工场，工厂要自愿帮助学校。这种学校与企业的联系十分紧密，可以使学校的整个教育工作具有综合技术性质，可以在学校与工人家庭之间建

---

① 唐宇聪，张应强. 列宁劳动教育思想的发展演变和根本特点［J］. 山西师大学报（社会科学版），2023（4）：96—104.
② 列宁全集：第十二卷［M］. 北京：人民出版社，1984：121.
③ 列宁全集：第四十一卷［M］. 北京：人民出版社，1984：362.

立最密切的联系。

（四）成立统一的劳动学校

列宁非常重视建立统一的劳动学校，他在全俄教育工作首届代表大会上强调，"必须竭尽全力和运用一切知识来尽快地建立我们未来的劳动学校"，这种学校建立原则完全不同于资产阶级统治下的学校，这种劳动学校不是一般的劳动学校，是按照新的理念进行劳动教育的综合技术学校。1918年10月16日，全俄中央执行委员会通过了《统一劳动学校规程》。该规程对完全实行统一的劳动学校的各项原则予以强调，包括在学校中以本族语言教学，男女儿童同校，使学校绝对成为世俗的，即摆脱任何宗教影响，使学校工作和社会生产劳动紧密结合，培养全面发展的共产主义社会的成员。

列宁非常重视劳动学校，他把劳动学校视为改造所有人的一种工具，视为培养团结友爱并为社会主义而奋斗的工具。列宁强调统一劳动学校不仅要授予儿童一定的劳动技巧，而且要培养儿童能够从事社会主义和共产主义劳动。在劳动学校中，孩子们将成长为共产主义者，并能自觉地对待周围的一切。劳动学校要开展公益劳动，要帮助提高农作物收成等。通过开展公益劳动，劳动学校把公益劳动纳入共产主义轨道，要正确地选择公益劳动，充分发挥孩子们的主动精神，让他们清楚认识到他们所做的工作是有益的，为树立共产主义劳动态度开辟道路。

（五）营造正确的劳动教育观

列宁强调通过教劳结合来营造正确的劳动教育观。列宁认为，在共产主义社会初级阶段，脑力劳动和体力劳动对立消失，劳动成了生活第一需要。[①] 从比较狭窄和比较严格的意义上说，共产主义劳动是一种为社会造福的无报酬的劳动，这种劳动不是为了履行一定的义务，不是为了享有取得某种产品的权利，不是按照实现规定的法定定额进行的劳动，而是自愿的劳动，是无定额的劳动，是不

---

① 马克思恩格斯选集：第3卷[M]．北京：人民出版社，1984：364-365．

指望报酬、没有报酬条件的劳动,是根据为公共利益劳动的习惯、根据必须为公共利益劳动的自觉要求(这已成为习惯)来进行的劳动,这种劳动是健康的身体的自然需要。①

开展综合技术教育就要激发群众(包括儿童)的技术兴趣,通过有关事实的概况、对这些事实的科学思考、出版有关读物、参观和观察,以及对劳动过程的研究等来培养这种兴趣,用现代技术的理想来吸引儿童。通过劳动学校的教育,来培养儿童完成既定任务的共产主义劳动态度,不是口头上为了工人阶级事业奋斗,而是身体力行,直接参加新生活的建设。综合技术教育培养人们具备综合技术素养,掌握一定的劳动技巧——既有农业劳动技巧,也有城市劳动技巧。苏联劳动教育培养儿童的组织熟练技巧,使儿童意识到自己是集体的一员,养成一定的集体主义熟练技巧和文化熟练技巧。

(六)大力推广"共产主义星期六义务劳动"实践

列宁对"共产主义星期六义务劳动"进行论述,指出莫斯科—喀山铁路分局共产党员和同情分子为了解决劳动力不够、劳动效率低的问题,在星期六这天进行了一次六小时的体力劳动,用革命精神从事工作收到了明显的成效。

列宁指出,"共产主义星期六义务劳动"向我们表明了工人自觉自愿提高劳动生产率、过渡到新的劳动纪律,创造社会主义的经济条件和生活条件的首创精神。②他认为,共产主义就是利用先进技术的、自愿自觉的、联合起来的工人所创造的较资本主义更高的劳动生产率。③"共产主义星期六义务劳动"非常可贵,是共产主义的实际开端。普通工人起来承担艰苦的劳动,奋不顾身地设法提高劳动生产率,保护每一普特粮食、煤、铁及其他产品,这些产品不归劳动者本人及其"近亲"所有,而归他们的"远亲"即归全社会所有,归起初联合为一个社会主义国家然后联合为苏维埃共和国联盟

---

① 列宁全集:第三十八卷[M].北京:人民出版社,1984:342-343.
② 列宁全集:第三十七卷[M].北京:人民出版社,1984:15.
③ 列宁全集:第三十七卷[M].北京:人民出版社,1984:19.

的亿万人所有，这也就是共产主义的开始。① "共产主义星期六义务劳动"是一种完全自觉自愿的劳动，不计报酬、没有定额，靠着劳动者的道德素质和思想觉悟开展，劳动者在劳动中逐渐养成了良好的共产主义纪律，树立了良好的共产主义道德，在劳动中接受共产主义教育熏陶，从而真正成为"共产主义社会的新一代人"。列宁号召青年团和所有青年主动学习共产主义并自觉投入共产主义建设中，号召每个青年都参加"共产主义星期六义务劳动"，在义务劳动中锻炼意志，淬炼品质。"共产主义星期六义务劳动"对于苏联社会主义建设起到重要作用，也是列宁教劳思想的重要实践。

三、列宁教劳结合思想的时代意义及启示

（一）马克思教劳结合思想的本土化

列宁将马克思教劳结合思想在苏维埃进行实践，通过劳动开展无产阶级教育，提高无产阶级的知识水平和能力水平，同时通过劳动与教育结合，促进广大无产阶级共产主义道德培养，提升青少年的劳动精神和劳动道德。② 在苏维埃国家建设的不同阶段，列宁将教育与生产劳动相结合的思想以不同的侧重点进行实践。在十月革命前期，通过劳动与教育的结合，加强无产阶级的思想政治水平，推动无产阶级的革命斗争意识，提高无产阶级的战斗力，推动革命胜利。而在社会主义建设时期，更加强化了教育与生产劳动结合的实践，在党章中明确提出了实施综合技术教育，并以法律法规的形式予以确定，从而推动社会主义新人技能水平的提升。

（二）教劳结合服务国家建设

列宁的教劳结合思想与苏联的社会主义建设同向同行，始终立足于俄国革命和建设实际，始终坚持社会主义前进方向。他明确提出了"教育不能不联系政治"的论断，彰显了其思想的鲜明阶级性。

---

① 列宁全集：第三十七卷［M］.北京：人民出版社，1984：19.
② 贺敬垒. 列宁的劳动教育思想及其当代启示［J］.思想理论教育导刊，2023（11）：78－87.

教育要为无产阶级利益服务，劳动教育开展也要为社会主义建设服务，为提高劳动生产率服务。列宁大力推行综合技术教育，并制定了一系列有关劳动教育的方针政策，使教劳结合思想在提高劳动生产率方面起到重要作用。通过综合技术教育对劳动者生产技艺产生影响，从而影响劳动生产率；通过运用全部国家机构为社会主义经济建设服务，为苏联培养新型劳动大军；通过学校实行教育与生产劳动相结合，将受教育者从可能的劳动者培养为现实的劳动者，从而提高他们的生产能力和生产技艺，进而提高生产率。

（三）教劳结合对培育社会主义新人具有战略性意义

教育承载着培养下一代，培养高素质社会主义人才的重要功能。把教育与生产劳动有机结合起来，采用现代化教育手段和方法对学生进行全面教育，才会有现代生产技术和生产力的迅速发展。劳动教育要与德智体美有机结合，促进社会主义新人的全面发展。列宁认为，只有将教育同生产劳动相结合确立为社会主义教育原则，才能够通过劳动"教育、训练和培养出全面发展的和受到全面训练的人，即会做一切工作的人"。通过教育青年人开展自觉的义务劳动，摒弃个人主义和利己主义对人的影响，在义务劳动中形成良好的共产主义纪律、树立良好的共产主义道德，实现异化劳动的消除和人的自由自觉劳动的复归，最终实现人的全面发展。[①]

（四）教劳结合以人的全面发展为价值目标

列宁的教劳结合思想强调要促进人的发展，提高劳动人民的社会适应能力，全面提升劳动人民素质。列宁的劳动教育思想充分体现了维护人民群众的根本利益，以人为中心，发挥无产阶级在革命斗争以及社会主义建设中的重要作用。列宁在《俄共（布）党纲草案》中指出："学校不仅应当成为一般共产主义原则的传播者，而且应当从思想上、组织上、教育上实现无产阶级对劳动人民中半无产

---

① 杨文. 时代新人培育视角下列宁劳动教育思想的核心要义与当代启示［J］. 唐都学刊，2023（3）：71—77.

阶级和非无产阶级的阶级影响，其目的在培养能够最后实现共产主义的一代。"① 列宁的劳动教育思想体现了教育为人民、依靠人民的优秀品质。

（五）教劳结合需要学校教育与社会教育协同发展

列宁始终强调学校教育和社会教育协同育人，他非常重视综合技术学校和劳动学校的建设，强调普通知识教育与其他课程的结合。此外，他还强调学校在教学的同时，还要组织学生参与必要的生产劳动，在劳动中巩固文化知识，进而提升劳动效果。

列宁重视社会资源在开展劳动教育方面的作用，要求进行学校教育和社会教育，推进国家教育文化工作。在实施综合技术教育中，强调工厂、农场等社会资源的支持作用，从而促进学校教育与社会教育协同发展。

（六）教劳结合要注重共产主义道德的培养

"共产主义星期六义务劳动"体现出一种共产主义道德观或称劳动精神，是一种不以劳动报酬判断是否劳动，不以劳动条件衡量是否劳动，不以劳动纪律约束是否劳动，而自觉开展劳动的共产主义劳动态度。这种劳动是自愿劳动，是为了社会主义建设，为了实现共产主义而开展的劳动，应树立自愿劳动、乐于劳动、劳动光荣、劳动崇高、劳动美丽的共产主义劳动态度。

（七）因地制宜地开展科学的劳动培训

列宁的教劳结合思想体现了历史性与现实性的辩证统一、工具价值与理性价值的辩证统一、理论与实践的辩证统一，在苏维埃建设中起到重要作用。列宁的教劳结合思想在苏联教育的实践中有了很大的发展。苏联学校劳动教育的教学目的是养成学生热爱劳动和尊重劳动人民的习惯，并向学生介绍现代工农业生产、建设、交通运输、服务行业的基本知识，同时使他们在学习和社会公益劳动中养成劳动技能和技巧。第一级学校、第二级学校对于劳动内容的安

---

① 中共中央马克思恩格斯列宁斯大林著作编译局. 列宁专题文集：论无产阶级政党[M]. 北京：人民出版社，2009：195.

排存在很大的不同，要求根据学生的年龄、兴趣、年级、特征来进行劳动活动的安排。

第三节 列宁教劳结合思想的继承与发展

列宁教劳结合思想在苏联教育发展中起到重要作用，苏联的著名教育家们学习并发展了列宁的教劳结合思想，并在苏联的社会主义建设中进行了广泛应用。

一、克鲁普斯卡雅对列宁教劳结合思想的继承与发展

克鲁普斯卡雅是苏联杰出的教育家，其劳动教育思想对苏联教育产生了深远的影响。她在1917年出版了教育代表作《国民教育和民主主义》，其中阐述了劳动教育和综合技术教育的理论和实践。马克思和列宁的思想是克鲁普斯卡雅劳动教育思想的重要理论渊源，她从苏联建立初期社会发展的现实需要出发，创新和深入地实践了列宁教育思想。

（一）教劳结合符合人民群众的根本利益

克鲁普斯卡雅在《保护少年儿童的劳动是工人的紧迫任务》一文中指出，工人阶级、全体劳动人民从人民群众的利益出发，组织社会生活的一切领域，必须对少年儿童的劳动加以组织。少年儿童的劳动在国家经济生活中起着重大作用。工人们应当要求12—16岁的青年男女普遍进行义务劳动，不仅因为国家需要人民劳动，还因为教育可以在劳动中培养人、造就人，实现人的全面发展，教育与生产劳动相结合可以使教育内容更加丰富充实。克鲁普斯卡雅指出，少年应从事义务劳动，但一昼夜不应超过2—4小时（视年龄而定），要在符合卫生的条件下进行，且只应限于一定的劳动领域。同时，克鲁普斯卡雅认为，把学生分为三六九等，让一部分学生打压另一部分学生，养成孩子们的虚荣心，培植向上爬的个人主义思想，这些都是奴隶社会、农奴社会和资产阶级的教育方法。她认为应当开

展劳动教育,打破资产阶级教育垄断,"我们的教育工作要做到让孩子们友好相处、齐心协力地工作,培养学生的集体主义精神,教育他们学会在工作中相互帮助,齐心协力,和睦相处"①。

(二)教劳结合才能造就全面发展的人

克鲁普斯卡雅将培养全面发展的人作为社会主义教育的目的,提出社会主义学校不仅应该是读书的学校,还必须是劳动的学校。②教育与各种生产劳动紧密地联系在一起可以发展青年人的一般能力,并为发挥儿童的独立精神,为他们把个人爱好和才华在各劳动部门表现出来提供广泛的场所。无产阶级的基本任务就是使学校摆脱统治阶级的控制,由奴役工具变成解放工具;就是要让一切人都能平等地入学,让学校能发展儿童的一切自然才能、体力、智力,以及他们的社会本能。教学相长,共同活动,重视儿童的体力劳动和脑力劳动的综合培养,学校只有把教学与生产劳动紧密结合起来,使学生都能获得知识,才能最终消灭种族歧视。只有这样的学校才能使人不被终身束缚在狭隘的专业上,只有这样的学校才能培养全面发展的人。这种全面发展的人既能劳动,又能思考;既能操纵各种机器,又能洞悉周围世界,了解各种社会关系,能按照新的方式建设社会生活,使一切人都感到这种生活给了他们最大的幸福。③

(三)学校必须与社会保持紧密联系

克鲁普斯卡雅认为,需要建立许许多多的机构,建立劳动工场、技术站以及儿童劳动组合。儿童劳动教育实践就是要让儿童运用自己获得的知识与技能,不只是从事体力劳动,还要从事脑力劳动。也就是,不只是木匠或鞋匠的劳动,还有老师、报告员等劳动。要让学生看到每次劳动的成果,并理解其意义。儿童劳动不仅应在校

---

① 克鲁普斯卡雅. 克鲁普斯卡雅论教育:中卷[M]. 卫道治,译. 北京:人民教育出版社,2017:627.

② 郭志明,邓冉. 苏联人民教育家劳动教育思想研究[J]. 天津市教科院学报,2021(1):83—89.

③ 克鲁普斯卡雅. 克鲁普斯卡雅论教育:上卷[M]. 卫道治,译. 北京:人民教育出版社,2017:176.

内进行，也要在校外进行，因为只有这样他们才有可能在劳动的基础上与人们进行全面交往，可以观察生活、学习生活，可以从童年时代，即最小时候开始就觉得自己是社会有益的一员。①

我们应当让孩子们自己去倡议劳动，应该教育孩子们，他们不只是一个干活的人，还应很清楚他们应该干什么，如何去干才能达到自己提出的劳动目的。在培养劳动习惯时，要教孩子们学会与人共事。教育青年不仅是家长的责任、教师的义务，而且是全体劳动人民和革命群众的天职。

公社对全体社员产生巨大的教育影响，有组织的集体劳动对孩子们的教育影响最为重大。克鲁普斯卡雅认为，教师要把公社看作进行集体主义教育的基地，并且帮助公社社员搞好重大的教育工作，应当帮助集体农庄、各种合作社组织以及农庄互助会搞好孩子的教育工作。

克鲁普斯卡雅指出，不要让儿童脱离生活，要通过真实的生活教育孩子，通过沸腾的生活教育孩子为社会主义进行顽强的、不倦的斗争。② 她认为，要运用科学的观点认真研究儿童的劳动问题，让不同年龄的儿童从事不同的劳动。在资本主义向社会主义过渡的时期，必须让青年一代养成为社会公共利益而劳动的技能和习惯。必须使工厂七年级学制学校与生产保持紧密联系，最好让企业出面组织儿童参加企业的某些劳动，为学校开办一些工场。少先队员们需要越来越多的活动场所，如学校、图书馆和劳动场地，工人们要帮助孩子们学会观察周围现实。可以让孩子们参观工厂、公社和新建的国营农场，向他们讲述旧时生活，谈一谈通过劳动、斗争和组织所取得的成果。克鲁普斯卡雅提出必须立即着手建立一整套社会教育机构，它应具有群众性，要为全体儿童服务，向全体儿童敞开

---

① 克鲁普斯卡雅. 克鲁普斯卡雅论教育：上卷［M］. 卫道治，译. 北京：人民教育出版社，2017：44—45.
② 克鲁普斯卡雅. 克鲁普斯卡雅论教育：中卷［M］. 卫道治，译. 北京：人民教育出版社，2017：731.

大门。这些社会机构将成为各阶层孩子学习、劳动和游戏的场所，将为孩子们提供更多时间参加共同的建设工作。

（四）鼓励儿童建立集团劳动组织，开展集体劳动

克鲁普斯卡雅指出要重视儿童的共同活动，认为这是集体劳动的萌芽，要尊重并支持儿童的劳动，要支持和帮助孩子成立具有明确目的的儿童劳动组织，要从儿童年幼时起就教育他们学会集体工作和生活，大力支持儿童的劳动组织。① 她强调劳动教育要在集体中进行，全体儿童都要参与，并要进行正确合理的劳动分配。克鲁普斯卡雅认为，《统一劳动学校规程》这一法令的基本任务是摧毁旧时的特权学校，把学校办成真正的群众的学校、人民的学校，办成群众所需的、能进得去的学校。这种学校就是统一劳动学校（统一并非类型单一，而要因地制宜）。劳动指的是那种欢快的而又有创造性的劳动，要与生活紧密联系，是综合技术性的集体劳动。

克鲁普斯卡雅认为要进行阶段性劳动教育，即不同年龄阶段要进行不同的劳动教育。要让青年们感受到劳动成果，培养青年们对劳动的共产主义态度。她制定了第一级学校家务劳动教学基本内容，其中包括物各有序、收拾、搞好日常生活、做饭、制衣、做鞋、编织、会用普通纸和硬纸板做手工、会木工活、会白铁活、会在花园和菜园干活、会饲养家畜、会饲养家兔以及其他与日常生活有关的手工活。② 克鲁普斯卡雅认为，组织在社会主义建设中具有重要意义，新的组织可以把全体群众都吸纳进来，人人处于一个友好的环境，为了共同利益而共同工作，可以培养人们真正互相尊重的道德情操。集体的感受、认识和意志又可以促进人们相互理解，使大家亲密无间，因此要把儿童组织建成一个同呼吸、共命运的集体。无论是学校还是少先队组织，都应该把儿童培养成自觉遵守纪律的人，

---

① 克鲁普斯卡雅. 克鲁普斯卡雅论教育：中卷［M］. 卫道治，译. 北京：人民教育出版社，2017：646.

② 克鲁普斯卡雅. 克鲁普斯卡雅论教育：中卷［M］. 卫道治，译. 北京：人民教育出版社，2017：751-752.

培养成练达有为的组织者和真正的集体主义者。① 受过集体主义教育、具有内在纪律的人，在为人处世方面也会是一个恪守纪律的人，其对待社会问题的态度也不同于一般人，所以说培养集体主义者是一项极其重要的教育任务。

（五）劳动教育与综合技术教育相结合

克鲁普斯卡雅认为，综合技术教育是全面教育的必要条件。② 综合技术教育并不是一门特殊的学科，它应当贯穿到物理、化学、自然课和社会概论的选材上。这些课程互相之间应有联系，特别是它们要跟劳动教育联系起来。只有通过这种联系才能使劳动教学具有综合技术的性质。综合技术教育要求学生更多地进行观察，并且通过实验、实践，特别是通过劳动实践检验自己的观察结果并使其深化，要求学生能够确定自己的观察结果并从中得出结论。克鲁普斯卡雅指出："综合技术教育的学校跟职业学校的不同之处在于：在实施综合技术教育的学校里，重点是理解劳动过程，发展把理论和实际联系在一起的能力，发展理解一定现象的相互关系的能力，而在职业学校里，重点是使学生获得一些劳动技巧。"③ 而职业学校重点是使学生获得一些劳动技巧。

在实施综合技术教育的学校里，劳动教育一方面应授予学生一般的劳动技巧，另一方面能帮助学生从技术、劳动组织及劳动过程的社会意义来了解劳动过程。学校内应有绘画班和制图班、实验室、小型工厂和实验园地等必需的配置。克鲁普斯卡雅提出要重视学生对技术的兴趣，不仅是对工业领域的兴趣，还有对农业领域的兴趣。她提出应从五年级开始设置学校劳动工场，那里不仅是学习场所，还要在那里从事工厂所需要的劳动。各班儿童都要参加社会主义劳

---

① 克鲁普斯卡雅. 克鲁普斯卡雅论教育：中卷［M］. 卫道治，译. 北京：人民教育出版社，2017：846.
② 克鲁普斯卡雅. 克鲁普斯卡雅论教育：上卷［M］. 卫道治，译. 北京：人民教育出版社，2017：45.
③ 克鲁普斯卡雅. 克鲁普斯卡雅论教育：中卷［M］. 卫道治，译. 北京：人民教育出版社，2017：810.

动竞赛，必须按照工厂模式对学校的劳动工场进行管理。她认为，综合技术教育不是一门特殊学科，它应该贯穿到各门课程里去。这些课程相互之间应有联系，特别是要与劳动教育联系起来。只有这种联系才能使劳动教学符合综合技术的性质。

二、马卡连柯对列宁教劳结合思想的继承与发展

马卡连柯是苏联著名的教育理论家、教育实践家和作家，他的教育理论与教育实践活动联系紧密。他以马克思主义方法论为指导，建立了自己的教育思想体系，探讨了集体主义教育、劳动教育和家庭教育方面的理论和实践。马卡连柯主持的高尔基工学团和捷尔任斯基公社，对当时学校教育性质的改革起到了积极作用，是教育与生产劳动相结合的典范，成功将大批流浪儿童培养成为具有一定劳动能力的社会主义新公民。

（一）劳动是教育最重要的因素

马卡连柯认为，苏维埃教育就是劳动的教育，劳动永远是人类生活的基础，是创造人类生活和文明幸福的基础。劳动已经不是剥削的对象，而成了光荣、荣耀、豪迈和英勇的事情。在教育工作中，劳动是最基本的因素之一。[①]

他认为，只有把劳动作为总的体系的一部分时，劳动才可能成为教育的手段。[②] 人在社会上的作用和价值，完全取决于其参加社会劳动的能力和为劳动所作的准备。劳动必须与知识教育并行，才会给教育带来好处。如果不能从政治上、道德上去教育这个人，如果这个人不参加社会生活和政治生活，那么劳动就不会起作用，不会产生积极的影响。马卡连柯不遗余力地组织流浪儿童和少年违法者参加生产劳动，从而把他们培养成为有理想、热爱生活、热爱劳

---

① 吴式颖，等. 马卡连柯教育文集：下卷［M］. 北京：人民教育出版社，2018：528.

② 吴式颖，等. 马卡连柯教育文集：下卷［M］. 北京：人民教育出版社，2018：369.

动的新人。他认为，不注意创造价值的劳动，不会成为教育的积极因素，即使有所谓的学习劳动，也应当从由劳动所能创造的那种价值观念出发。他注重劳动教育对儿童品德的重要作用，认为劳动教育对培养学生的组织能力、管理能力和智力都有重要作用。

劳动最大的益处在于对人们道德和精神的发展，尤其这种精神发展是由和谐劳动产生的，构成了无产阶级社会公民区别于阶级社会公民的特质。劳动不仅有社会生产的意义，还有个人的生活意义。凡是热爱劳动、能够劳动、做成功许多事情的人，都能够掌握事物和指挥事物。劳动教育可以培养年青一代的共产主义态度与高尚的道德品质。

（二）集体劳动的价值

马卡连柯认为，集体是具有一定目的的个人集合体，参加这一集体的每个人都是被组织起来的，同时拥有集体的机构。马卡连柯注重培养学生的创造性劳动，认为创造性劳动最适宜在集体中开展，在集体中、通过集体、为了集体而劳动，劳动集体是劳动教育的对象、手段和目的。他指出："公社社员的教育，不是用某种宣传或者教训的方法来达成，而只有从集体本身的生活、工作和志向来达成。"①

苏维埃的教育体系不把学生看成受训练的材料，而是把他看成我们社会的成员，社会的积极活动家，社会财富的创造者。②马卡连柯指出，要培养出有文化的苏维埃工人，应当给他以熟练的技术，使他遵守纪律，培养他的义务感和荣誉感。他应当是快乐的、精神饱满的、紧张的、能够斗争和建设的、善于生活和热爱生活的，他应当是幸福的。

马卡连柯承认集体劳动的价值，同时认为集体保护了每一个人，

---

① 李明德，金锵. 教育名著评介：外国卷[M]. 福州：福建教育出版社，1992：417.
② 吴式颖，等. 马卡连柯教育文集：上卷[M]. 北京：人民教育出版社，2018：19.

并且保证个人最有利的发展条件。个体不是教育影响的对象,而是教育影响的代表者,即主体,他代表了整个集体的利益。[①]

集体不只是用共同的目的和在共同的劳动中把人们团结起来,而且要在劳动的共同组织中把人们团结起来。集体是社会的一部分,首先对社会负责,对整个国家承担义务。集体的每一个成员,只有通过集体才能参加社会,因此每个学生都应懂得集体的利益,理解义务和荣誉的概念。集体是社会有机体,负有代表集体和社会利益的责任。学校应当培养出精力充沛的和有思想的社会主义社会成员。[②]

马卡连柯提到了共产主义的伦理问题,认为共产主义的伦理应当是为千百万人的幸福打算。不仅是为我个人的幸福打算,新的逻辑是我愿意成为一个幸福的人,但如果我能使所有其他的人都幸福,这就是最正确的道路。[③] 共产主义道德要求我们的一举一动都要想到集体,想到全体的胜利,想到全体的成功。

马卡连柯提出应当通过建立统一的、有力的和有影响的集体来组织正确的苏维埃教育,认为学校应当是一个统一的集体,在这里组织全部的教育过程,这个集体的每一个成员也应当感觉到自己对集体的依靠,应当忠于集体的利益,应当维护这种利益,并且要重视这种利益。[④] 此外,他非常重视劳动集体中个人的作用,认为在集体劳动中必须有个人的任务和努力。

(三) 家庭劳动教育理论

马卡连柯是苏联第一个提出家庭劳动教育理论的教育家。他分

---

① 吴式颖,等. 马卡连柯教育文集:上卷[M]. 北京:人民教育出版社,2018: 35.
② 吴式颖,等. 马卡连柯教育文集:上卷[M]. 北京:人民教育出版社,2018: 81-82.
③ 吴式颖,等. 马卡连柯教育文集:上卷[M]. 北京:人民教育出版社,2018: 192.
④ 吴式颖,等. 马卡连柯教育文集:上卷[M]. 北京:人民教育出版社,2018: 376.

析了家庭劳动教育的意义和作用，认为父母应该认可自己的孩子将来是劳动社会的成员，儿童在社会上的作用将完全取决于儿童参加社会劳动的能力，决定于他对这种劳动所作的准备。这些不同的劳动能力，不是由于人类的天赋，而是在人类生活的过程中——特别是在青年时代——经过教育而获得的。①

劳动教育培养了人的劳动品质，劳动起源于生活的需要。在苏维埃国家里，每一种劳动都应该是创造性的劳动，这种劳动完全是为了创造劳动者的社会财富和国家文明，所以教育者就是要教育学生从事创造性的劳动。人们要热爱工作，自觉在工作中感到快乐并了解劳动的利益和必要。马卡连柯认为，努力劳动还是一种道德修养，只有在劳动中共同努力，只有在集体中工作，只有人们的劳动互助和他们经常的相互劳动依存，才能建立人们彼此的正确关系。人们可以通过参加集体劳动获得对其他人的正确和道德的态度，对一切劳动者保持亲属般的爱护和友谊。

马卡连柯认为，家庭劳动教育是顺利完成学校专门教育的基础，在教育儿童的工作中父母永远不要忘记劳动的原则，要在家庭教育中阐释劳动教育的重要意义。家长很难给孩童一种普遍的所谓熟练技术的劳动教育，这些专门的熟练技术通常是孩子们在某种社会组织里获得的，比如学校、工厂、机关和各种训练班。家庭应当加强儿童的劳动锻炼，在家庭里获得了正确的劳动教育的儿童，以后会很顺利地完成自己的专门教育。而这里的劳动教育也不只是体力劳动、筋肉的活动。人们需要管理能力、注意力、核算能力、发明能力、机警和灵巧等。无论是体力劳动还是脑力劳动，最重要的是劳动力的组织，即从事劳动的人本身。马卡连柯提出一种"斯达诺夫式"的劳动教育，一种通过工人阶级精神力量的创造性动员，释放的伟大的社会主义革命力量。

马卡连柯提出组织性的任务，让儿童自由选择工具，提出应用

---

① 吴式颖，等. 马卡连柯教育文集：下卷[M]. 北京：人民教育出版社，2018：529—530.

某种劳动工具来解决的若干任务，由儿童自己决定并自行负责，在游戏中开展家庭劳动教育，如自己整理玩具。他列举了一些儿童家庭劳动工作：

1. 浇屋子里或全住宅里的花草；2. 揩拭窗台上的灰尘；3. 开饭前铺好餐桌；4. 注意照料盐瓶和芥末瓶；5. 照料父亲的写字台；6. 负责把书架或书橱收拾整齐；7. 管理报纸，放在一定的地方，把新的和读过的分开来；8. 饲养小猫或小狗；9. 把洗脸盆架放得整整齐齐，买肥皂、牙粉，买父亲用的刮脸刀；10. 负责完全收拾某一个屋子或某一屋子的一部分；11. 缝自己衣服上掉下来的扣子，缝扣子所用的东西要总是放在一定的地方；12. 负责食橱的整齐清洁；13. 洗自己的、弟弟的或父母的衣服；14. 用相片、画片和图片装饰屋子；15. 如果有花圃或花园，应该负责管理一定的地区，或者播种，或者看护，或者收集果实；16. 应当注意使住宅里有花草；17. 如果住宅里有电话，电话铃响了，应当首先去接，并做好家庭电话一览表；18. 做好电车路线一览表，并注明家里人经常乘车去的地点；19. 年龄较长的儿童，应当自行计划或照顾家里人去剧院或电影院，担任打听节目、买戏票及保存戏票等工作；20. 注意家庭药橱的清洁，并负责按时补充；21. 注意使住宅里没有臭虫、跳蚤等，采取有效办法消灭这些东西；22. 帮助母亲或姐姐做某种家务。①

马卡连柯认为，父母应当教育儿童养成耐心的劳动能力，鼓励儿童个人主动性，教育儿童看到工作的必要性，逐渐引导儿童形成劳动习惯，慢慢激起儿童的劳动兴趣。父母还要保证劳动公平，永远严格地要求高质量的劳动水平，通过承认儿童工作质量来奖励儿童劳动。

---

① 吴式颖，等. 马卡连柯教育文集：下卷［M］. 北京：人民教育出版社，2018：534.

三、苏霍姆林斯基对列宁教劳结合思想的继承与发展

苏霍姆林斯基是苏联著名的教育理论家和教育实践家,被誉为"教育思想的泰斗"。他的劳动教育思想注重学生的全面发展要求,强调全面和谐发展必须以劳动教育为基础,劳动教育思想是他整个教育思想体系的核心。①

(一)劳动教育促进个人个性天赋和才能发展(全面和谐发展)

劳动教育是德育和美育的重要因素,对德育、美育、体育和智育都有促进作用。劳动与智慧的结合是智力情感的首要源泉。② 苏霍姆林斯基将劳动分为两类,认为某些种类的劳动目的是掌握知识、技能和技巧;另一些种类的劳动则主要追求道德概念、信念和习惯(教育目的),丰富道德经验,锻炼精神力量。苏霍姆林斯基提出了脑力劳动的概念,认为教学和教育的技巧和艺术要使每一个儿童的力量和可能性发挥出来,使他享受到脑力劳动中成功的乐趣。学生只有通过亲身劳动,才能养成真正热爱劳动和尊重劳动人民的品质,勤奋努力的学生是靠付出劳动和用功学习而取胜的。只有让学生亲身体会到依靠自己双手的劳动提供自己吃穿是人生最重要的因素,才能真正培养出热爱劳动的品质。劳动可以使学生的天赋才能得以显露,并形成自尊感,激发"道德自我教育"的要求。

劳动是提高劳动素养的关键途径。劳动的技术手段和工艺过程越复杂,个性的天赋和才能得到开发的可能性就越大。苏霍姆林斯基提出了劳动素养的概念,认为劳动素养不仅包括完善实际技能和技巧,而且包括劳动创造活动的智力充实性和完满性、道德丰富性和公民目的性。他认为,可以在劳动中展示、发现和发展个性,要培养为社会谋福利而劳动的愿望。要注重劳动内容、技能和技巧的

---

① 郭志明,邓冉. 苏联人民教育家劳动教育思想研究[J]. 天津市教科院学报,2021(1):83-89.

② B. A. 苏霍姆林斯基. 给教师的建议[M]. 杜殿坤,编译. 北京:教育科学出版社,2000:247.

衔接性，使学生理解和体会到一个人获得的生活福利和文化财富与他个人参加的共同劳动有依赖关系。劳动可以培养儿童热爱劳动的品质，劳动给孩子们带来的快乐越多，他们就会越加珍惜自己和别人的劳动成果，就会懂得社会劳动的价值，就会形成节约和爱护社会财富的品质，也就越来越树立起正确的劳动态度。劳动能够唤起孩子们的责任感，能够丰富孩子们的精神生活。

劳动是塑造人、培养人的关键途径，甚至是最重要、最根本的手段，人的全面和谐发展必须建立在劳动教育的基础上，要通过劳动过程来培养劳动精神。苏霍姆林斯基认为，在苏维埃社会生活现阶段，培养全面发展的人，发挥每一个学生的个人才能，是一项重要的教育学任务。通过有意义的劳作产生创造性劳动的气氛会吸引青少年参加劳动。他提出，学生应跟当地集体农庄的拖拉机队、大田工作队、饲养场、技术站等的企业人员们联系。学校全体教师应付出大量劳动为学生从事创造性劳动创造物质基础，点燃每一个学生身上的创造精神，必须为学生提供各种最重要的劳动种类。他指出，应通过劳动培养有高度的道德意义、高尚的愿望，劝止不能允许的和不可容忍的愿望，预防大的祸害。他强调要通过满足人们物质需要与精神需要之间的和谐发展来培养愿望的文明。要通过劳动教育努力使每个孩子在童年或少年早期能把人看得最宝贵，懂得对别人的生活、健康、精神安宁和福利负有劳动的责任和道德的义务，认识到逃避劳动、不负责任、不尽义务是可鄙的品质。他认为，劳动教育可以培养儿童道德成熟性，儿童对劳动的态度决定了其道德成熟性，也就是他们对未来的向往，使他们能够认真思考自己将来要成为什么样的人，进而鼓励学生的劳动要具有社会意义和价值。

（二）注重教育与生产劳动相结合

苏霍姆林斯基认为，脱离劳动就不可能有教育，劳动教育应渗透、贯彻于一切学校教育中。他要求学生把动手和动脑结合起来，使体力劳动作为一种精神成长和完善的领域而吸引男女青年，强调二者结合是培养学生热爱劳动的"有决定意义的手段"。学校生活的智力丰富性取决于能不能把智力活动和体力劳动密切结合起来。苏霍姆林斯基在课外科技小组和农业小组等一些小型劳动集体中，设置了非常丰富的智力活动。学生可以通过课外小组活动来发掘自己的禀赋和能力，在具体的事情中表现自己的爱好，找到自己心爱的工作。

苏霍姆林斯基指出，按照教学计划规定，少年每周应在教学工厂里劳动一次，学习加工木料和金属，制作机器和机械模型。他认为，体力劳动和思考融为一体是一种真正丰富的智力生活，紧张的体力劳动不是最终目标，而是实现既定意图的手段。学习和劳动的结合就在于干活时思考和思考时干活，每个学生都要在好几年的时间内接受这种创造性劳动的训练。通过思维和体力劳动的结合，双手的精确动作在实现着同样精确的设想，使少年们变成聪明的思考者，在研究和发现真理。通过手脑结合的劳动而产生的思想将提升学生的学习能力。

苏霍姆林斯基建立了以下几种劳动教育组织形式[①]：

1. 教学大纲规定的必修劳动课。一至四年级为手工劳动；五至七年级为教学实验园地和教学实习工厂的劳动；八至十年级为与工农业生产基础课程有关的劳动。

2. 多种多样的课外自愿劳动小组。在帕夫雷什中学，成立了80多个劳动小组，如钳工、车工、建筑、园艺等。

3. 各式各样的科学—学科小组。不仅有脑力劳动，而且有实际的劳动操作，使选择性的科学兴趣同高度的劳动素养结合起来。

4. 设立"所爱学科钟点"。每个学生都可以在各自的时间内学习、研究他最感兴趣的问题，从事一些劳动操作。

5. 设立"最难事情室""小型机械化室"等。学生在这里必须手脑并用。

他提出要通过多种途径培养具有中等甚至高等教育水平的"普通"劳动者，使学生在学校里获得的知识成为认识劳动的手段，使

---

① 《湖南教育》编辑部. 苏霍姆林斯基教育思想概述［M］. 长沙：湖南教育出版社，1983：47.

劳动在这个认识过程中不以一种原始性工作的形式呈现在人的心中。劳动和知识的真正的、对于确定人生目的重大意义的联系就是思想的文明能够培养人与自然界的相互作用的文明。劳动能给人一种欢乐，可以充实人的精神生活，劳动是一种创造，在劳动中可以展示人的禀赋、能力，并树立人的尊严。教育者应使劳动在学生时代就成为人精神生活的一部分，使劳动的创造性激发人新的智力兴趣，激发人学习知识的意愿，丰富在劳动中的创造性探索。

（三）主张进行集体教育

苏霍姆林斯基明确指出："集体是教育的工具，集体的道德品质是个人道德品质的源泉。"集体是一种"精神共同体"，是在共同的思想、共同的智力、共同的情感、共同的组织这几个基石上建立起来的。在一个以优良道德品质而自豪的集体里，儿童会自觉地努力向上，争取做好学生。要使学生意识到有为集体劳动的义务，感觉到完成必要的劳动责任，追求通过劳动实现自己的意图而产生的满足。

苏霍姆林斯基在帕夫雷什中学，通过师生自己动手、动脑为劳动教育创造了比较完备的劳动基地、运输工具、动力设施等物质条件，在学校中展开集体的劳动教育活动。学校设置了动力车间，安放了几台小型的内燃发动机，为学龄中期和学龄后期的学生提供各种机器的内燃发动机；设置了"少年建筑家"之角，让学生们装配钢筋架，制作钢筋混凝土预制件和各种零件；设置了电工学专业教室，让学生们在技术小组里参加活动，发展自动学和电子学方面的创造性才能；组建了文艺创作小组，定期举行学生作业展览会，全面发展每一个学生的个性，发现他们的禀赋，形成艺术创造的才能，以便使他们享有多方面的完满的精神生活。此外，学校也在农业方面为学生提供选择相应劳动种类的可能性。苏霍姆林斯基强调，教育的工作就是要使所有这些心爱的劳动之角都跟学习紧密结合起来，教师在课堂讲授大纲教材时应注重激发学生对某种劳动活动的兴趣。在进行着创造性劳动活动的角落里，只有通过劳动才能认识事物，而且劳动越紧张,对自然规律的认识就越深刻、越迅速。① 他认为,依靠学生的独立性来组织劳动并以此激起和发展学生的才能,学生可以由于对某一种劳动的共同兴趣而联合到这个或那个集体中去。

苏霍姆林斯基指出,学校内集体中成员的兴趣比较相同,学生就在集体充满创造性的劳动气氛中生活,教师应当不断地保持学生对劳动的热爱,点燃创造性的火星。通过提升学生的劳动成绩,提高个体成员的劳动精神。他认为,要深信每个人都能够在某个劳动领域达到高度的技巧,要尽力激发这些学生的创造性开端,培养学生劳动、坚持精神、意志力、克服困难的勇气和遇到挫折不气馁的精神。② 他认为,最重要的是教会学生把双手和智慧的努力结合起来,找到最适合学生天资和才能的劳动种类。要给学生安排一项持续若干年的劳动,使学生作为集体的一员自始至终地去完成一项复杂的、责任重大的持续性劳动。通过在劳动中取得成绩,提高学生内在的劳动兴趣,并使学生认识到劳动的社会意义和崇高目标,认识到劳动的责任和义务。那种为崇高理想而战斗的集体感是一种最重要的道德品质,有利于建立人与人之间良好的相互关系,形成无私的善良、真挚的关心和同情等优良道德品质。③ 集体的力量还在于健康的、强有力的集体舆论,由集体来确认和赞扬一个学生的道德品质,是进行正确教育的一个最重要的条件。比如,苏霍姆林斯基在教育实践中建立了"荣誉法庭"来对坏人坏事做出道德评价。

(四)提倡创造性发展的劳动教育

苏霍姆林斯基劳动教育思想的关键就是创造性劳动。他认为,劳动的双手是"智慧的创造者",劳动是劳动与精神生活相统一的创造性活动,劳动教育本身就是促进学生创造性发展的教育。他揭示

---

① B. A. 苏霍姆林斯基. 给教师的建议 [M]. 杜殿坤,编译. 北京:教育科学出版社,2000:256.

② B. A. 苏霍姆林斯基. 给教师的建议 [M]. 杜殿坤,编译. 北京:教育科学出版社,2000:263.

③ 《湖南教育》编辑部. 苏霍姆林斯基教育思想概述 [M]. 长沙:湖南教育出版社,1983:97.

了劳动教育与智育的相互关系，提出了创造性劳动以及手脑并用等教育性原则，提倡在劳动中思考，在思考中劳动。他认为，劳动发展了智慧，教给学生合乎逻辑的思考，深入那些不能够直接观察到的某些事实和现象之间的依存关系中去。①

苏霍姆林斯基将劳动和智力生活统一起来，组织了许多课外小组，如少年植物栽培家小组、育种小组、园艺小组、养蜂小组、机械化小组、电工小组等。② 他认为，要帮助学生动手去做一件事情，使双手成为他的智慧的老师，思考和双手的联系越紧密，劳动就越加深刻地进入学生的精神生活，成为他心爱的事情，在劳动中的创造是发展学生智力的最强有力的刺激之一。③ 每一个课外小组都是创造性劳动和完满的智力生活的中心，应努力使每一个少年学生都成为劳动者、思考者、探索者，使他们在有趣的、令人鼓舞的创造活动中认识世界和认识自己，要把研究的意识灌输到学生的心里，燃起他们求知欲的火花。课外小组的创造性活动使少年们学会了思考，他们力求从自己掌握的知识中找出那些能够跟新的知识联系起来的东西，力求用他们所理解了的东西和以前靠思考与记忆所获得的东西来证实新东西的真理性。长期将劳动跟思考的一些重要的依存关系和因果联系的思维活动结合起来，能在学生身上培养出一种非常宝贵的能力，即把一种思想当成个人的内心感受的能力。

---

① 《湖南教育》编辑部. 苏霍姆林斯基教育思想概述［M］. 长沙：湖南教育出版社，1983：42.
② B. A. 苏霍姆林斯基. 给教师的建议［M］. 杜殿坤，编译. 北京：教育科学出版社，2000：241.
③ B. A. 苏霍姆林斯基. 给教师的建议［M］. 杜殿坤，编译. 北京：教育科学出版社，2000：243.

第四章　中国共产党开展劳动教育的思想与实践

第一节　新民主主义革命时期的劳动教育（1921—1949年）

崇尚劳动是中国共产党的优良传统之一。作为整个教育环节的重要组成部分，中国共产党自成立之日起，就把教育与生产劳动相结合视为重大教育方针，置于战略性地位，并在不同时期根据当时的经济政治条件适时调整劳动教育的课程设置与实施方式。中国共产党百年光辉历程也是领导广大劳动人民依靠劳动创造世界、改变生活、完善自己的过程。对中国共产党劳动教育思想发展历程和实践进行追本溯源，对推动新时代劳动教育具有重要指导意义，有利于引领我国劳动教育走上高质量发展的轨道。

一、劳动教育思想的提出

在中国共产党成立之前，早期的马克思主义者们就萌生了劳动教育的思想，开展了劳动教育的实践活动。为实现社会主义和共产主义的奋斗目标，中国共产党成立后，他们将教育作为革命斗争的重要手段和武器，强调通过教育与劳动的结合唤醒民众意识，使民众投身革命建设。五四运动前后，为探索社会发展道路兴起了实业救国、科技救国、教育救国等思潮，大批仁人志士力图通过教育实践实现救国目的。1923年，晏阳初在"平民教育促进会"成立大会上指出:"平民教育的目的就是教人做人。做什么人? 做整个的人:第一要有知识力,第二要有生产力,第三要有公共心。"① 这些思潮对李大钊、毛泽东等产生重要影响。1918年,李大钊同志在北京发表题为《庶民的胜利》的演讲,提出"须知今后的世界,变成劳工的世界"②。随后,李大钊在《新生活》杂志上以"工读"为题,阐述了工读主义教育思想。1919年冬,毛泽东在《学生之工作》一文中描述了一个"新村"计划,提出了工读并行的设想。工读思潮成为近代中国教育史上早期教育与生产劳动相结合思想的典型思想实验。在党的教育纲领文献中虽然没有关于劳动教育的明确表述,但是在教育实践方面却体现了教育必须贯彻体力劳动和脑力劳动相结合、理论必须联系实际的方针。在《湖南自修大学组织大纲》中,毛泽东等人首次对高校中的劳动进行了说明,将劳动目的和形式概括论述为:"为破除文弱之习惯,图脑力与体力之平均发展,并求知识与劳力两阶级之接近,应注意劳动。本大学为达劳动之目的,应有相当之设备,如艺园、印刷、铁工等。"③ 早期马克思主义者教劳结合的思想与实践活动是劳动教育的孵化期,为中国共产党在根据地各级各类学校开展劳动教育提供了经验准备。

1921年,中国共产党第一次全国代表大会提出党的基本任务是成立产业工会,并且党应该在工会中灌输阶级斗争的精神,且所有产业部门均应设立工人学校来提高工人的觉悟。此时,工读思潮逐渐形成半工半读、工读互助、手脑并用等多种思想,教育开始日益结合劳动生产实践展开,为劳动教育思想奠定了基础。1922年,学制会议提出以"职业教育"替代"实业教育",强调以提高科技生产为目标的工学结合主张。④《中国共产党第一个决议》提出要建立产

---

① 毛礼锐,沈灌群. 中国教育通史:第5卷[M]. 济南:山东教育出版社,1988:45.
② 李大钊. 李大钊选集[M]. 北京:人民出版社,1959:109.
③ 陈元晖. 中国现代教育史[M]. 北京:人民教育出版社,1979:66.
④ 王洪晶,曲铁华. 中国共产党百年劳动教育政策:历程、经验与展望[J]. 中国教育学刊,2021(8):2.

业协会、组织工会，提高工人的觉悟，为实践中践行教育与生产劳动相结合作思想上的准备。这一时期虽然没有提出明确的思想纲领，但是随着工读运动的不断发展，不同形式的工读结合思想开始出现，读书和运动不断结合，教育与劳动相结合的思想内涵不断丰富，为劳动教育思想的确立奠定了基础。①

第一次国共合作期间，为满足广大工农群众对知识学习的要求，在延续"工读"思想的基础上，中国共产党先后创办了一批农民学习、工人补习和培养革命干部的教育机构，积极探索劳动教育的实践形式，工农教育与工农运动推进了教劳结合的实践发展。在中国共产党的领导下，全国范围内的工农运动迅速发展，并通过罢工同帝国主义作斗争，教劳结合逐渐成为工农教育的指导思想。1921年8月，中共中央成立中国劳动组合书记部，并将其作为领导工人运动的总机关。在党的领导下，相关政策相继发布，如《关于教育运动的决议案》（1922年）、《劳动教育建议案》（1922年）、《工人教育决议案》（1925年）等，旨在为青年工人和青年农民提供民主平等的受教育权。此外，1926年，第三次全国劳动大会对工农教育作出进一步指示，劳动学院、劳动补习学校、妇女劳动学校等如雨后春笋般涌现，推进了教劳结合思想的实践发展。

二、中华苏维埃时期的劳动教育

中华苏维埃时期，为了发展生产以保护和巩固革命政权，中国共产党在教育方针中体现了教育与生产劳动相结合的思想。1932年5月，湘鄂赣（西省）苏维埃政府训令规定："教育与工业生活农业生活结合，即劳动与教育结合，劳心与劳力结合，理论与实际结合……"② 中华苏维埃政府将马克思主义教育思想与中国共产党革命斗争以来所获得的有益经验进行整合，将"教育与生产劳动相结

---

① 张开江，李丹，姚任均，等. 高职院校劳动教育理论与实践——成都职业技术学院劳动教育体系研究［M］. 成都：西南交通大学出版社，2022：3.

② 李蔺田，王萍. 中国职业技术教育史［M］. 北京：高等教育出版社，1994：226.

第四章 中国共产党开展劳动教育的思想与实践

合"这一基本原理贯彻到苏区的生产建设与文化建设中,边区各根据地举办的中小学教育基本都包含劳动教育内容。1934 年,中华苏维埃共和国第二次全国苏维埃代表大会通过了《中华苏维埃共和国宪法大纲》,该大纲第十二条明确提出:"中华苏维埃政权以保证工农劳苦民众有受教育的权利为目的,在进行阶级战争许可的范围内,应开始施行完全免费的普及教育,首先应在青年劳动群众中施行,并保障青年劳动群众的一切权利,积极的引导他们参加政治的和文化的革命生活,以发展新的社会力量。"① 毛泽东同志更是明确提出,苏区的教育方针在于将教育和劳动联系起来,并在《文化工作中的统一战线》一文中指出,农民的教育形式和内容应该更灵活更贴合生活实际,教育与生产劳动相结合的思想得到广泛接受与普遍认可。如果说五四时期勤工俭学运动的思想背景比较复杂,不完全以马克思主义关于教育与生产劳动相结合的思想为指导的话,那么从土地革命时期开始,在中国共产党领导下的革命根据地建设过程中,就越来越自觉地传播和运用马克思主义关于教育与生产劳动相结合的思想,并逐步把它同我国的实际结合起来。②

在革命根据地,以共产主义思想为指导的新民主主义文化教育,必须使教育与生产劳动很好地结合起来,才能逐步摆脱传统教育的束缚,建立起新的教育体系与教育制度。首先,在根据地贯彻教育与生产劳动相结合的精神,是为人的全面发展创造条件或开辟道路的,也可以说是未来新教育的准备或萌芽。其次,在根据地贯彻教育与生产劳动相结合的精神,是直接为争取革命胜利服务的。③ 1931 年 7 月,鄂豫皖区第二次苏维埃代表大会通过的《文化教育政

---

① 中共中央文献研究室. 建党以来重要文献选编(一九二一——一九四九):第十一册[M]. 北京:中央文献出版社,2011:159.
② 中共中央文献研究室. 毛泽东文集:第二卷[M]. 北京:人民出版社,1993:188.
③ 董纯才. 中国革命根据地教育史:第 2 卷[M]. 北京:教育科学出版社,1991:69.

策》规定:"实行生产训练,每个学生都要参加生产,实行生产化的教育。"① 1934年1月,毛泽东同志在中华苏维埃共和国第二次全国苏维埃代表大会上提出的中华苏维埃文化教育总方针中明确指出,"使教育与劳动联系起来""使文化教育为革命战争与阶级斗争服务"。当时,苏区的学生大部分在读书的同时参加劳动。②

三、抗日战争时期的劳动教育

抗日战争时期,随着抗日战争的全面爆发,教育"适应战争需要"的倾向更为明显。无论是党的领导、爱国将领,还是学校师生,共同参加生产劳动为革命斗争提供必需的物资、学习革命理论提高科学技术水平得到社会普遍认可。这一时期,中国共产党在总结和继承土地革命时期实践经验的基础上,进一步发展、丰富了教育与生产劳动相结合的思想。1939年2月和5月,中共中央先后召开生产动员大会和干部学习大会,号召各机关干部、各干部学校、中等学校和小学等逐步动员起来,积极投身到大生产运动中去。各个抗日民主根据地的机关学校开展了蓬勃的大生产运动,更广泛地推行教育与生产劳动的结合。1939年5月28日,毛泽东同志在中国人民抗日军事政治大学(简称抗大)成立三周年纪念大会上的讲话中提出了抗大的教育方针,即"坚定正确的政治方向,艰苦奋斗的工作作风,灵活机动的战略战术"③。抗大教育方针中提出的"艰苦朴素的工作作风",体现了"一面学习,一面生产",教育与生产劳动相结合的思想。知识分子和青年学生参与生产劳动,与中国共产党领导的八路军、新四军一并在劳动实践中接受教育,既增强了抗战的信心,也为抗战储备了丰富的物资。为响应"自己动手,丰衣足食"

---

① 湖北省档案馆,湖北省财政厅. 鄂豫皖革命根据地财经史资料选编[M]. 武汉:湖北人民出版社,1989:754-755.
② 中国教育科学研究院. 中国共产党教育方针百年历史研究[M]. 北京:教育科学出版社,2021:176.
③ 中共中央文献研究室. 毛泽东文集:第二卷[M]. 北京:人民出版社,1993:188.

的口号，各根据地的广大民众纷纷投入生产运动，在生产自救中锤炼体格和意志，为前线斗争和根据地建设提供物质支援。1939年5月4日，毛泽东在延安青年群众举行的五四运动二十周年纪念会上指出："中国古代在圣人那里读书的青年们，不但没有学过革命的理论，而且不实行劳动。"① 他高度赞扬延安青年"一面学习，一面生产"、把学习和生产劳动紧密结合在一起的做法，并从教育适应革命和建设的需要是教育与生产劳动相结合的基本要求角度，提出"伟大的抗战必须有伟大的抗战教育运动与之相配合，二者间的不配合现象应免除"，把教育与生产劳动相结合作为进行思想品德教育，培养和造就革命干部，使知识分子与工农群众相结合的主要途径。②

在抗日根据地，为突破敌人的经济封锁，中共中央号召开展大生产运动。无论是在陕甘宁边区还是在敌后各个抗日根据地，中小学都积极投入大生产运动中，从教学制度、教学内容到教学方法，都与生产劳动结合起来，为抗日战争贡献了力量。抗日根据地的高校也极为注重教育与生产劳动相结合。许多大学将生产劳动列入教育教学计划之内，陕北公学的学员们入学就开始学习挖窑洞、修道路和盖房子，随后参加大生产劳动。延安大学在教育上实行教育与生产劳动相结合的原则，在校内注重学生的学习和实习，实习分为两种，在工厂实习和在农场实习，学生参加生产劳动的时间占20%。鲁迅艺术文学院选了130个生产队，开展生产劳动，学员们每天除了上课以外还爬山翻沟，到山坡上开荒，也有学员留在学校洗衣服、切洋芋、大扫除或者帮厨做饭。教员们一边从事精神生产，一边从事文艺创作，一边从事开荒耕种。延安自然科学院也为学员提供了机械实习工厂和化学实习工厂，将光华农场和边区的工厂联系起来，作为实习基地。除此之外，抗大在1939年内，开垦荒地

---

① 毛泽东. 毛泽东选集：第二卷[M]. 北京：人民出版社，1991：568.
② 中国教育科学研究院. 中国共产党教育方针百年历史研究[M]. 北京：教育科学出版社，2021：176.

1.7万亩，生产粮食100多万斤。① 在教学制度上，依据农活的忙闲灵活调整课时安排。在绥德四十里铺完小，当地5天一小集、10天一大集，许多学生都要回家帮大人照看摊位，因此该校每个星期五上午上课，下午放假。每个大集日早上上课，早饭后学生就可以回家帮大人做活儿了。在教学内容上，小学生主要学习基本的生产常识，最主要是接受劳动观念教育。延安杨家湾小学把当地的生产情况和生产经验编成联句教给学生。例如，四月棉花下种，教学生"四月里来枣芽发，家家户户种棉花，温水泡籽柴灰拌，向阳川地把种下"；割麦时，教学生"五月天，割麦忙，学生娃娃出书房"；夏耘时，教学生"夏天锄草要加油，一年荒了三不收"。在教学方法上，学校把一些与生产相关的学科同生产实践紧密联系起来。例如，化学课上讲了做豆腐的原理后，便组织学生做豆腐；学了化学反应原理后，师生就共同熬碱、制墨水、造纸，把知识转化为技能，又把技能转化为产品，支持根据地的大生产运动。

1941年中共中央颁布的《关于延安干部学校的决定》规定，凡带专门性质的学校（如师范教育），应以学用一致为原则，课程设置要重视联系实际，安排各种校外实习活动。其中，延安大学规定教员和职员必须参加开荒种地、养猪、织布等生产劳动，学员参加生产劳动的时间不少于学习总时数的20%。抗日根据地的各级各类学校通过组织师生参加劳动，使学生养成了爱劳动、爱国、爱护公共财物等观念。

四、解放战争时期的劳动教育

随着解放战争的胜利，解放区的教育陆续进行了整顿、改革，逐步向正规化、制度化方向发展。在解放战争时期，各解放区继承了革命根据地关于劳动教育的优良传统，采取了很多实际举措促进教育与生产劳动相结合。1947年2月，晋冀鲁豫边区教育厅发布的

---

① 王运来，张玥，李运庆. 抗日战争专题研究：战时高校内迁与教育改革[M]. 南京：江苏人民出版社，2022：410.

《关于本边区实施新教育方针的初步意见》中提出："教育必须与生产结合。"① 1947年4月,《晋察冀日报》报道,冀晋行署和群众团体联合发出指示,强调教育要和战斗、生产、土地改革密切结合,教育方式和教学时间要适应当地战斗、生产情况。1948年以后,由于工业生产对劳动者文化科学素养的要求不断提高,"新型正规化"教育被提上日程,劳动教育的形式也从联系农业生产逐步转向联系工业生产。这一时期在劳动教育的理念、模式与方法上的探索为后来劳动教育的设计和部署提供了重要借鉴。② 1949年4月11日至18日,中国新民主主义青年团第一次全国代表大会在北京召开,毛泽东为大会题词:"同各界青年一起,领导他们,加强学习,发展生产。"③

总体来看,新民主主义革命时期,围绕民族独立、人民解放这一主题,中国共产党将劳动教育作为革命斗争的重要手段,启发民众思想觉悟、唤醒革命意识,通过劳动教育发展生产,支援革命,令普通劳动者都能享有教育,以壮大革命力量。④ 这一时期,中国共产党的劳动教育旨在满足革命战争的需要。新民主主义革命时期,中国共产党在促进教育与生产劳动相结合方面进行了长期探索,工读结合与读书劳动结合思想之丰富、工农运动与工农教育实践之多元,以及革命根据地生产劳动教育成效之显著,是中国教育发展史上的首创,也为新中国成立后教劳结合方针内涵的丰富奠定了基础。

---

① 董纯才. 中国革命根据地教育史:第3卷[M]. 北京:教育科学出版社,1991:36.
② 张开江,李丹,姚任均,等. 高职院校劳动教育理论与实践——成都职业技术学院劳动教育体系研究[M]. 成都:西南交通大学出版社,2022:7.
③ 共青团中央青运史工作指导委员会,中国青少年研究中心,中央档案馆利用部. 中国青年运动历史资料(1948.11—1949.9)[M]. 北京:中国青年出版社,2002:350.
④ 刘向兵,张清宇. 中国共产党建党百年以来对劳动教育的探索[J]. 国家教育行政学院学报,2021(7):28-37.

第二节 社会主义革命和建设时期的劳动教育
（1949—1977年）

一、劳动教育性质和目标的确立

新中国建立之初，国家面临着经济恢复与发展的重任，为满足工业、农业等方面的需要，扭转新中国成立之初一贫如洗的局面，鼓励人民群众参与到社会主义改造和社会主义生产建设中，中国共产党在劳动教育方面采取了一系列措施，劳动教育承担起了相应的历史责任。①

1949年9月，中国人民政治协商会议通过了《中国人民政治协商会议共同纲领》，其中规定了这一时期的教育性质是"为新民主主义的，即民族的、科学的、大众的文化教育"②，教育要培养"为工农服务，为生产建设服务"的人才。《中国人民政治协商会议共同纲领》将"爱劳动"列为国民五项公德之一，而且把"理论与实际一致"确立为基本教育方法，规定各类学校都要"注重技术教育"，并对青年知识分子和旧知识分子进行革命政治教育，以使其适应革命及建设工作的广泛需要。这一纲领性文件为新中国成立初期的劳动教育指明了方向。从徐特立的《论国民公德》一文中可以看出，培养与新民主主义时期生产方式相一致的劳动态度，建立劳资两利的和谐劳动关系，是当时以"爱劳动"为国民公德的主要原因。

1950年，时任教育部副部长钱俊瑞在《当前教育建设的方针》中明确指出教育要"为工农服务，为生产建设服务"，并把劳动教育

---

① 杜芳. 新中国成立以来中国共产党劳动教育思想研究 [D]. 武汉：武汉理工大学，2022：1.

② 中共中央文献研究室. 建国以来重要文献选编：第一册 [M]. 北京：中央文献出版社，1992：10—11.

作为贯彻"教育为生产建设服务的方针"的重要内容，要通过劳动教育鼓舞民众从事劳动创造的热情和积极性，表扬和普及劳动事业中的发明和创造，组织一切原来不从事劳动生产的人们参加生产劳动并在劳动中改造自己。① 因此，这一时期的劳动教育是以"为工农服务，为生产建设服务"为指引而创建和发展的。

二、学习借鉴苏联劳动教育理论和实践

新中国成立初期，我国积极借鉴苏联劳动教育的实施内容和方式，进行了教育改革，主要学习苏联教育模式开展综合技术教育（后来改称为基本生产技术教育），通过课程规范劳动教育的内容，主要包括手工制作、生产实习、生产知识等。在1950—1952年初的一段时间里，我国政府发布了一系列教育行政命令，将学校教育的管理乃至整个教育制度的控制权，都按照苏联教育的模式进行了改革。这一时期，劳动教育的实施主要以中小学的劳动教育和生产技术课的形式进行。苏联的劳动教育以凯洛夫、乌申斯基、马卡连柯、克鲁普斯卡雅等人系统的劳动教育理论为基础和指引，重视系统化的科学知识的学习，重视学生在劳动过程中的能动作用，主张劳动与教育的真正统一。我国由此集中出版了一系列介绍苏联劳动教育理论和实践的著作，弥补了新中国劳动教育理论和实践路径的空白，也推动了新中国劳动教育政策的制定。1950年，《人民日报》发表了一篇题为《苏联劳动教育》的文章，阐明了苏联学校中劳动教育的方法和手段，并论述了劳动在共产主义教育中的意义。但是，学习和借鉴苏联劳动教育并未探索出我国教育与生产劳动相结合的有效模式，一定程度上还出现了教学脱离生产实际等问题。

三、劳动教育纳入我党的教育工作方针

1955年4月，教育部要求，除了培养学生的劳动意识之外，还

---

① 李珂，曲霞. 1949年以来劳动教育在党的教育方针中的历史演变与省思[J]. 教育学报，2018（5）：63—72.

应注重"综合技术教育"①，这成为新中国成立以来劳动教育理论探索与实践行动的开端。1956年底，我国完成了对生产资料的社会主义改造，开始进入全面探索社会主义建设时期。为了使教育事业适应并满足社会主义建设对人才的迫切需求，教育也开始了新的全面探索时期。1957年，毛泽东在《关于正确处理人民内部矛盾的问题》中明确提出："我们的教育方针，应该使受教育者在德育、智育、体育几方面都得到发展，成为有社会主义觉悟的有文化的劳动者。"② 由此，我国的教育确立了培养劳动者的教育目标。此外，还规定了学校必须要将生产劳动列为正式课程，并在中学和小学课程中分别增加了"劳动、手工劳动课"和教学工厂实习课程，主张边学习边劳动。在要求学生掌握基本劳动知识和技能的基础上，开始关注劳动教育在学生社会主义道德培养中的作用。1985年，国家教育委员会（简称国家教委）成立以后，明确提出了教育的培养目标是促进学生德智体美劳全面发展，劳动教育首次出现在全面发展教育的表述中。同年9月，中共中央、国务院颁布《关于教育工作的指示》，指出"党的教育工作方针，是教育为无产阶级的政治服务，教育与生产劳动相结合。为实现这个方针，教育工作必须由党来领导"③，并提出在一切学校中，必须把生产劳动列为正式课程，每个学生必须依照规定参加一定时间的劳动教育。毛泽东同志提出："教育必须为无产阶级政治服务，必须同生产劳动相结合。劳动人民要知识化，知识分子要劳动化"④，教育与生产劳动相结合上升为党的教育方针。

---

① 何东昌. 中华人民共和国重要教育文献（1949—1975）[M]. 海口：海南出版社，1998：449—450.
② 中共中央文献研究室. 毛泽东文集：第七卷[M]. 北京：人民出版社，1999：226.
③ 毛礼锐. 中国教育通史：第6卷[M]. 济南：山东教育出版社，1989：273.
④ 毛泽东. 毛泽东选集：第五卷[M]. 北京：人民出版社，1977：385.

四、劳动教育的实施

1958年，在中国共产党"教育与生产劳动相结合"方针指引下，农场、工厂、街道等通过与学校采取联合办学的方式开设劳动教育。教育部要求各地区的生产部门都要与各类学校一起办学，引导学生在学习科学文化知识的同时，参与生产和社会实践劳动，提高学生的实践动手和操作能力。高等学校普遍建立了校办工厂和农场，师生直接参加社会生产劳动。同时，在刘少奇同志的建议下试行两种教育制度和两种劳动制度，即一种是将学校的全日制教育教学制度与八小时工作的劳动制度相结合。在这种制度下，学生工读结合，以学习为主。另一种是将半工半读的学校教育制度与半工半读的工厂劳动制度相结合。1958年9月，天津市选择感光胶片厂、电子仪器厂等十个企业，开办青年学生半工半读学校。此时，正值"大跃进"高潮，天津市各类半工半读学校猛增到125所，学生达25000人。①

1957—1966年，由于劳动教育的政治地位、经济价值和认识论意义都被提升到前所未有的高度，因此在实践中也得到大力推进。在课程设置上，"一切学校，均把生产劳动列为正式课程，并在不同时期，根据实际情况，对不同级类学校、年级每周、每月、每学年的劳动时间作明确规定，同时开设了属于教育与生产劳动相结合范畴的多门课程。例如，小学的生产常识、手工、劳动课；中学的生产知识课和劳动课"②。

国家通过多种途径进行劳动宣传，促进劳动教育。国家通过报纸、期刊、书籍、广播等舆论工具，以及组织专题报告会宣传劳模事迹等形式，广泛宣传劳动教育理念，以促进国家关于劳动教育的方针政策及各地劳动教育经验得到落实和推广。在此期间，学校办

---

① 刘少奇同志关怀天津半工半读教育，天津日报，1986年5月17日.
② 劳凯声，肖川，丁东. 教育与生产劳动相结合问题新探索［M］. 长沙：湖南教育出版社，1988：307.

工厂、工厂办学校、勤工俭学、半工半读,边学习、边劳动,劳动人民知识化、知识分子劳动化,成为广泛推广的教学模式。1963年,党中央提出,要继续组织青年学生到农村去,到人民公社生产队去,从事生产劳动,防止他们受到资产阶级思想腐蚀,知识青年上山下乡成为"反修防修"的重要举措。

新中国成立后,发展社会生产力是无产阶级夺取政权后的重中之重。面对百废待兴的状况以及国际封锁、敌特破坏的严峻形势,中国共产党借助政治力量重构了生产资料所有制形式和产业体系规模布局,确立了社会主义计划经济体制,即"在生产资料的社会主义公有制基础上,国家按照经济发展的规律,从国民经济的实际情况出发,制定经济、社会建设与发展的统一计划,使整个社会生产和再生产有计划地进行"①。在这一背景下,劳动教育成为社会主义计划经济体制的一部分,是由政党与国家直接调控的、有组织的劳动力资源的再生产活动。习仲勋在《1954年文化教育工作的方针和任务》的报告中将劳动教育作为解决国家劳动力资源短缺问题的重要途径:"中学教育的任务,一方面为高等学校培养新生,另一方面为国家各项建设事业供应具有一定文化科学知识的劳动后备力量。"② 劳动教育纳入国家总体生产计划中,是由政党与国家直接发出指令,学校、工厂、农村共同参与实施的国家工程。③

从1963年开始,由于照搬苏联教育模式,教条主义、形式主义较为严重,脱离中国实际办教育,使得劳动教育受到严重影响。1966年,"文化大革命"爆发,受"左"倾错误思想影响,劳动教育的政治意义被过度拔高,甚至把学习与劳动对立起来、把脑力劳动与体力劳动对立起来、把知识分子与工农群众对立起来,在"大

---

① 林尚立. 当代中国政治形态研究[M]. 天津:天津人民出版社,2017:111.
② 周兴国,曹荣荣. 新中国的劳动教育:观念演变与发展[J]. 中国教育科学(中英文),2020(3):25—34.
③ 刘佳. 场域与坐标:劳模精神的思想逻辑[M]. 北京:中国工人出版,2022(5):217.

跃进"的极左思潮下，勤工俭学、半工半读的劳动教育很快就变成了一种狂热，甚至将勤工俭学异化为勤工"减"学，"工"即"学"，以劳代学了。① 至此，出现了片面强调生产劳动、"以劳代教"等现象，劳动教育的内涵被误解，使劳动教育不能按照正常的内在规律进行。

第三节 改革开放和社会主义现代化建设新时期的劳动教育（1978—2012年）

一、劳动教育服务社会主义现代化建设

1978年3月五届全国人大一次会议通过的《中华人民共和国宪法》，1995年3月八届全国人大三次会议通过的《中华人民共和国教育法》，1993年2月中共中央、国务院印发的《中国教育改革和发展纲要》，从国家的根本大法、教育专门法和教育行政法规三个层面完整地表述了我国的教育方针，教劳结合作为教育方针的重要内容，有了贯彻实施的法律保障。

党的十一届三中全会开辟了把全党工作的重点转移到社会主义现代化建设上来的新的历史时期，教育工作也从此进入历史性的转折时期。改革开放的深入推进带来了海内外更广泛、更深层次的交流，我国面对的是与以往截然不同的新形势，自身所具备的新条件也在不断被挖掘。现代化大生产的不断提速，要求我国必须不断提供与之相匹配的高素质劳动者，这也对我国的劳动教育提出了要求。随着党的十一届三中全会确定以经济建设为中心，各项工作围绕经济建设这个重中之重，劳动教育的目的从政治服务的斗争工具转向为四化建设培养人才，考虑劳动就业发展的需要，靶向攻克现代化

---

① 李珂，曲霞. 1949年以来劳动教育在党的教育方针中的历史演变与省思[J]. 教育学报，2018（5）：65.

建设所需各类人才，① 劳动教育在目标、内容、形式等方面都进行了调整。1978年，全国教育工作会议在北京召开，邓小平同志在讲话中提出，要"认真研究在新的条件下，如何更好地贯彻教育与生产劳动相结合的方针"，"各级各类学校对学生参加什么样的劳动，怎样下厂下乡，花多少时间，怎样同教学密切结合，都要有恰当的安排。更重要的是整个教育事业必须同国民经济发展的需求相适应"②。这个论断是对中国共产党教育与生产劳动相结合方针的继承和发展，把教育与生产劳动相结合的地位、作用及重要意义提到了新高度，开阔了人们的认识视野。③ 邓小平同志同时指出，"现代经济和技术的迅速发展，要求教育质量和教育效率的迅速提高，要求我们在教育与生产劳动结合的内容上、方法上不断有新的发展"。

党的十一届三中全会以来，随着工作重点的转移，发展社会生产力已成为我国的中心任务。这就要求高校发挥多种功能，承担多项任务，既要为现代化建设培养高级专门人才，又要以自己的科研成果和人才优势为社会主义建设直接服务，在形式上涵盖了科研成果的推广应用，各种咨询和技术指导，参与国家和地方各种规划的制定，为社会提供各种实验、测试和计算等设备，各种人员的在职培训，等等，其特点是重视高校的"直接"服务，而不是"间接"服务。④ 这一时期的劳动教育不仅注重体脑结合，还重视劳动技术教育。1981年，教育部发文要求"中学阶段开设劳动技术课，进行劳动技术教育"，并出台了《关于普通中学开设劳动技术教育课的试行意见》。1982年印发的《关于普通中学开设劳动技术教育课的试

---

① 徐海娇，艾子.新中国成立70年我国劳动教育价值取向的历史进程与反思展望[J].广西社会科学，2019 (11)：174.

② 邓小平.在全国教育工作会议上的讲话[EB/OL].(2004-07-23) [2021-06-27]. http://news.southcn.com/community/shzt/dxp/theory2/200407230554.htm.

③ 陆继锋.中国民族院校办学理念的变迁研究[M].北京：民族出版社，2017：198.

④ 周敬思，基俊.高等教育理论与实践[M].长春：东北师范大学出版社，1994：18.

行意见》，明确了开展劳动技术教育课的组织安排、考核、师资、大纲和教材以及劳动场地等，① 为劳动教育提供了制度保障。

二、对劳动教育的纠偏

20 世纪 80 年代，学界开展了教育方针大讨论及新时期教育与生产劳动相结合的研究，纠正了学校劳动教育的偏颇。改革开放后，"现代教育同现代生产的结合，是提高社会生产的必然途径，同时，也是造就全面发展的人的根本方法"②。但在 1949 年以后的二三十年间，中国经济生产方式仍以体力劳动和手工劳动为主，这种情况下，如果生硬推行教劳结合、体脑结合，必然会冲击或拉低现代生产知识和技术教育的水平。因此，党中央提出致力于重塑"尊重知识、尊重人才"的社会风气。

1981 年，党的十一届六中全会通过的《关于建国以来党的若干历史问题的决议》提出，"要坚决扫除长期存在而在'文化大革命'期间登峰造极的那种轻视教育科学文化和歧视知识分子的完全错误的观念"，要"坚持德智体全面发展、又红又专、知识分子与工人农民相结合、脑力劳动与体力劳动相结合的教育方针"③。1982 年，教育部颁发的《关于普通中学开设劳动技术教育课的试行意见》指出，劳动教育是中学教育不可缺少的一部分，开设劳动技术教育课程目的在于培养德、智、体全面发展的一代新人。1986 年，《中华人民共和国义务教育法》明确指出："学校要加强思想政治工作，贯彻德育、智育、体育、美育全面发展的方针，并适当进行劳动教育。"至此，劳动教育在法律层面取得了合法性。1987 年，国家下发《关于颁发〈全日制小学劳动课教学大纲（试行草案）〉的通知》，要求各

---

① 何东昌. 中华人民共和国重要教育文献（1976—1990）[M]. 海口：海南出版社，1998：2045—2046.
② 刘世峰. 中国教劳结合研究 [M]. 北京：教育科学出版社，1996：10.
③ 何东昌. 中华人民共和国重要教育文献（1976—1990）[M]. 海口：海南出版社，1998：1952.

地组织力量,编好劳动课教材,积极抓好师资配备和培训工作,要求"在全日制五年制和六年制小学三年级均增开一节劳动课,小学低年级的劳动教育,通过各科教学、常规训练、班队活动、课外活动和家庭教育等多种途径渗透进行"①。1986年颁发的《关于中华人民共和国义务教育法(草案)的说明》中提出:"应当贯彻德、智、体、美全面发展的方针,适当进行劳动教育,使青少年儿童受到比较全面的基础教育。"这里将劳动教育作为比较全面的基础教育中的一部分提了出来。

三、劳动教育向学生素质培养的转向

1986年10月,时任国家教委副主任彭珮云在中学德育大纲研讨会上的讲话中更明确地提出"把德育作为德、智、体、美、劳五育全面发展的一个有机组成部分,使五育互相配合、互相渗透",正式提出了"五育全面发展"的说法。此后,国家教委颁发的一系列文件均出现过五育并举的表述。但1993年《中国教育改革和发展纲要》颁发以后,开始统一为"培养德、智、体全面发展的社会主义建设者和接班人",1995年颁发的《中华人民共和国教育法》则正式确定为"培养德、智、体等方面全面发展的社会主义建设者和接人"。对"五育"变"三育"的原因,时任国务院副总理李岚清曾这样解释:"政治局讨论这个问题时认为,德、智、体全面发展的方针是属于我们党的重大方针,已坚持多年,在实践中证明是正确的,行之有效的,已为教育界,甚至全党全民普遍熟悉和认同,应该一以贯之。然而,这决不意味着可以忽视美育和劳育。德育的范围很广,应该包括美育,劳育也应当包括在德育和体育里面。""因为,除德、智、体、美、劳,还有其他的……但这些内容都可以归到德、智、体里面去,是广义的德、智、体。"基于这些考虑,20世纪90年代后,党中央倾向于将劳动教育视为包含在广义的德育、智育和

---

① 中国国家教育委员会.全日制小学劳动课教学大纲(试行草案)[J].人民教育,1988(1):5—7,25.

体育之内的要素，否定了其独立提出的必要性，从而恢复了德、智、体全面发展的传统说法。劳动教育倾向于关注个体的全面发展和劳动观念、劳动技能的培养。

1999年，第三次全国教育工作会议通过了《关于全面推进素质教育的决定》，更加关注劳动教育对人的素质成长的教育意义，强调各级各类学校要加强和改进对学生的生产劳动与实践教育，扭转应试教育，从德、智、体、美、劳等方面来推动素质教育的实现，强调教育与生产劳动相结合，开始更加注重劳动技术和劳动技能教育。2000年，教育部印发《全日制普通高级中学课程计划（试验修订稿）》，将劳动技能作为学生综合素质的一个重要组成部分，劳动成为育人育才体系的一部分被正式写进教学计划，在课堂教学中得到落实。①

1993年，中共中央、国务院印发《中国教育改革和发展纲要》，明确将我国的教育方针表述为"教育必须为社会主义现代化建设服务，必须与生产劳动相结合，培养德、智、体全面发展的建设者和接班人"。规定"中小学要由'应试教育'转向全面提高国民素质的轨道"，"全面提高学生的思想道德、文化科学、劳动技能和身体心理素质"。② 其中，特别指出劳动技能是国民素质的重要组成之一。1998年，《关于加强普通中学劳动技术教育管理的若干意见》明确指出，劳动技术教育是全面实施素质教育的重要途径。③ 在1999年世纪之交的第三次全国教育工作会议上，中共中央作出关于全面推进素质教育的决定，劳动教育从政治学的宏大叙事，转向对人的全面素质成长的教育本真义。教育与生产劳动相结合作为实施素质教育的重要途径被强调，生产劳动与科技活动、其他社会实践相并列，

---

① 吕晓娟，李晓游. 我国劳动教育课程的发展历程、主要成就和实施方略［J］. 课程·教材·教法，2021（08）：139.
② 中国教育改革和发展纲要［J］. 江苏教育，1994（Z1）：14—22.
③ 教育部办公厅关于印发《关于加强普通中学劳动技术教育管理的若干意见》的通知［J］. 教育部政报，1998（Z2）：325—327.

被界定为社会实践的一种方式。①

四、劳动教育的实施

1978年，党的十一届三中全会以后，随着极左意识形态的退去以及以经济建设为中心的国家发展战略的确立，资本的意识形态属性逐步淡化，其撬动经济发展、调动社会活力、激发人民创造性的工具性价值日益得到重视。社会主义市场经济体制的建立将资本拉回到现代政治的中心地带，按劳分配为主体、多种分配方式并存的劳动成果分配制度极大激发了人民群众的劳动热情。在市场体系全面建立、激活的背景下，劳动教育从计划时期作为一种国家政治行为转型为适应市场化改革、劳动力市场发育、生产要素自由配置的经济主义行为。所谓"经济主义行为"，就是市场主体根据理性计算法则，当成本小于收益时而采取的行动策略。具体来说，就是劳动教育以满足市场需求为目的，学校与市场形成劳动教育共同体，实习实训、岗位实践、教学实习、勤工助学、校外兼职、产学研结合等成为这一时期劳动教育的主要形式。这种劳动教育形式有助于学生毕业时顺利找到满意的工作，有助于市场降低用工成本和缩短人力资源培训周期，使劳动力生产嵌入学校教育之中，学校教育与市场需求结构借助劳动教育这个中介达成某种默契。②

1978年以后，我国加强了中小学劳动技术教育的课程化和规范化建设。为了更有效地为"四个现代化"服务，教育部1981年颁发的《全日制六年制重点中学教学计划（试行草案）》和《全日制五年制中学教学计划（试行草案）的修订意见》提出，"中学阶段开设劳动技术课，进行劳动技术教育，使学生既能动脑，又能动手，手脑并用，全面发展"，要开设劳动技术课、职业技术教育课。为了把这

---

① 赵长林. 新中国成立70年我国劳动教育思想的演进与劳动课程的变迁[J]. 国家教育行政学院学报，2019（06）：13.

② 刘佳. 场域与坐标：劳模精神的思想逻辑[M]. 北京：中国工人出版社，2022：219.

门课认真开好，1982年10月，《教育部关于普通中学开设劳动技术教育课的试行意见》指出，"开设劳动技术教育课是全面贯彻党的教育方针、完成中学双重任务的需要，是社会主义现代化建设的需要"。1987年，国家教育委员会中学教育司颁发了《全日制普通中学劳动技术课教学大纲（试行）》。①

1984年9月，中宣部、教育部发布《关于高等学校学生参加生产劳动的若干规定》，提出"组织学生参加一定时间的生产劳动，是实现社会主义大学培养目标不可缺少的重要环节，也是对学生进行思想政治教育的重要途径。生产劳动应列入教学计划"。自1986年起，清华大学在全国高校中率先开设了公益劳动课程，作为学生的必修课列入教学计划。其后，很多高校开始开设公益劳动课程。②在课程内容方面，小学劳动教育课程以自我服务劳动、家务劳动、简单的社会公益劳动、简单的生产劳动技能以及手工艺劳动为主。中学的劳动教育主要以劳动技术教育课程为主，包括农作物种植、木工、烹饪等日常生产生活内容。

1999年，为提高教育质量、改善劳动者素质，中共中央、国务院发布了《关于深化教育改革全面推进素质教育的决定》，指出教育与生产劳动相结合是培养全面发展人才的重要途径，高等学校要加强社会实践，组织学生参加科学研究、技术开发和推广活动以及社会服务活动。此时，高校劳动教育的内涵得到不断拓展，脑力劳动与体力劳动的区别被社会大众熟知、接受。进入新世纪，劳动思想教育的地位与作用再次得到强调。如《国家教育事业发展"十一五"规划纲要》指出，"全面推进职业教育与高等教育的教育教学改革，倡导和组织学生积极参加各种有益的生产劳动和公益活动，增强学

---

① 祁占勇. 新中国成立70年来我国劳动教育政策的价值选择及其变迁[J]. 国家教育行政学院学报，1999（06）：22.
② 叶志朋，陈方泉，场辉. 我国高等教育中劳动教育的演变、内涵与进路[EB/OL].（2020－09－07）[2024－04－26］. https://baijiahao.baidu.com/s？id=1677158360647219976&wfr=spider&for=pc.

生热爱劳动和尊重劳动的观念"；《国家中长期教育改革和发展规划纲要（2010—2020年）》提出，要加强劳动教育，培养学生热爱劳动、热爱劳动人民的情感。2000年，教育部印发的《全日制普通高级中学课程计划（试验修订稿）》，将劳动技能作为学生综合素质的一个重要组成部分，把"劳动技术教育"列为高中国家必修课程——"综合实践活动课程"的一部分，每学年1周，可集中安排也可分散安排，课程目标是"主要对学生进行劳动观念和一般劳动技术能力的教育，进行现代职业意识、职业技能的培养和就业选择的指导"①。2005年，胡锦涛同志在中央加强和改进大学生思想政治教育工作会议上强调指出，要坚持政治理论教育与社会实践相结合，既搞好课堂教育，又注重引导大学生深入社会、了解社会、服务社会。胡锦涛同志在全国劳动模范和先进工作者表彰大会上的讲话中指出，"要大力弘扬伟大的劳模精神"，"使热爱劳动、勤奋劳动、尊重劳动、保护劳动蔚然成风"。根据胡锦涛同志在全国教育工作会议提出的要求，以及全国劳动模范和先进工作者表彰大会上的讲话精神，教育部颁发了《关于组织开展劳模进校园活动的通知》。

2006年，胡锦涛同志提出要引导广大干部群众特别是青少年树立八荣八耻的社会主义荣辱观，其中明确提出，以辛勤劳动为荣，以好逸恶劳为耻，以艰苦奋斗为荣，以骄奢浮逸为耻，这是新时期主流价值观和道德建设的标尺。② 要求青年学生自觉抵制不务正业、贪图享受的不良风气，树立正确劳动荣辱观，营造劳动光荣、劳动伟大、劳动高尚的社会风貌。在基础教育阶段，只有通过经常性的、卓有成效的劳动教育才能使广大的青少年树立起荣辱观。③ 党的十七大报告中，胡锦涛同志指出："完善支持自主创业、自谋职业政

---

① 教育部. 关于印发《全日制普通高级中学课程计划（试验修订稿）》的通知 [J]. 中小学图书情报世界，2000（03）：2—5.

② 王明钦，刘英钦. 新中国成立后中国共产党劳动教育思想的脉络梳理与体系建构 [J]. 河南大学学报（社会科学版），2021（09）：136—143.

③ 黄燕，叶要娟. 中国劳动教育回顾与体系建构研究 [M]. 上海：东方出版中心，2022（9）：65.

策,加强就业观念教育,使更多劳动者成为创业者。健全面向全体劳动者的职业教育培训制度,加强农村富余劳动力转移就业培训。建立统一规范的人力资源市场,形成城乡劳动者平等就业的制度。"

第四节 新时代劳动教育的形成过程和特点（2012年以来）

一、新时代劳动教育的形成过程及特点

（一）颁布劳动教育专项政策

针对大中小学教学实践中存在的劳动教育被弱化、淡化的现象,党的十八大以来,以习近平同志为核心的党中央从培养德智体美劳全面发展的时代新人出发,高度重视劳动教育的育人功能及其在推进素质教育中的重要作用。① 在党的十六大报告及2015年审议修改的《中华人民共和国教育法》,明确将教育"与生产劳动和社会实践相结合"确立为新时期党的教育方针的重要内容。

2012年11月,习近平总书记同采访党的十八大的中外记者见面时指出,"人世间的一切幸福都需要靠辛勤的劳动来创造"。2013年4月,习近平总书记同全国劳动模范代表座谈时强调,"人世间的美好梦想,只有通过诚实劳动才能实现;发展中的各种难题,只有通过诚实劳动才能破解"。2013年10月,教育部印发《关于在全国各级各类学校深入开展"爱学习、爱劳动、爱祖国"教育的意见》,明确要求各级各类学校开展包括劳动教育在内的"三爱"教育活动。2014年,教育部印发《关于加强和改进普通高中学生综合素质评价的意见》,明确将"社会实践"作为学生综合素质评价的重要内容,主要考察学生在社会生活中动手操作、体验经历等情况。2015年7

---

① 张晖,魏晖. 新中国成立以来劳动教育的历史变迁、演进逻辑与实践进路[J]. 高校马克思主义理论研究,2023（01）:127-136.

月，教育部、共青团中央、全国少工委联合印发《关于加强中小学劳动教育的意见》，对新时期加强中小学劳动教育工作进行了全面、系统的部署，提出要"以劳树德、以劳增智、以劳强体、以劳育美、以劳创新，促进学生德智体美劳全面发展"，劳动的综合育人功能得到重视和加强。但学校劳动教育仍然是通过综合实践活动课程、通用技术课程等渠道开展，不利于劳动教育功能的切实发挥。2015年8月，教育部公布《中小学生守则（2015年修订）》，回应了社会各界对加强劳动教育的关切，明确要求广大中小学生"勤劳笃行乐奉献"，做到"自己事自己做，主动分担家务，参与劳动实践，热心志愿服务"。2016年，教育部印发《关于开展中小学课程实施监测工作的通知》，重点对综合实践活动等国家规定课程的开设情况进行监测。

（二）劳动教育重新取得独立地位，列入"五育"之内

习近平总书记在2018年全国教育大会上提出要努力构建德智体美劳全面培养的教育体系，培养德智体美劳全面发展的社会主义建设者和接班人，强调要在学生中弘扬劳动精神，教育引导学生树立正确的劳动观念，开创"五育并举"新局面，并突出强调劳动教育。新修订的《中华人民共和国教育法》对此再次予以强调，且《2021年政府工作报告》将构建德智体美劳全面培养的教育体系作为人才培养的重要基石，劳动教育取得了与德智体美各育同等的地位。2019年，中共中央、国务院印发了《中国教育现代化2035》《关于深化教育教学改革全面提高义务教育质量的意见》《关于新时代推进普通高中育人方式改革的指导意见》等文件，明确提出"五育融合"的教育发展目标，要求各级学校将劳动教育贯穿德智体美"四育"之中，将劳动教育置于与其他"四育"同等的地位。2018年，习近平总书记在全国教育大会上提出，"坚持马克思主义指导地位，坚持中国特色社会主义教育发展道路……培养德智体美劳全面发展的社会主义建设者和接班人"。这一时期，正式确立了我党"五育并举"的教育方针，劳动教育的地位大大提高。

（三）重视对广大青少年的劳动教育

2014年4月，习近平总书记在乌鲁木齐接见劳动模范和先进工作者、先进人物代表时强调，"特别是要通过各种措施和方式，教育引导广大青少年牢固树立热爱劳动的思想、牢固养成热爱劳动的习惯，为祖国发展培养一代又一代勤于劳动、善于劳动的高素质劳动者"①。2015年4月，习近平总书记在庆祝"五一"国际劳动节暨表彰全国劳动模范和先进工作者大会上的讲话中指出，"要教育孩子们从小热爱劳动、热爱创造，通过劳动和创造播种希望、收获果实，也通过劳动和创造磨炼意志、提高自己"②。2018年9月，习近平总书记在全国教育大会上强调，"要在学生中弘扬劳动精神，教育引导学生崇尚劳动、尊重劳动，懂得劳动最光荣、劳动最崇高、劳动最伟大、劳动最美丽的道理，长大后能够辛勤劳动、诚实劳动、创造性劳动"③。

（四）将劳动教育纳入综合素质评价

新时代以来，劳动教育的育人价值逐渐受到关注，劳动教育作为国民教育体系的重要内容和学生成长的必要途径，并被纳入学生核心素养之列，劳动素养成为学生评价指标及升学之依据。劳动素养是劳动教育发展到较高层次的表现，是学生在劳动意识、劳动情感以及劳动能力基础之上形成的综合性的劳动技能，包含多种维度，是新时代人才培养的重要内容。《关于加强中小学劳动教育的意见》（2015年）、《中国学生发展核心素养》（2016年）、《中国教育现代化

---

① 习近平在乌鲁木齐接见劳动模范和先进工作者、先进代表人物 向全国广大劳动者致以"五一节"问候［EB/OL］．（2014－05－01）［2024－10－13］．https://www.politics.people.com.cn/n/2014/0501/C1001－24963797.html.

② 习近平．在庆祝"五一"国际劳动节暨表彰全国劳动模范和先进工作者大会上的讲话［EB/OL］．（2015－04－28）［2024－03－28］．https://www.gov.cn/xinwen/2015－04/28/content_2854574.htm.

③ 习近平出席全国教育大会并发表重要讲话［EB/OL］．（2018－09－10）［2024－06－18］．https://www.gov.cn/xinwen/2018－09/10/content_5320835.htm?eqid=94b4722100002878000000003646728768wd=8eqid=fa5a00044458700000004656afe15.

2035》（2019年）、《深化新时代教育评价改革总体方案》（2020年）、《义务教育质量评价指南》（2021年）等文件均要求将劳动教育纳入人才培养方案，劳动素养成为评价中小学生的重要内容，劳动教育的地位亦获显著提升。国家期望以此来养成学生爱劳动的精神及具备劳动的能力，发挥劳动教育在树德、增智、强体、育美方面的综合育人价值。国家有关部门将劳动意识等列入核心素养及相关教育发展文件。2013年，《中共中央关于全面深化改革若干重大问题的决定》提及要坚持立德树人，形成"爱学习、爱劳动、爱祖国"活动的有效形式和长效机制；2013年，《关于推进中小学教育质量综合评价改革的意见》提出中小学教育质量综合评价指标框架（试行），其中行为习惯的指标考查点包括热爱劳动；2014年，《关于深化考试招生制度改革的实施意见》提出建立规范的学生综合素质档案，记录学生的道德、社会实践等内容，劳动与技术教育作为社会实践的部分，成为升学依据；2016年，《中国学生发展核心素养》在"社会参与"维度"实践创新"子维度下列出"劳动意识"；2019年，《中国教育现代化2035》提出要弘扬劳动精神。把劳动教育纳入综合素质评价体系，将劳动意识、精神等价值目标列入核心素养及相关教育规划文件，体现出新时代加强劳动教育，特别是劳动思想教育的重要性。

二、劳动教育的实施

新时代是劳动教育发展的新阶段，党中央深刻把握劳动教育的基本规律和发展趋势，将劳动教育纳入全面培养的教育体系，并制定了一系列专门的政策机制以保障劳动教育落到实处。劳动教育作为我国人才培养体系的组成部分，与"德智体美"四育相互融合，五育并举，致力于培养锻造能够担当民族复兴大任的时代新人。近年来，在习近平新时代中国特色社会主义思想引领下，我国劳动教育围绕培养什么人、怎样培养人、为谁培养人这一根本问题，在促进人的全面发展和推进劳动教育实施方面提出了新理念、新观点。各地区和学校坚持教育与生产劳动相结合，在实践育人方面取得积极成效。

在党的十八大报告中，突出强调了营造劳动光荣、创造伟大的社会氛围，加快确立人才优先发展战略布局，推动我国由人才大国迈向人才强国。根据习近平总书记系列重要讲话精神，2015年，教育部、共青团中央、全国少工委出台了《关于加强中小学劳动教育的意见》，在促进学生德智体美劳全面发展的基础上进一步提出了要"通过重视劳动教育"以强化其他四育，达到"树德、增智、强体、育美、创新"的要求。此外，该意见从政策层面将劳动教育的内涵阐释为：通过学校课程、实践活动和生活劳动等使学生充分体验劳动过程，培养学生未来生活和工作中必备的劳动意识、技能、精神和习惯，培养学生成为尊重与热爱劳动、自立自强的社会公民的一种教育形态。①

完善改进劳动教育课程。劳动教育是"一育"，不只是"一课"，既要开好劳动教育专门课程，也要全科渗透，将劳动教育的思想观念融入教育教学全过程。教育部印发的义务教育、普通高中课程方案对学生劳动教育作出了规定。目前，《义务教育课程设置实验方案》专门设置了综合实践活动必修课程，其中包括劳动与技术教育、社区服务与社会实践等，旨在使学生通过亲身实践，发展收集与处理信息的能力、综合运用知识解决问题的能力以及交流与合作的能力，增强社会责任感，并逐步形成创新精神与实践能力。同时，中小学德育、科学、美术等课程有机融入与学生生活密切相关的手工制作等内容。例如，小学品德与生活课程要求学生"利用身边的材料自制小玩具、小礼物或布置环境等来丰富和美化生活"；小学科学课程要求学生尝试制作酸奶、泡菜等；美术课程要求学生"选用各种材料进行工艺制作（如玩具、风筝、陶艺制作等）的练习"等。

充分发挥社会实践的培养作用。改进校内劳动，积极组织学生参与校园卫生保洁和绿化美化等校内劳动，广泛组织以劳动教育为

---

① 教育部，共青团中央，全国少工委. 关于加强中小学劳动教育的意见 [J]. 中国德育，2015（16）：6—8.

主题的班团队会、劳模报告会、手工劳技展演，提高学生劳动意识。许多地区和学校注重在校园文化建设中渗透劳动教育，开展丰富的主题教育活动，社团活动注入劳动教育内容，强化了劳动文化的氛围。改进校外劳动，把校外劳动纳入学校教育工作计划，安排一定时间的农业生产、工业体验、商业和服务业实习等校外劳动实践活动。很多学校结合研学旅行和社会实践活动，广泛组织学生学工学农、参加公益劳动与志愿服务，把劳动教育和社会实践活动作为推进素质教育的重要环节，让学生在实践中"动手做"，使劳动实践基地这一小载体成为育人大舞台，促进了青少年学生德智体美劳全面发展。为统筹中小学生参与家务、校园以及社会劳动实践，截至2020年12月10日，教育部遴选了622个全国中小学研学实践教育基地和营地，开发了6397门研学实践课程和7351条路径，① 推进了劳动实践育人活动的开展。

充分发挥学校、家庭、社会的合力作用。通过多方联动，家、校、社协同育人成效明显。各地各校广泛建立家长委员会，强化与相关部门和社区的联系，积极构建学校、家庭、社会三位一体、全方位育人体系。北京市东城区已明确家庭劳动时间、建立不同学段家务劳动清单，让家庭成为学生接受劳动教育的第一所学校。通过家长学校等载体，引导家长树立正确的劳动观念，营造热爱劳动、重视劳动教育的家庭环境。与社会各相关部门如关工委、共青团组织、社区居委会等广泛联系，积极整合社会资源，共同营造"劳动光荣、创造美丽"的社会环境。目前，教育孩子"自己的事情自己做，他人的事情帮着做，公益的事情争着做"已成广泛共识。

完善劳动教育的保障和激励机制。教育部指导各地统筹协调各种教育力量，加强劳动教育师资队伍建设，保障劳动教育必需的资金、场地、人员等各种资源。指导学校建立劳动评价制度，把学生

---

① 梁希理. 教育部已遴选622个全国中小学生研学基地和营地[EB/OL]. (2020－12－10) [2020－12－12]. http://www.moe.gov.cn/fbh/live/2020/52763/mtbd/202012/t20201210_504727.html.

参与劳动的情况记入综合素质档案,作为升学、评优的重要参考。有的学校通过设置专项经费保障劳动教育各项工作的顺利开展。同时,修订制定完善各项劳动教育安全预案、方案,制定全面、安全、科学的操作规范,完善应急与事故处理机制,加强师生劳动安全教育,强化劳动风险意识。建立督导检查制度,把劳动教育开展情况纳入中小学责任督学挂牌督导内容,通过建立科学有效的监督评价机制,确保国家有关劳动教育的政策措施落实到位。积极协调有关部门,充分利用党报党刊、广播电视,以及网络、微信、微博等方式,及时宣传各地各校劳动教育方面好的做法,推广先进典型经验,营造尊重劳动、共同加强劳动教育的良好氛围。

总体来看,2012年以来,在以习近平同志为核心的党中央领导下,我国进入中国特色社会主义新时代,劳动教育政策不再依附于其他政策之内,且专门的劳动教育政策数量呈渐增趋势,劳动教育政策迎来全面新生。

第五章　新时代劳动教育的核心要义与时代价值

劳动教育是中国特色社会主义教育制度和国民教育体系的重要内容，关系到国家发展、民族复兴。新时代以来，习近平总书记立足党和国家事业发展全局的战略高度，多次就劳动教育作出重要论述，强调劳动教育对于培养德智体美劳全面发展的社会主义建设者和接班人、全面推进强国建设、民族复兴伟业的重要意义，回应时代的重大关切，为新时代发展劳动教育提供行动指南，体现了新时代新征程中国特色社会主义对劳动教育的迫切需要。

第一节　新时代劳动教育的提出背景

当今世界，全球新一轮科技革命和产业变革深入发展，国际科技竞争日趋激烈，我国正处在全面建设社会主义现代化国家开局起步的关键时期。新一轮科技革命的迅速兴起与社会生产力的飞跃发展，不断催生新产业新业态新模式，劳动形态深刻变化、劳动场景不断丰富，对劳动者、劳动资料、劳动对象都提出新的更高要求。新时代加强劳动教育是建设高素质劳动者大军适应生产力发展的客观需要，是全面建成社会主义现代化强国、实现中华民族伟大复兴的必然要求，是建设社会主义现代化教育强国不可或缺的一环。

一、新一轮科技革命和产业变革要求建设高素质劳动者大军

劳动者是生产力的重要组成部分。在全球新一轮科技革命和产业变革与中国加快转变经济发展方式的历史性交汇期，建设适应生产力发展的高素质劳动大军，不仅是应对激烈的国际科技竞争的需要，也是适应国内新质生产力发展，扎实推进高质量发展的现实需要。

（一）新一轮科技革命加速演进需要全面提升劳动者素质

新一轮科技革命加速演进，推动生产力深刻变革。马克思在《资本论》中指出："劳动生产力是随着科学和技术的不断进步而不断发展的。"① 马克思主义认为，生产力是具有劳动能力的人同生产资料相结合而形成的利用和改造自然的能力。生产力包括劳动者、劳动资料、劳动对象三要素，还包含科学技术。科学技术作为渗透性要素，通过与生产力的实体性要素相结合，推动生产方式变革，实现生产力跨越式发展。在新一轮科技革命背景下，通用人工智能、生物制造、未来能源等颠覆性技术创新不断取得突破。这些关键共性技术与劳动者结合，能够在提高劳动效率的同时提升劳动者的知识和技能水平，形成更加符合新质生产力发展需求的劳动者；与劳动对象相结合，能够拓展资源利用的范围和边界，并通过智能化、绿色化改造提高资源配置效率，促进经济发展与环境保护良性循环；与劳动资料相结合，出现了无人机、生成式人工智能等一批具有颠覆性的生产工具，极大程度地促使整个社会的物质生产体系发生质的飞跃。

生产力深刻变革，对劳动者综合素质提出更高要求。正如马克思在《资本论》中强调的，生产力的发展和生产方式的变革不可避免地导致劳动者的角色发生转变，劳动者必须不断适应新的生产技术。科学创新与产业的深度融合，如工业互联网、5G、大数据与先

---

① 马克思. 资本论：第一卷［M］. 北京：人民出版社，2004：698.

进制造技术的结合，要求劳动者不仅要拥有基础的信息技术能力，更要能处理更为复杂的技术任务。这种需求不仅是对个体专业技术能力的挑战，更是对其思维方式和创新能力的全面考验。随着数字化、自动化、人工智能技术的迅速演进，劳动者不仅需要掌握传统的技能，还必须具备高级数据分析、复杂机器操作等专业技能。这一转变强调了劳动者必须具备快速适应变化和持续学习的能力，以适应不断变化的技术环境。随着工业和服务业界限的逐渐模糊，对复合型人才的需求日益增加，这类人才不仅需要具备专业技术技能，还应具备跨学科知识结构和综合问题解决能力。因此，提升劳动者综合素质不仅是适应科技革命挑战的必需，也是社会生产力发展的必然要求。

（二）激烈的国际科技竞争对建设高素质劳动者大军提出要求

科技竞争成为当前国际博弈的重要领域。在全球科技竞争日趋激烈的今天，把握科技创新的方向，不仅是推动经济发展的战略选择，也是国家战略竞争力的直接体现。国家间的综合国力竞争实质上是技术革命和产业发展的竞争。近现代大国兴衰史表明，能否抓住科技浪潮，直接关系到国家的兴衰成败。英国利用18世纪的机械化革命崛起为世界强国，美国则通过19世纪的电力化和20世纪的信息化革命确立了其全球霸主地位。当前，全球正经历着由第三次科技革命末期的萧条向第四次科技革命的复苏转变。随着旧的增长模式的动能减弱，全球急需新的技术突破来驱动经济复苏和增长。国家间的竞争焦点已经明确转向如何通过科技创新确保经济和产业的领先。科技革命对国家发展策略的影响深远，各国决策者充分认识到科技创新与国家崛起之间的线性关系。发达国家依托其固有的科技优势以维持领先地位，而发展中国家则视科技革命为实现产业升级和综合国力提升的关键机遇。科技革命和创新将是全球价值链重塑的关键，国家必须通过持续的科技创新，以确保在国际竞争中保持优势，实现持久和平与发展的国家目标。

建设高素质劳动者大军是应对国际科技竞争的必然选择。科技竞争本质上就是人才和劳动者素质的竞争。正如习近平总书记所指出的,"劳动者素质对一个国家、一个民族的发展至关重要"①。随着国际科技竞争的日益激烈,培养高素质劳动者的任务尤为紧迫。随着新一轮科技革命的深入发展,全球产业结构和劳动力市场正在经历重塑。全球经济新的发展趋势,要求中国不仅要加强自主创新能力,解决产业链的断点和堵点,还必须培养和吸引掌握高端技术技能的劳动者,使他们成为推动中国经济高质量发展的关键力量。高素质的技术工人队伍是支撑中国制造、中国创造的基石,他们的专业技能和创新能力是国家全球竞争力的决定性因素。因此,不断提升劳动者的技术能力和创新能力,建设高素质劳动者大军,是适应全球快速变化的必然选择。提高劳动者素质,培养一支高素质劳动者大军是我国抢占国际科技竞争先机、赢得主动的关键。

(三)发展新质生产力需要建设高素质劳动者大军

发展新质生产力是推动高质量发展的内在要求和重要着力点。从国际环境来看,发展新质生产力是应对当前国际国内形势变化的关键棋。在全球化和地缘政治复杂性增加的当下,发展新质生产力是中国保持国际竞争力和实现科技自立自强的关键。通过深化创新和技术研发,中国不仅可以提升自身的国际地位,还能在全球经济中发挥更为积极和更具建设性的作用。从国内环境来看,加快发展新质生产力,是新时代新征程解放和发展生产力的客观要求,是推动生产力迭代升级、推动经济高质量发展的必然选择。随着中国经济的快速发展,现有的发展模式面临转型升级的需要。新质生产力不仅关乎技术和产品的创新,更涉及生产方式、产业结构和经济体系的全面优化,这是我国从大国向强国转变的关键步骤。中国科技与产业的发展基础为发展新质生产力提供了可能性。正如习近平总书记所指出的,"新质生产力已经在实践中形成并展示出对高质量发展的强劲推动力、支撑力"②。目前,中国在高端装备制造、新材料

---

① 教育部课题组. 深入学习习近平关于教育的重要论述[M]. 北京:人民出版社, 2019:65.

② 李拯. 为高质量发展提供强劲推动力[N]. 人民日报, 2024-03-12(05).

和新能源等领域取得了显著进展，在新能源汽车、光伏太阳能、锂电池、数字经济等领域实现了换道超车，为新质生产力的发展提供了坚实的技术基础和创新潜力。

发展新质生产力需要全面提升劳动者素质。在生产力的组成要素中，人是最活跃、最具决定意义的因素。因此，更高素质的劳动者是新质生产力的第一要素。新质生产力对劳动者的知识和技能提出了更高要求。首先，推动新质生产力的持续发展，需要培养一批具备高素质的创新型人才，他们能够捕捉世界科技前沿动态，推动新型生产工具的发明创造，推动新质生产力持续发展。其次，发展新质生产力需要在基础研究和关键核心技术领域作出突出贡献的一流科技领军人才和青年拔尖人才，他们的贡献将为新质生产力的发展提供强大动力。此外，发展新质生产力还需要能够熟练掌握新质生产资料的应用型人才，他们具备多维知识结构、熟练掌握新型生产工具，包括以卓越工程师为代表的工程技术人才和以大国工匠为代表的技术工人，他们的专业技能和实践经验将为新质生产力的转化和应用提供有力支撑。由此可见，若缺乏与现代科技进步和现代产业发展相匹配的高素质劳动者队伍，新质生产力的形成便无从谈起。因此，推动技术创新与产业升级，成为发展新质生产力的关键所在，而高素质劳动者队伍则在这一过程中发挥着不可或缺的支撑作用。

二、新时代持续推动人的全面发展需要加强劳动教育

实现人的全面发展是马克思主义的基本价值取向，是科学社会主义的重要价值目标。坚持以人民为中心发展教育，实现人的全面发展是中国共产党教育事业的根本目标。新时代以来，党中央高度重视推动人的全面发展，要求"把劳动教育纳入人才培养全过程"，全方位提高人的素质，促进人的全面发展。

（一）推动人的全面发展是社会主义教育的本质要求

社会主义和共产主义是人的全面发展的制度基础。实现人的全面发展是马克思主义的基本价值取向。马克思科学概括了人的全面

发展的理论内涵和实现条件，从辩证唯物主义和历史唯物主义出发，科学分析了实现人的全面发展的条件、手段和途径。他深刻分析了工业化时代资本主义生产方式和劳动分工带来的人的发展的片面性问题，认为由于推广机器和分工，无产者的劳动已经失去了任何独立的性质，这种分工制度把劳动者终生固定在某一个局部动作上。而只有建立在公有制基础上的社会主义社会和共产主义社会，才有可能为人的全面发展提供制度基础，才有可能实现人的全面发展。正如《共产党宣言》中指出的："代替那存在着阶级和阶级对立的资产阶级旧社会的，将是这样一个联合体，在那里，每个人的自由发展是一切人的自由发展的条件。"① 恩格斯也指出："我们的目的是要建立社会主义制度，这种制度将给所有的人提供健康而有益的工作，给所有的人提供充裕的物质生活和闲暇时间，给所有的人提供真正的充分的自由。"② 在《资本论》中，马克思进一步把社会主义、共产主义概括为是比资本主义"更高级的、以每个人的全面而自由的发展为基本原则的社会形式"③。因此，只有建立在公有制基础上的社会主义社会和共产主义社会，才有可能为人的全面发展提供制度基础，才有可能实现人的全面发展。

人的全面发展始终是社会主义教育方针中培养人的总目标。教育是推动和实现人的全面发展的关键途径，正如马克思所说的，"要改变一般人的本性，使它获得一定劳动部门的技能和技巧，成为发达的和专门的劳动力，就要有一定的教育或训练"④。人的全面发展是社会主义教育的本质要求。社会主义教育不仅旨在实现智力与体力、精神劳动与物质劳动、生存与发展的统一，更是要使人的身心、精神、才能和个性都能全面而丰富地发展，真正实现"人以一种全面的方式，就是说，作为一个总体的人，占有自己的全面的本质"。

---

① 马克思恩格斯选集：第一卷 [M]. 北京：人民出版社，2012：422.
② 马克思恩格斯全集：第二十一卷 [M]. 北京：人民出版社，1965：570.
③ 马克思. 资本论：第一卷 [M]. 北京：人民出版社，2004：683.
④ 马克思恩格斯选集：第二卷 [M]. 北京：人民出版社，1995：174.

推动人的全面发展一直是社会主义教育方针的重要内容。1957年，新中国的第一个社会主义教育方针明确指出，"应该使受教育者在德育、智育、体育几方面都得到发展，成为有社会主义觉悟的有文化的劳动者"。改革开放后，邓小平同志坚持和发展了推动人的全面发展这一教育方针。1978年，邓小平同志在全国教育工作会议上强调："把毛泽东同志提出的培养德、智、体全面发展，有社会主义觉悟的有文化的劳动者的方针贯彻到底，贯彻到整个社会的各个方面"[①]。1995年通过的《中华人民共和国教育法》明确国家的教育方针是"教育必须为社会主义现代化建设服务，必须与生产劳动相结合，培养德、智、体全面发展的建设者和接班人"。2002年，党的十六大报告对党的教育方针进行了进一步的丰富和发展，将之扩展为"坚持教育为社会主义现代化建设服务，为人民服务，与生产劳动和社会实践相结合，培养德智体美全面发展的社会主义建设者和接班人"。

（二）加强劳动教育是新时代推动人的全面发展的重要途径

新时代更加注重持续推动人的全面发展。以习近平同志为核心的党中央坚持以人民为中心，更加重视促进人的全面发展，为人的全面发展提供了前所未有的物质条件。我国脱贫攻坚战取得全面胜利，历史性地解决了绝对贫困问题。全面建成小康社会取得伟大历史性成就。2012—2023年，全国居民人均可支配收入从16510元增至39218元，年均增速跑赢经济增速。2023年，中国国内生产总值（GDP）达到126.06万亿元，占世界经济比重超过18%。人均国内生产总值超过1.2万美元，形成超过4亿人的世界最大中等收入群体。坚持在发展中保障和改善民生，不断满足人民对美好生活的需要。不断推动幼有所育、学有所教、劳有所得、病有所医、老有所养、住有所居、弱有所扶取得新进展，建成包括养老、医疗保障、社会救助等在内的世界上规模最大的社会保障体系，健康中国建设

---

① 邓小平.邓小平文选：第二卷[M].北京：人民出版社，1994：106.

取得新进展，基本公共卫生服务均等化持续推进。我国人均预期寿命从2017年的76.7岁增加到2023年的78.8岁。九年义务教育普及程度超过高收入国家平均水平，高等教育进入世界公认的普及化阶段。根据联合国开发计划署发布的《人类发展报告》，中国是唯一从低人类发展水平组跨越到高人类发展水平组的国家。坚持以人民为中心的发展思想，推动人的全面发展在新时代中国特色社会主义现代化建设中得到充分彰显。

劳动教育是新时代培养全面发展人才的重要途径。中国特色社会主义进入新时代，以习近平同志为核心的党中央高度重视推动人的全面发展。习近平总书记多次强调，教育是民族振兴、社会进步的重要基石，是"国之大计、党之大计"，对提高人民综合素质、促进人的全面发展、增强中华民族创新创造活力、实现中华民族伟大复兴具有决定性意义。新时代，党的教育方针进一步丰富和发展，提出"要努力构建德智体美劳全面培养的教育体系，形成更高水平的人才培养体系"[1]，强调劳动教育，要求"把劳动教育纳入人才培养全过程，贯通大中小学各学段和家庭、学校、社会各方面"[2]。2021年新修订的《中华人民共和国教育法》进一步完善了教育方针，将劳动教育写入其中，规定"教育必须为社会主义现代化建设服务、为人民服务，必须与生产劳动和社会实践相结合，培养德智体美劳全面发展的社会主义建设者和接班人"[3]。通过劳动教育，培养青少年正确的劳动观念、良好的劳动品德、高超的劳动技能和积极的劳动精神，使他们能够适应社会发展和个人成长的需要，激发他们对祖国、民族、文化和社会主义事业的热爱和责任感。通过劳动教育，提高广大劳动者的创造力和实践能力，培养他们的社会责

---

[1] 习近平. 习近平著作选读：第二卷[M]. 北京：人民出版社，2023：203.
[2] 中共中央党史和文献研究院. 习近平关于社会主义精神文明建设论述摘编[M]. 北京：中央文献出版社，2022：289.
[3] 中共中央党史和文献研究院. 习近平关于社会主义精神文明建设论述摘编[M]. 北京：中央文献出版社，2022：126.

任感、集体主义精神、劳动精神和工匠精神，为中国特色社会主义事业贡献力量。通过劳动教育，激发全体人民的内在动力，凝聚共识、涵养奋斗精神，为实现中华民族伟大复兴的中国梦而奋斗。

三、全面推进强国建设民族复兴伟业需要依靠劳动创造

中华民族伟大复兴靠的是一代又一代人的接续奋斗，要在党的领导下依靠全国各族人民、各行各业的辛勤劳动。当前，在开启全面建设社会主义现代化国家、向着第二个百年奋斗目标进军的新征程中，全面推进强国建设民族复兴伟业依然需要依靠劳动创造。

（一）劳动是推动人类社会发展和进步的永动机

劳动创造人本身，是人最基本的实践活动。正如恩格斯所指出的，"劳动创造了人本身"①。生产劳动是人区别于动物的根本特征，"一当人开始生产自己的生活资料，即迈出由他们的肉体组织所决定的这一步的时候，人本身就开始把自己和动物区分开来"②。在劳动的直接推动下，人类经历了从早期猿人到晚期智人的发展过程。劳动促使人类的脑容量不断增大优化，使人类的体态特征越来越区别于猿而近似于现代人，而且使劳动工具日益改进和多样化，人类智力得到进化。人通过劳动实现自我、解放自己。劳动是人的本质力量的显现，是对象性的现实活动，促进人的自由解放。马克思在《1844年经济学哲学手稿》一书中指出："正是在改造对象世界中，人才真正地证明自己是类存在物。这种生产是人的能动的类生活。通过这种生产，自然界才表现为他的作品和他的现实。因此，劳动的对象是人的类生活的对象化：人不仅像在意识中那样理智地复现自己，而且能动地、现实地复现自己，从而在他所创造的世界中直观自身。"③人通过劳动实现自我解放。"生产劳动给每一个人提供

---

① 黄枬森. 马克思主义哲学体系的当代构建：上册[M]. 北京：人民出版社，2011：418.
② 马克思恩格斯文集：第一卷[M]. 北京：人民出版社，2009：519.
③ 马克思恩格斯全集：第四十二卷[M]. 北京：人民出版社，1979：97.

全面发展和表现自己全部的即体力和脑力的能力的机会,这样,生产劳动就不再是奴役人的手段,而成了解放人的手段"①。马克思在批判"雇佣劳动"的基础上,提出了指向未来社会的"自由劳动"。未来社会是人实现自由、全面发展的社会,"劳动会成为吸引人的劳动,成为个人的自我实现"②,劳动不仅是谋生的手段,而且本身成了生活的第一需要。可见,"自由劳动"是劳动最高层面的表现形式,是人们的终极追求。

劳动是解开历史发展之谜的钥匙,推动历史车轮滚滚向前。劳动是"一切历史的基本条件"③,有了人类的劳动,有了满足人类生存必需的前提,才产生了生活和历史,劳动是人类社会存在和发展的最基本条件。正如马克思所指出的:"人们为了能够'创造历史',必须能够生活。但是为了生活,首先就需要吃喝住穿以及其他一些东西。因此第一个历史活动就是生产满足这些需要的资料,即生产物质生活本身。"④ 劳动是人类及其历史产生和发展的基础,有了人类的劳动,有了满足人类生存必需的前提,才产生了生活和历史。劳动是推动人类文明进步和社会发展的重要力量。劳动是人类最基本、最普遍的活动形态,从某种程度上说,人类文明史就是一部劳动发展史。"整个所谓世界历史不外是人通过人的劳动而诞生的过程"⑤。一部人类社会发展的历史就是人通过劳动改造自然界及"人的自然存在"的历史。马克思从唯物主义立场出发,充分肯定了劳动对于整个人类和人类历史的重要意义。

(二) 劳动是强国建设民族复兴伟业的必经之路

劳动是通往一切成功的必经之路,强国建设民族复兴伟业需要依靠劳动创造。依靠劳动为人类谋福利是马克思主义劳动观的重要

---

① 马克思恩格斯选集:第三卷 [M]. 北京:人民出版社,1995:644.
② 马克思恩格斯全集:第三十卷 [M]. 北京:人民出版社,1995:615.
③ 马克思恩格斯文集:第一卷 [M]. 北京:人民出版社,2009:531.
④ 马克思恩格斯文集:第一卷 [M]. 北京:人民出版社,2009:531.
⑤ 马克思. 1844 年经济学哲学手稿 [M]. 北京:人民出版社,2018:89.

思想。无论时代如何变迁，劳动对于人类的文明进步都至关重要，劳动是推动中华民族进步的根本力量。正如习近平总书记指出的，"劳动创造了中华民族，造就了中华民族的辉煌历史，也必将创造出中华民族的光明未来"①。党的十八大描绘了加快推进社会主义现代化的宏伟蓝图；党的十九大对新时代中国特色社会主义发展作出了战略安排，确定了从2020年到21世纪中叶分两步走的全面建设社会主义现代化国家的目标；党的二十大报告进一步明确了新时代新征程中国共产党的使命任务，即"全面建成社会主义现代化强国、实现第二个百年奋斗目标，以中国式现代化全面推进中华民族伟大复兴"②。

进入新时代，以习近平同志为核心的党中央把握发展阶段新变化，打赢了人类历史上规模最大的脱贫攻坚战，历史性地解决了绝对贫困问题，实现了小康这个中华民族的千年梦想。可以说，"今天，我们比历史上任何时期都更接近、更有信心和能力实现中华民族伟大复兴的目标"③。但正如习近平总书记所说，中华民族的伟大复兴，绝不是轻轻松松、敲锣打鼓就能实现的，需要全党全国人民付出更为艰巨、更为艰苦的努力。蓝图不可能一蹴而就，梦想不可能一夜成真。人间万事出艰辛，越是美好的未来，越需要付出艰辛的努力。强国建设民族复兴伟业需要依靠劳动创造。正如习近平总书记所指出的，"真抓才能攻坚克难，实干才能梦想成真"④，"建成富强民主文明和谐的社会主义现代化国家，根本上靠劳动、靠劳动者创造"⑤，"实现我们的奋斗目标，开创我们的美好未来，必须紧紧依靠人民、始终为了人民，必须依靠辛勤劳动、诚实劳动、创造性劳动"⑥。

---

① 习近平. 习近平谈治国理政：第一卷[M]. 北京：外文出版社，2018：46.
② 习近平. 习近平著作选读：第一卷[M]. 北京：人民出版社，2023：18.
③ 习近平. 习近平著作选读：第二卷[M]. 北京：人民出版社，2023：13.
④ 习近平. 习近平谈治国理政：第一卷[M]. 北京：外文出版社，2018：48.
⑤ 习近平. 论坚持人民当家作主[M]. 北京：中央文献出版社，2021：118.
⑥ 习近平. 习近平谈治国理政：第一卷[M]. 北京：外文出版社，2018：44.

四、建设中国特色社会主义教育强国需要劳动教育支撑

纵观人类历史,世界强国无一不是教育强国,教育始终是强国兴起的关键因素。建设教育强国,是全面建成社会主义现代化强国的战略先导。2018年,全国教育大会擘画了我国教育改革发展的宏伟蓝图,开启了教育现代化建设的新征程。

(一)建设教育强国是全面建成社会主义现代化强国的战略任务

教育兴则国家兴,教育强则国家强,教育起着固本强基的基础性作用。习近平总书记在中共中央政治局第五次集体学习时强调,建设教育强国,是全面建成社会主义现代化强国的战略先导,是实现高水平科技自立自强的重要支撑,是促进全体人民共同富裕的有效途径,是以中国式现代化全面推进中华民族伟大复兴的基础工程。新时代以来,我国教育事业取得历史性成就、发生格局性变化。从教育总体规模和水平来看,我国已建成世界上规模最大的教育体系,教育现代化发展总体水平跨入世界中上等国家行列。从教育普及程度来看,各级教育普及程度达到或超过中高收入国家平均水平,一个服务14亿多人口,面向每个人、适合每个人、更加开放灵活的教育体系日渐完善。从教育服务高质量发展的能力来看,接受高等教育人口超2.4亿,新增劳动力平均受教育年限达14年,助力劳动力素质结构发生重大变化。我国正在从教育大国阔步迈向教育强国的路上。《全国教育事业发展"十四五"规划》明确提出,教育是国家的重要战略,必须深化教育领域综合改革,推动教育质量全面提升,力争到2025年,教育现代化水平显著提高,基本公共教育服务均等化基本实现。建设教育强国是我国实现社会主义现代化、科技自立自强以及全民共富的战略选择。

(二)劳动教育是建设社会主义现代化教育强国的应有之义

习近平总书记在党的二十大报告中强调,我们要"全面贯彻党的教育方针,落实立德树人根本任务,培养德智体美劳全面发展的

社会主义建设者和接班人"①。这一重要论述表明，劳动教育已成为"实施科教兴国战略，强化现代化建设人才支撑"②的重要一环。马克思在讨论教育与生产劳动结合的重要性时指出，"生产劳动和教育的早期结合是改造现代社会的最强有力的手段之一"③。这一论述表明，教育与生产劳动的结合是社会主义教育事业发展的必然要求。在全面建成社会主义现代化强国的过程中，劳动教育是培育和弘扬尊重劳动、勤劳奉献的价值观，形成全民族劳动光荣的良好风尚的重要举措。劳动教育是有效培养学生的实践能力、提升劳动技能的重要手段，是推动科技创新和劳动生产力提升的关键环节。劳动教育强化了社会主义核心价值观的教育实践，是社会主义文化繁荣发展的重要推动力量。随着我国教育体系的不断完善和教育质量的全面提升，劳动教育在全国教育系统中的地位愈发凸显。加强和改进劳动教育，是实现国家长远发展战略的重要内容。加强劳动教育，不仅可以加快推进教育现代化和教育强国建设，而且能够为中华民族的伟大复兴注入源源不绝的活力。

第二节 新时代劳动教育的核心要义

中国特色社会主义进入新时代，党中央高度重视劳动教育，对办好新时代劳动教育、培养堪当民族复兴大任的时代新人提出明确要求。新时代科学认识和把握劳动教育的核心要义，对于坚持贯彻党的教育方针、开展好劳动教育具有重要意义和深远影响。

---

① 习近平. 高举中国特色社会主义伟大旗帜 为全面建设社会主义现代化国家而团结奋斗——在中国共产党第二十次全国代表大会上的报告 [N]. 人民日报，2022—10—26 (1).
② 习近平. 高举中国特色社会主义伟大旗帜 为全面建设社会主义现代化国家而团结奋斗——在中国共产党第二十次全国代表大会上的报告 [N]. 人民日报，2022—10—26 (1).
③ 马克思恩格斯选集：第三卷 [M]. 北京：人民出版社，2012：377.

一、新时代劳动教育的重要地位

劳动教育是中国特色社会主义教育制度的重要内容，具有树德、增智、强体、育美的综合育人价值，肩负培养担当民族复兴大任时代新人的重要使命。中国共产党第二十次全国代表大会第一次把劳动教育写入党的报告中，再次强调要"培养德智体美劳全面发展的社会主义建设者和接班人"，充分彰显了新时代劳动教育的重要地位。

（一）劳动教育是中国特色社会主义教育制度的重要内容

教育与生产劳动相结合的思想深植于马克思主义劳动观对社会主义劳动体制的理想构建之中。马克思和恩格斯在《共产党宣言》中指出，"对所有儿童实行公共的和免费的教育。取消现在这种形式的儿童的工厂劳动。把教育同物质生产结合起来"①，并将其规定为共产党人的行动纲领。马克思在《资本论》中明确指出："从工厂制度中萌发了未来教育的幼芽。未来教育对所有已满一定年龄的儿童来说，就是生产劳动同智育和体育相结合。"② 列宁曾强调："没有年轻一代的教育和生产劳动的结合，未来社会的理想是不能想象的：无论是脱离生产劳动的教学和教育，或是没有同时进行教学和教育的生产劳动，都不能达到现代技术水平和科学知识现状所要求的高度。"③ 为了过渡到共产主义，必须使劳动成为人的第一生活需要，"建立新的劳动纪律，建立人与人之间社会联系的新形式，创立吸引人们参加劳动的新方式和新方法"④。苏联教育家马卡连柯和苏霍姆林斯基也强调，在社会主义社会中，"劳动不仅是经济的范畴，而且是道德的范畴"⑤。"学校在发展年轻一代的体力和智力的同时，还

---

① 马克思恩格斯选集：第一卷［M］．北京：人民出版社，2012：422．
② 马克思恩格斯选集：第二卷［M］．北京：人民出版社，2012：230．
③ 列宁．列宁全集：第二卷［M］．北京：人民出版社，2013：463．
④ 列宁．列宁全集：第三十八卷［M］．北京：人民出版社，2017：351．
⑤ 夏明月．劳动伦理研究——和谐劳动关系与和谐社会构建［M］．北京：人民出版社，2012：33．

应当培养他们对劳动的热爱,因为热爱劳动是苏维埃人的极为重要的道德特征。"①

教育与生产劳动相结合是中国共产党教育方针的重要内容。中国共产党人在实践中继承和发展了马克思主义劳动观。从新民主主义革命时期到社会主义革命和建设时期,中国共产党强调劳动的重要性,将教育与生产劳动的结合作为党的教育方针的核心。在新民主主义革命时期,党通过教育激发了工农群众的阶级觉悟,强化了劳动者作为社会主人翁的自觉。进入社会主义建设时期,党倡导教育与生产劳动相结合,以培养能够兼顾脑力和体力劳动的全面发展的劳动者。改革开放和社会主义现代化建设时期,党的教育方针继续强调教育与生产劳动的紧密结合,以适应现代社会生产的需要。这一时期,教育系统更加注重挖掘劳动教育的育人功能,强化青少年的实践能力和创新精神,全面提升他们的社会实用技能和社会责任感。新时代以来,习近平总书记关于劳动教育的重要论述是对我党"教劳结合"理念的创新与发展,从事关治国理政、事关强国富民、事关立德树人的高度,将劳动教育重新确立为教育的目标之一,并将其纳入党的新时代教育方针。

加强劳动教育是新时代教育工作的新要求和新任务。中国特色社会主义进入新时代,劳动教育被纳入人才培养全过程。习近平总书记在2018年全国教育大会上明确提出,必须将劳动教育纳入社会主义建设者和接班人的总体要求,构建完善的大中小学劳动教育体系。这是党的教育方针的丰富和发展,也是新时代弘扬劳动精神和倡导劳动教育思想的集中体现,是对马克思主义教育思想的当代继承和发展。2020年7月,教育部发布《大中小学劳动教育指导纲要(试行)》,强调"劳动教育是发挥劳动的育人功能,对学生进行热爱劳动、热爱劳动人民的教育活动"②,为各级学校的劳动教育实施提

---

① B. A. 苏霍姆林斯基. 苏霍姆林斯基论劳动教育[M]. 北京:教育科学出版社,2019:68.
② 教育部. 大中小学劳动教育指导纲要(试行)[J]. 教育科学论坛,2020(24):3.

供了明确的指导和具体的教育目标。2021年修订的《中华人民共和国教育法》从法律层面进一步强化了劳动教育的地位，将其确立为基础教育的必要组成部分，保障了劳动教育的普及和实施。2023年3月，中共中央、国务院印发的《关于全面加强新时代大中小学劳动教育的意见》中明确提出劳动教育是中国特色社会主义教育制度的重要内容，对大中小学劳动教育进行了系统设计和全面部署。这些政策文件的发布，不仅展示了党和国家对劳动教育的高度重视，也强调了劳动教育在全面培养社会主义建设者和接班人中的战略地位，体现了劳动教育在中国特色社会主义教育制度中的重要地位。

（二）劳动教育是落实立德树人根本任务的重要途径

立德树人是教育的根本任务。新时代以来，以习近平同志为核心的党中央，始终把立德树人作为教育的根本任务。党的十八大报告针对教育问题首次提出"把立德树人作为教育的根本任务"[1]。党的十九大报告更是明确指出，"要全面贯彻党的教育方针，落实立德树人根本任务"[2]。党的二十大报告再次提出要"落实立德树人根本任务，培养德智体美劳全面发展的社会主义建设者和接班人"[3]。习近平总书记反复强调立德树人是教育的根本任务，深刻揭示了育人和育才辩证统一的关系，即育人为本，育德为根。"育人的根本在于立德。这是人才培养的辩证法。办学就要尊重这个规律，否则就办不好学。"[4] 中国共产党历来重视德育在人才培养中的重要作用，始终将"德"放在人才标准的首位，强调德才兼备、以德为先。才者，德之资也；德者，才之帅也。要实现树人目标、完成树人任务，首先必须"立德"，坚持育人为本、德育为先。

---

[1] 教育部课题组. 深入学习习近平关于教育的重要论述 [M]. 北京：人民出版社，2019：204.
[2] 习近平著作选读：第二卷 [M]. 北京：人民出版社，2023：37.
[3] 习近平著作选读：第一卷 [M]. 北京：人民出版社，2023：28.
[4] 习近平. 在北京大学师生座谈会上的讲话 [N]. 人民日报，2020－05－03 (2).

劳动教育在立德树人中被赋予了新的时代内涵和历史使命。"培养什么人、怎样培养人、为谁培养人"是教育的根本问题，事关党和国家的前途命运。习近平总书记明确指出，"我国社会主义教育就是要培养社会主义建设者和接班人"①。这就要求我们要坚持社会主义办学方向，落实立德树人根本任务，把立德树人融入教育各环节。新时代把劳动教育纳入人才培养全过程，形成劳动育人的人才培养体系。劳动教育在社会主义现代化建设者和接班人的培养中具有重要且深远的意义。劳动教育能帮助学生树立马克思主义劳动观，厚植劳动情怀，培养匠心精神，引导学生发自内心地认同劳动、尊重劳动、热爱劳动，努力成长为具备工匠精神的高素质劳动者和专业人才。因此，劳动教育直接决定社会主义建设者和接班人的劳动精神面貌、劳动价值取向和劳动技能水平，是实现立德树人根本任务的重要途径。新时代要充分发挥劳动教育在立德树人中的重要作用，教育引导青年学生以劳立德，艰苦奋斗，担负起作为社会主义建设者和接班人的历史使命。

（三）劳动教育是德智体美劳全面培养教育体系的关键环节

劳动教育作为教育的重要内容，是马克思主义劳动观、劳动价值观在教育方面的体现，是新时代全面育人体系的关键环节。党的十八大以来，围绕"培养什么人、怎样培养人、为谁培养人"的根本问题，以习近平同志为核心的党中央在实践中不断探索，对这个问题作出了新的和深刻的阐述，明确提出我们的教育必须"培养德智体美劳全面发展的社会主义建设者和接班人"②。这一重要论述是党的十八大以来中国特色社会主义教育理论建设取得的最新成果，是新中国成立以来党的教育方针中有关教育目的表述的最新概括。习近平总书记关于"培养德智体美劳全面发展的社会主义建设者和接班人"的这一重要论述也是首次明确将劳动教育纳入党的教育方

---

① 习近平. 在北京大学师生座谈会上的讲话［N］. 人民日报，2020－05－03（2）.
② 习近平. 坚持中国特色社会主义教育发展道路　培养德智体美劳全面发展的社会主义建设者和接班人［N］. 人民日报，2018－09－11（1）.

针，确立了"五育并举"的教育理念。劳动教育成为党的教育方针，进一步明确了我国教育事业在人才培养目标方面的政治要求，也充分彰显了劳动教育在政治宣示、政治接班人培育、社会生产动员、意识形态建构等方面的政治功能和育人价值。我国的劳动教育始终以马克思主义劳动观、马克思关于人的全面发展学说为鲜亮底色，具有坚定的社会主义政治立场和鲜明的中国特色。因此，新时代劳动教育在开展过程中需要始终坚持为党育人、为国育才的初心立场不动摇，顺应时代要求、调控社会舆论和规范，通过帮助年轻一代树立正确的劳动价值观、养成优秀的劳动品质和行为习惯等，为巩固和发展我国社会主义事业培养全面发展的建设者和接班人。

（四）劳动教育是培养担当民族复兴大任时代新人的必修课

当前，我国正处于以中国式现代化全面推进强国建设、中华民族伟大复兴的关键时期。强国建设、民族复兴伟业离不开一代代青年的接续奋斗。党和国家事业的希望寄托在青年身上，党和人民事业的发展离不开一代又一代有志青年的拼搏奉献。把青年一代培养成担当民族复兴大任的时代新人，是事关党和国家前途命运的重大战略任务。

劳动教育是塑造时代新人劳动价值取向的重要途径。劳动是推动人类社会进步的根本力量。正如马克思所指出的，"任何一个民族，如果停止劳动，不用说一年，就是几个星期，也要灭亡"[1]。这一论述表明，劳动不仅是经济生产的基础，更是维持社会生活和文明进步的核心动力。劳动在全面建设社会主义现代化国家、实现中华民族伟大复兴中发挥重要作用。党的二十大报告明确指出，"新时代的伟大成就是党和人民一道拼出来、干出来、奋斗出来的"[2]。这一论述高度肯定了社会主义事业根本上靠劳动创造，崇尚劳动光荣

---

[1] 马克思恩格斯选集：第四卷[M]. 北京：人民出版社，2012：473.
[2] 习近平. 高举中国特色社会主义伟大旗帜　为全面建设社会主义现代化国家而团结奋斗——在中国共产党第二十次全国代表大会上的报告[N]. 人民日报，2022－10－26（1）.

是社会主义的本质特征之一。新时代加强劳动教育，引导和培育广大青少年树立"崇尚劳动、尊重劳动"的正确价值观，是对当前我国社会发展需要的回应，是我国教育事业发展的必然要求。以马克思主义为指导，加强劳动教育，让广大青年树立并践行马克思主义劳动价值观，引导青年学生领会"幸福都是奋斗出来的"的深刻内涵，并将此作为实现自身全面发展的目标，强化青年学生对劳动的思想认同和情感认同。习近平总书记指出，"要在学生中弘扬劳动精神，教育引导学生崇尚劳动、尊重劳动，懂得劳动最光荣、劳动最崇高、劳动最伟大、劳动最美丽的道理，长大后能够辛勤劳动、诚实劳动、创造性劳动"①。新时代全面加强劳动教育，是培养塑造青少年劳动价值取向的重要途径，为培养担当民族复兴大任的时代新人培根铸魂。

劳动教育是培养时代新人劳动技能本领的重要举措。马克思强调，人通过劳动的外化活动可以认识和改造世界。教育必然要与生产劳动相结合，才能够实现人的真正自由而全面的发展。中国特色社会主义进入新时代，培养全面发展的高素质社会主义建设者和接班人是党的事业后继有人的必然要求。正如习近平总书记所指出的，"要通过各种措施和方式，教育引导广大青少年牢固树立热爱劳动的思想、牢固养成热爱劳动的习惯，为祖国发展培养一代又一代勤于劳动、善于劳动的高素质劳动者"②。担当民族复兴重任的伟大使命、实现伟大梦想要求广大青年必须具备过硬的技能和本领。练就过硬本领不仅要依靠勤奋学习，也需要劳动实践的历练。劳动教育是广大青少年结合时代发展的特点和需求，通过社会实践锻炼创新和创造能力，将理论学习与职业规划有机结合，培养和提升创新思维，增强综合能力的重要途径。新时代劳动教育对于培养能够自觉

---

① 习近平. 在庆祝"五一"国际劳动节暨表彰全国劳动模范和先进工作者大会上的讲话[N]. 人民日报，2015—04—29（2）.

② 习近平在乌鲁木齐接见劳动模范和先进工作者、先进代表人物 向全国广大劳动者致以"五一"节问候[N]. 人民日报，2014—05—01（1）.

服务于国家现代化建设的高素质人才具有不可替代的作用。

劳动教育是培育时代新人劳动精神面貌的重要手段。党的二十大报告提出，在全社会弘扬劳动精神、奋斗精神、奉献精神、创造精神、勤俭节约精神，培育时代新风新貌。在全国教育大会上，习近平总书记指出，"要在学生中弘扬劳动精神，教育引导学生崇尚劳动、尊重劳动，懂得劳动最光荣、劳动最崇高、劳动最伟大、劳动最美丽的道理，长大后能够辛勤劳动、诚实劳动、创造性劳动"①，"培养德智体美劳全面发展的社会主义建设者和接班人"②。这些重要论述表明，新时代弘扬劳动精神，对于全面建设社会主义现代化国家、培育担当民族复兴重任的时代新人，具有重大现实意义和深远历史意义。劳动教育是中国特色社会主义教育制度的重要内容，直接决定社会主义建设者和接班人的劳动精神面貌。新时代加强劳动教育，可以激发广大青少年对劳动的热爱，培养他们勤劳、自律和耐心等良好的劳动习惯，让他们在工作和生活中更好地发挥自己的作用；可以帮助他们理解劳动是一切财富和幸福的源泉，培养他们对社会和人民的关心和尊重，对自然和环境的保护和珍惜，激发对国家和民族的忠诚和热爱，培养他们的社会责任感和奉献精神；有利于他们在体味艰辛、挥洒汗水中塑造坚强的心理素质，在艰苦奋斗、顽强拼搏中磨炼意志，从而获得受益终生的宝贵精神财富。

二、新时代劳动教育的总体目标

新时代劳动教育是基于人、培养人、发展人的教育，是具有连续性、一体化和多途径整合实施的过程。新时代劳动教育以塑造劳动观念、传递劳动知识、传授劳动技能、端正劳动态度和培养劳动

---

① 习近平. 坚持中国特色社会主义教育发展道路　培养德智体美劳全面发展的社会主义建设者和接班人［N］. 人民日报，2018－09－11（1）.

② 习近平. 坚持中国特色社会主义教育发展道路　培养德智体美劳全面发展的社会主义建设者和接班人［N］. 人民日报，2018－09－11（1）.

习惯等为主要内容，旨在系统提升受教育者的劳动素质，促进其全面发展的教育活动。

（一）树立正确的劳动观念

劳动观念是指人类在长期劳动活动中逐渐形成的关于劳动的总体看法以及在此基础上形成的劳动态度和劳动情感，劳动观念直接影响人类对劳动行为的认识、判断和选择。正确劳动价值观的树立是提高学生劳动素养的第一要义，新时代新征程更要遵循"奋斗、奉献"的总体目标，厚植当代学生的劳动情怀，为中国特色社会主义事业汇聚强大力量。

第一，树立"劳动是一切幸福的源泉"的观念。习近平总书记强调，"幸福不会从天而降，梦想不会自动成真"[①]。回望历史，"中国奇迹"的创造、"中国震撼"的交响，无不凝聚着广大劳动者的智慧和汗水；生活的美好、社会的进步，莫不源于平凡艰辛的劳动。实践证明，人世间的美好梦想，只有通过诚实劳动才能实现；发展中的各种难题，只有通过诚实劳动才能破解；生命里的一切辉煌，只有通过诚实劳动才能铸就。树立正确劳动观，学生才能深刻领会到中国特色社会主义事业大厦是靠一砖一瓦建成的，人民幸福是靠一点一滴创造得来的，从而更好地报效国家，奉献社会。

第二，树立"崇尚劳动、热爱劳动、辛勤劳动、诚实劳动"的观念。随着社会发展和科技进步，虽然劳动形态和方式会发生变化，劳动内容会不断丰富，但是劳动是推动人类社会进步的根本力量，是培养人、塑造人和发展人的重要手段，这一价值永恒不变。想要实现我们确立的奋斗目标，归根到底要靠辛勤劳动、诚实劳动、科学劳动。我们要教育学生从小热爱劳动、热爱创造，通过劳动和创造播种希望、收获果实，也通过劳动和创造磨炼意志、提高自己。

第三，树立"劳动没有高低贵贱之分，任何一份职业都很光荣"的观念。在我们社会主义国家，一切劳动，无论是体力劳动还是脑

---

① 习近平著作选读：第一卷［M］.北京：人民出版社，2023：116.

力劳动,都值得尊重和鼓励;一切创造,无论是个人创造还是集体创造,也都值得尊重和鼓励。让劳动创造成为时代强音,离不开价值的引领。任何时候任何人都不能看不起普通劳动者,都不能贪图不劳而获的生活。在劳动教育中,要让学生正确认识和看待劳动分工和劳动者,尊重劳动、尊重知识、尊重人才、尊重创造;让学生切身感受劳动成果来之不易,在日常生活中倍加珍惜和爱护劳动者创造的一切劳动成果。

(二) 培育积极的劳动精神

劳动精神是指在劳动实践中秉持的关于劳动的信念信仰和人格特质。劳动精神的追求在整个目标体系中具有承上启下的作用,是提高学生劳动素养的心灵托举。培育积极的劳动精神,有助于教导学生将自己的劳动岗位视作创造人生价值的最佳平台,把劳动精神融入自身的成长成才过程中。

第一,领会"幸福是奋斗出来的"的内涵与意义。幸福不会从天而降,坐而论道不行,坐享其成更不可能。要创造美好生活、得到幸福,必须不懈奋斗。在劳动教育过程中,要引导广大学生真正把握幸福是为了"人类的幸福和我们自身的完美"的马克思主义基本思想。劳动教育不能简单地喊"劳动创造幸福"的口号,而是要从理论的深层次把幸福的来源和基础与辛勤劳动、诚实劳动、创造性劳动关联起来,让学生学会同时在放大劳动二重性的正向推力和化解劳动二重性的负向推力中获得幸福,在劳动、休闲、享受、消费的链条中安置幸福的空间,在劳动思维的培养中提升幸福的层级。

第二,继承中华民族勤俭节约、敬业奉献的优良传统。勤俭节约和敬业奉献自古以来就是我们中华民族的传统美德。从历史的长河中我们可以看到,无论是国家的繁荣昌盛,还是家庭的和谐幸福,都离不开勤俭节约和敬业奉献的精神。在新时代劳动教育过程中,要让学生明白每个人都应争当文明风尚的践行者、推动者,从"要我节约"变为"我要节约",从点滴做起、从现在做起,让勤俭节约内化于心、外化于行,努力做到"取之有度,用之有节"。除此之外，还要培育学生的奉献精神。在劳动教育过程中，不仅要鼓励学生立足本职，勤奋学习，不断提升自己的专业技能；还要鼓励学生积极参与志愿活动，为社会和他人贡献出自己的一份力量。

第三，弘扬开拓创新、砥砺奋进的时代精神。坚持开拓创新、砥砺奋进既是党领导人民百年奋斗的成功密码，也是习近平新时代中国特色社会主义思想的重要特质，是以中国式现代化全面推进中华民族伟大复兴的重大原则。新时代是劳动者的时代，是奋斗者的时代。学生一代是新时代劳动教育的主体，学生的劳动精神状态反映了一个国家的整体精神面貌。新时代劳动教育要培养学生弘扬开拓创新、砥砺奋进的时代精神。一方面，新时代劳动教育应在培养学生的创新精神上下功夫，引导学生以开拓创新思维托起实现中华民族伟大复兴中国梦的理想抱负；另一方面，新时代劳动教育应在培养学生的奋斗精神上下功夫，引导学生树立用劳动奋斗实现中华民族伟大复兴中国梦的远大志向，为国家迈上砥砺奋进的新征程积蓄力量。

（三）具有必备的劳动能力

劳动能力是顺利完成劳动任务所需的胜任力，是个体的劳动和技能、行为方式等在劳动实践中的综合表现。劳动能力是构建劳动素养体系的主要着力点，是劳动者能否顺利完成相应劳动任务的重要保证。

第一，具备日常生活性劳动能力。日常生活性劳动教育要立足个人生活事务，注重受教育者生活能力的提高和良好劳动习惯的养成。需要注意的是，劳动教育应契合日常生活，而不应刻意制造，要在潜移默化中培养学生良好劳动习惯的养成并以此促进生活劳动能力的不断提升。"家庭是社会的基本细胞，是人生的第一所学校"[①]。在劳动教育过程中，家庭要发挥好启蒙性、基础性作用，着重抓住日常生活中衣食住行等劳动实践机会，指导孩子完成力所能

---

① 习近平. 在2015年春节团拜会上的讲话[N]. 人民日报，2015-02-18(2).

及的家务劳动,培养孩子感受一分耕耘一分收获带来的参与感、获得感、成就感与幸福感。

第二,具备生产性劳动能力。生产性劳动教育要让学生在工农业生产过程中亲历物质财富的创造过程,体会平凡劳动中的伟大。素质是立身之基,技能是立业之本。正如习近平总书记所强调的,"要为祖国发展培养一代又一代勤于劳动、善于劳动的高素质劳动者"①。学生在使用传统工具从事生产时,可以体认劳动人民的艰辛与智慧,掌握基本的劳动技能。在此基础上,组织、引导学生结合产业新业态、劳动新形态不断学习新知识、新技术,促进知识技术转化成社会效能,从而创造性地解决实际问题。学生在创造劳动成果过程中不断激发创新潜能,这既符合从事生产活动的必要条件,也满足新时代加强劳动教育的发展要求。

第三,具备服务性劳动能力。服务性劳动教育要让学生利用所学知识与技能为他人和社会提供服务,强化其社会责任感。《关于全面加强新时代大中小学劳动教育的意见》针对不同学段学生的服务性劳动能力提出了具体的要求:中小学生要通过参与班集体劳动和公益劳动等增强集体荣誉感和公共服务意识;初高中学生要通过参与服务性劳动和志愿服务等强化社会责任意识和奉献精神;大学生要结合"三支一扶"大学生志愿服务西部计划、"青年红色筑梦之旅"、"三下乡"等社会实践活动开展服务性劳动,强化公共服务意识和主动作为的奉献精神。

(四)养成良好的劳动习惯和品质

劳动习惯和品质是指通过经常性劳动实践形成的稳定行为倾向和品格特征。良好的劳动习惯和品质是体现劳动价值和获得社会认可的根本底色,是提升劳动素养的重要参考。

第一,养成诚实劳动的习惯。习近平总书记指出,"人世间的美

---

① 习近平.在乌鲁木齐接见劳动模范和先进工作者、先进代表人物时的讲话[N].人民日报,2014-05-01(1).

好梦想，只有通过诚实劳动才能实现"①。从个人角度讲，诚实的劳动者从本心出发，尽心竭力、诚心诚意地做好自己的工作，往往能够赢得他人的尊重与爱戴。从社会角度讲，诚实劳动创造了物质价值和精神价值，实现了生存目的和奉献目的的统一，对于社会发展与进步有益无害。新时代劳动教育要强调和践行一分耕耘一分收获、脚踏实地的诚实劳动，倡导学生通过诚实劳动创造美好生活、实现人生理想，反对一切不劳而获、贪图享乐的错误思想。

第二，养成吃苦耐劳的品质。千百年来，中华民族素有吃苦耐劳的优秀品质。习近平总书记指出，"中华民族历史上经历过很多磨难，但从来没有被压垮过，而是愈挫愈勇，不断在磨难中成长、从磨难中奋起"②。推进中国式现代化，是一项前无古人的开创性事业，必然会遇到各种可以预料和难以预料的风险挑战、艰难险阻甚至惊涛骇浪，因此在新的征程上，我们更要继续弘扬吃苦耐劳精神。新时代劳动教育要教导广大青年时刻保持"越是艰难困苦越要冲锋，越要打头阵"的猛虎劲，把吃苦当作成长路上的一堂必修课，以主动接受磨炼的自觉、主动攻坚克难的担当、主动挺身而出的勇气，在急难险重任务中磨砺冲锋之刃，在大有可为的舞台上展示大有作为的风采。

第三，珍惜劳动成果，养成良好的消费习惯。劳动成果是劳动者在创造物质和精神财富的活动中所取得的成果，珍惜劳动成果是尊重劳动人民的一种重要表现。劳动人民是伟大而崇高的，劳动人民创造了人类生存的物质和精神财富，创造了整个世界，珍惜劳动成果就是珍重劳动人民。在新时代劳动教育过程中，要注重培养学生养成良好的消费习惯，不让奢靡之风、享乐主义侵害青少年的思想，引导教育学生建立文明消费观，不盲目攀比，不过度消费。

---

① 习近平著作选读：第一卷［M］．北京：人民出版社，2023：118.
② 习近平．在统筹推进新冠肺炎疫情防控和经济社会发展工作部署会议上的讲话［N］．人民日报，2020－02－24（2）.

三、新时代劳动教育的实践路径

新时代加强劳动教育,必须以习近平新时代中国特色社会主义思想为指导,落实立德树人根本任务,把劳动教育纳入人才培养全过程,贯通大中小学各学段,贯穿家庭、学校、社会各方面,与德育、智育、体育、美育相结合,把握育人导向,遵循教育规律,创新体制机制。

(一)巩固家庭劳动教育的基础性作用

家庭文化是支撑中华民族生生不息、薪火相传的重要精神力量,重视家庭教育是中华民族的传统美德。新时代以来,党和国家高度重视家庭教育,以习近平同志为核心的党中央强调,"家庭是社会的基本细胞,是人生的第一所学校"[①],要求家长为孩子上好"人生第一课",充分发挥家庭劳动教育的启蒙性、基础性作用。家庭劳动教育过程中,家长基于家庭环境,能在日常生活中把劳动融入家风家教之中,言传身教正确的劳动观念,指导孩子完成力所能及的家务劳动,以引导孩子树立积极正确的劳动观念和劳动意识,形成劳动习惯,使孩子成为具有独立生存能力的人、有责任感的人。

第一,转变家长的教育理念。学校教师要引导家长了解劳动对学生身心发展的重要性,帮助家长在生活中科学有效地履行劳动教育责任。一方面,家长在学校引导下要积极配合学校的教学建议,将在生活中发现的新问题及时同老师沟通与反馈,共同探索出适合自己孩子个性的教育理念。另一方面,家长还应注重把教育理念落实到实际的劳动教育中,充分利用衣食住行等日常生活中的劳动实践机会,为孩子做家务提供及时的帮助与指导,让孩子在动手过程中感悟劳动,在劳动过程中接受课堂外的劳动教育。此外,家长还应充分发挥其主观能动性,自觉自主地学习教育相关知识,不断完善自身的教育理念。

---

① 习近平. 在2015年春节团拜会上的讲话[N]. 人民日报,2015-02-18(2).

第二，家长要以身作则发挥示范作用。家长要承担起引导孩子树立正确劳动观、养成好习惯的责任，注意言传身教，于潜移默化中影响孩子对劳动的态度。一方面，要教育孩子从小就热爱劳动，懂得劳动光荣、劳动者伟大、劳动成果珍贵。另一方面，要以身作则，主动分担家务劳动，认真完成工作任务，做勤劳俭朴、踏实负责的表率。此外，要发挥良好精神的引领和感染的作用，促进孩子形成良好的劳动精神。在儿童成长过程中，家长的教育对儿童的心理发展起着基础性的作用，父母的情感态度、思维方式都会有意无意地成为被孩子模仿、吸收和改造的对象。为此，家长要发挥良好的劳动精神示范作用，将自身所具备的勤俭、奉献、创新、奋斗等良好劳动精神，践行在日常生活的细微小事上，让孩子在家长的一言一行中切身感受。

第三，加强家校协同育人。一方面，学校要发挥人才优势、专业优势和组织优势，为家长配合学校劳动教育提供支持。学校教师作为专业人员，应承担起引导家长形成正确的劳动教育理念的首要责任，通过向家长灌输劳动对学生身心发展的重要性、劳动课程的特殊意义、家庭劳动教育的重要性，引导家长形成与学校一致的教育理念。另一方面，家长要多方面配合学校进行劳动教育的安排。家长应在学校教师的专业引导下，在了解学校学年及学期劳动课程规划方案、任务清单的基础上，把实践任务融入家庭日常生活中，以推进学校劳动教育与家庭劳动教育的有机耦合。

(二) 发挥学校劳动教育的主体性作用

中共中央、国务院发布的《关于全面加强新时代大中小学劳动教育的意见》指出："学校在劳动教育中具有主导作用。"这就要求学校应真正肩负起自身在劳动教育发展中的主体责任，帮助学生学习劳动技能、发展劳动思维。

第一，增设专门的劳动教育课程是"推进学校劳动教育的基本要求"①。中共中央、国务院发布的《关于全面加强新时代大中小学劳动教育的意见》强调:"在大中小学设立劳动教育必修课程,系统加强劳动教育。"② 习近平总书记曾指出,"人的成长、成熟、成才不是一蹴而就的,而是一个渐进的过程,就跟人的生理发育一样,所以要把这几个阶段都铺陈好"③。开展劳动教育,要找准着力点,统筹推进大中小学劳动教育体系建设和机制创新,使其落地生根。增设专门的劳动教育课程,要在遵循学生身心发展规律的基础上,统筹安排课程课时设置,制定各学段的劳动课程载体、课程重点以及课程目标等内容。

第二,在学科专业中有机渗透劳动教育是发挥劳动综合育人功能的重要措施。要坚持五育并举教育方针,做到学科贯通、五育融合。要加强顶层设计,立足教劳结合促进人的全面发展。一方面,探索劳动教育与其他学科融通的切入点和抓手。加强对各级各类学校劳动教材编写的指导和管理评价,研究制定劳动教育与学科课程融合教育教学指南,探索融合的内容与形式,构建劳动教育学科渗透的地方课程和校本课程。鼓励中小学学科教师在学科教育中渗透劳动教育,如劳动与作文结合、劳动与音乐结合等。另一方面,探索劳动教育与德智体美各育的融合方式,探索以劳树德、以劳增智、以劳强体、以劳育美的途径和方法,构建五育融合的育人体系。

第三,在课外校外活动中安排劳动实践是实现实践育人的重要途径。《大中小学劳动教育指导纲要(试行)》明确指出,针对各学段的教育特征开发不同的课外劳动教育形式,除独立开设劳动教育必修课外,还要在课外校外活动中安排系列的劳动实践。习近平总书记也指出:"要采取适应当前环境和条件的有效措施,加强劳动教

---

① 中华人民共和国教育部. 义务教育劳动课程标准(2022年版)[M]. 北京:北京师范大学出版社,2022:6.
② 中共中央,国务院. 关于全面加强新时代大中小学劳动教育的意见[N]. 人民日报,2020-03-27(1).
③ 习近平. 思政课是落实立德树人根本任务的关键课程[J]. 求是,2020(17):7.

育，组织好形式多样的劳动实践，让学生在实践中养成劳动习惯，学会劳动、学会勤俭。"① 劳动教育具有鲜明的思想性、突出的社会性、显著的实践性，在课外校外活动中安排劳动实践，正是把握住了劳动教育的根本特征。

第四，在校园文化建设中强化劳动文化是学校劳动文化建设的重要内容。丰富多彩的校园文化和良好的校园氛围对劳动教育能够产生潜移默化的影响，育人效果润物无声，具有隐性育人功能。学校作为文化的传承地，应该积极主动地打造劳动文化，通过开展劳动主题教育，将劳动习惯、劳动品质的养成教育融入校园文化建设之中。此外，还可邀请劳动模范、工匠大师等先进人物举办讲座，分享个人的劳动故事，展示精湛的技艺，并结合版报宣传栏、新媒体等渠道广泛宣传，让师生近距离直观感受并领悟劳动精神，助力劳动精神成为大家的情感共识和价值共识。

（三）注重社会劳动教育的支持性作用

新时代高校劳动教育的顺利开展，既有赖于学校劳动教育自身的努力，也有赖于社会系统的外部支持。因此，社会应认真落实习近平关于劳动教育的重要论述，努力为学校劳动教育提供支持，更好地为学校劳动教育保驾护航。

第一，加大社会对劳动教育的物质支持力度。社会能为劳动教育提供一定的劳动实践场所、生产体验岗位、服务实习岗位等物质支持。要凝聚社会各方力量，协调政府部门、企事业单位等组织积极承担社会责任，打造和完善教学实验农场、职业院校实习实训基地等劳动教育实践基地，共同搭建起校外的劳动实践平台，为学生提供实践机会和实习岗位。此外，还应健全劳动教育资源共享机制。在对综合实践基地、青少年校外活动场所、职业院校实训实习场所及设施设备、高等学校劳动实践场所等已有教育资源进行统筹的基础上，推进劳动教育资源开放共享，让学生真正做到"在做中学、

---

① 习近平. 习近平著作选读：第二卷[M]. 北京：人民出版社，2023：202.

在劳中育"。

第二，加大社会对劳动教育的文化支持力度。劳动教育对社会支持的需求是多方面的，不仅需要物质支持，还需要文化与制度的相互配合。在主流媒体、群团组织、文艺产品创作者等合力作用下，营造出崇尚劳动、热爱劳动、尊重劳动的社会舆论氛围，恰是劳动教育急需且优质的社会大环境。习近平总书记多次强调，要"弘扬劳模精神和工匠精神，营造劳动光荣的社会风尚和精益求精的敬业风气"①，"让诚实劳动、勤勉工作蔚然成风"②。为此，要发挥好舆论媒体的正能量引导，利用媒体宣传典型，积极弘扬劳模精神、工匠精神，加强社会对劳动、劳动精神以及劳动教育的认可度，在全社会形成尊重劳动、热爱劳动和敬业奉献的良好风尚。

第三，加大社会对劳动教育的制度支持力度。在资金支持与政策优惠层面，政府要引导并鼓励地方企业及事业单位在为劳动教育事业提供场地支持的同时给予力所能及的资金支持，并通过提供政策优惠、评选先进企业等多种方式，将政府的鼓励落到实处。在人才机制层面，要保障劳动课教师在考核评聘、专业发展等方面与其他专任教师享受同等待遇，以此提高劳动课教师的积极性与主动性。在劳动素养评价制度层面，要明确合理科学的评价体系是教育实践过程的方向标，让学校开展劳动教育更加规范化、制度化，以此对学校的教、学生的学起到及时的检测与规范、正向的激励作用。

第三节　新时代劳动教育的时代价值

新时代劳动教育的内涵丰富且意义深远。新时代加强劳动教育是形成全社会崇尚劳动、尊重劳动者共识的重要途径。新时代准确

---

① 习近平.习近平著作选读：第二卷［M］.北京：人民出版社，2023：25.
② 习近平.在知识分子、劳动模范、青年代表座谈会上的讲话［N］.人民日报，2016－04－30（2）.

把握劳动教育的育人导向，是确保党的事业后继有人的重要举措。新时代加强劳动教育为全面推进中国式现代化提供重要支撑，是对我国当前社会发展需要的重要回应。

一、营造崇尚劳动和尊重劳动者的社会风尚

新时代加强劳动教育，对树立崇尚劳动的价值理念、弘扬劳动精神、劳模精神、工匠精神，营造崇尚劳动和尊重劳动者的社会风尚具有重要的引领作用。

（一）树立崇尚劳动的价值理念

唯物史观强调，人类是劳动创造的，社会是劳动创造的。在新时代背景下，习近平总书记多次围绕劳动是幸福的源泉、劳动开创未来、劳动实现人生梦想等方面对劳动的价值进行深刻阐述，内涵丰富、思想深邃，为夺取新时代中国特色社会主义伟大胜利、实现中华民族伟大复兴的中国梦提供了强大的思想引领和精神支撑。

1. 劳动是幸福的源泉

"劳动是一切幸福的源泉"[1]，在全国劳动模范和先进工作者表彰大会上，习近平总书记这样强调劳动的价值。劳动是幸福的重要来源，幸福是永续劳动的内在支撑，劳动所获与幸福追求相一致。"幸福不会从天而降，梦想不会自动成真"[2]，"人世间的一切幸福都需要靠辛勤的劳动来创造"[3]，"世界上没有坐享其成的好事，要幸福就要奋斗"[4]，"幸福都是奋斗出来的，奋斗本身就是一种幸福"[5]，"劳动是财富的源泉，也是幸福的源泉"[6]。这些论述深刻阐释了劳动与幸福的关系。回顾历史，习近平总书记指出，"中华民族是勤于

---

[1] 习近平. 在全国劳动模范和先进工作者表彰大会上的讲话［N］. 人民日报，2020－11－25（2）.

[2] 习近平. 习近平谈治国理政：第一卷［M］. 北京：外文出版社，2018：44.

[3] 习近平. 习近平谈治国理政：第一卷［M］. 北京：外文出版社，2018：4.

[4] 习近平. 习近平谈治国理政：第三卷［M］. 北京：外文出版社，2020：140.

[5] 习近平. 在北京大学师生座谈会上的讲话［N］. 人民日报，2018－05－03（2）.

[6] 习近平. 习近平谈治国理政：第一卷［M］. 北京：外文出版社，2018：46.

劳动、善于创造的民族。正是因为劳动创造，我们拥有了历史的辉煌；也正是因为劳动创造，我们拥有了今天的成就"①，"中华民族迎来了从站起来、富起来到强起来的伟大飞跃是中国人民奋斗出来的"②。面对现实，习近平总书记进一步指出，"我国仍处于并将长期处于社会主义初级阶段，实现中国梦，创造全体人民更加美好的生活，任重而道远，需要我们每一个人继续付出辛勤劳动和艰苦努力"③。展望未来，中国共产党第二十次全国代表大会描绘了以中国式现代化全面推进中华民族伟大复兴的宏伟蓝图。功崇惟志，业广惟勤。全面建成社会主义现代化强国、实现第二个百年奋斗目标，需要以劳动筑基、以奋斗开路，只有每个人都付出辛勤劳动和艰苦努力，才能创造更加美好的生活，实现确立的奋斗目标。

2. 劳动开创未来

劳动不仅创造了历史的辉煌，创造了今天的成就，而且开创美好的未来也必须依靠劳动。正如习近平总书记所指出的，"人民创造历史，劳动开创未来。……开创我们的美好未来……必须依靠辛勤劳动、诚实劳动、创造性劳动"④。这一论述深刻阐释了劳动对未来的价值。同时，习近平总书记也深刻指出，"劳动是人类的本质活动，劳动光荣、创造伟大是对人类文明进步规律的重要诠释"⑤，进一步从哲学的角度重申了劳动对发展的重要价值，丰富和发展了马克思主义劳动观。中国特色社会主义进入新时代，劳动是实现国家发展和民族复兴的根本路径。习近平总书记指出，"工人阶级和广大劳动群众是社会财富的主要创造者，推动全体人民共同富裕取得更

---

① 习近平. 在庆祝"五一"国际劳动节暨表彰全国劳动模范和先进工作者大会上的讲话[N]. 人民日报，2015-04-29（2）.

② 习近平. 习近平谈治国理政：第三卷[M]. 北京：外文出版社，2020：139.

③ 习近平. 习近平著作选读：第一卷[M]. 北京：人民出版社，2023：100.

④ 习近平. 习近平谈治国理政：第一卷[M]. 北京：外文出版社，2018：44.

⑤ 习近平. 在庆祝"五一"国际劳动节暨表彰全国劳动模范和先进工作者大会上的讲话[N]. 人民日报，2015-04-29（2）.

为明显的实质性进展，首先要体现在亿万劳动者身上"①。劳动是通向未来的必由之路，只有通过全国各族人民辛勤劳动、诚实劳动、创造性劳动，才能让美好的愿景变成现实，最终实现中华民族的伟大复兴。

3. 劳动实现人生梦想

"中国人民是具有伟大梦想精神的人民。在几千年历史长河中，中国人民始终心怀梦想、不懈追求，我们不仅形成了小康生活的理念，而且秉持天下为公的情怀，盘古开天、女娲补天、伏羲画卦、神农尝草、夸父追日、精卫填海、愚公移山等我国古代神话深刻反映了中国人民勇于追求和实现梦想的执着精神。"② 党的二十大擘画了以中国式现代化全面推进中华民族伟大复兴的宏伟蓝图，为我国广大劳动群众描绘了光明的未来，同时赋予广大劳动群众光荣的使命。面对这样宝贵的历史机遇，习近平总书记多次鼓励广大劳动者要有梦想，抓住机遇，勇于逐梦，他指出："梦想属于每一个人，广大劳动群众要敢想敢干、敢于追梦……现在，党和国家事业空间很大，只要有志气有闯劲，普通劳动者也可以在宽广舞台上展示自己的人生价值。"③ 同时，人们也要清醒地认识到，梦想不会自动成真，梦想需要劳动来实现。正如习近平总书记所说的，"任何一名劳动者，要想在百舸争流、千帆竞发的洪流中勇立潮头，在不进则退、不强则弱的竞争中赢得优势，在报效祖国、服务人民的人生中有所作为，就要孜孜不倦学习、勤勉奋发干事。一切劳动者，只要肯学肯干肯钻研，练就一身真本领，掌握一手好技术，就能立足岗位成长成才，就能在劳动中发现广阔的天地，在劳动中体现价值、展现

---

① 习近平. 坚持党对工会的全面领导　组织动员亿万职工积极投身强国建设民族复兴伟业[N]. 人民日报，2023-10-24（1）.
② 习近平. 习近平谈治国理政：第三卷[M]. 北京：外文出版社，2020：141.
③ 习近平. 在知识分子、劳动模范、青年代表座谈会上的讲话[N]. 人民日报，2016-04-30（2）.

风采、感受快乐"①。

习近平总书记尤其对青年寄予厚望。习近平总书记指出:"青年最富有朝气、最富有梦想。近代以来,我国青年不懈追求的美好梦想,始终与振兴中华的历史进程紧密相连。在革命战争年代,广大青年满怀革命理想,为争取民族独立、人民解放冲锋陷阵、抛洒热血。在社会主义革命和建设时期,广大青年响应党的号召,向困难进军,向荒原进军,保卫祖国,建设祖国,在新中国的广阔天地忘我劳动、艰苦创业。在改革开放历史新时期,广大青年发出团结起来、振兴中华的时代强音,为祖国繁荣富强开拓奋进、锐意创新。"② 青年一代有理想、有担当,国家就有前途,民族就有希望。习近平总书记鼓励广大青年,一定要坚定理想信念,一定要艰苦奋斗。"'宝剑锋从磨砺出,梅花香自苦寒来。'人类的美好理想,都不可能唾手可得,都离不开筚路蓝缕、手胼足胝的艰苦奋斗。……当前,我们既面临着重要发展机遇,也面临着前所未有的困难和挑战。梦在前方,路在脚下。自胜者强,自强者胜。实现我们的发展目标,需要广大青年锲而不舍、驰而不息地奋斗。"③ 习近平总书记叮嘱广大青年:"'空谈误国、实干兴邦',立足本职、埋头苦干,从自身做起,从点滴做起,用勤劳的双手、一流的业绩成就属于自己的人生精彩。"④ 今天的广大青年生逢其时,应当顽强拼搏、矢志奋斗,在报效祖国、服务人民中一展抱负,实现人生梦想。

(二) 弘扬劳动精神、劳模精神、工匠精神

习近平总书记高度推崇劳动精神、劳模精神和工匠精神所蕴含的时代价值,认为它们三者为推动实现我国制造强国战略和社会主义现代化强国建设作出重要贡献,并多次在讲话中号召全体成员对

---

① 习近平. 在庆祝"五一"国际劳动节暨表彰全国劳动模范和先进工作者大会上的讲话 [N]. 人民日报, 2015-04-29 (2).
② 习近平. 在同各界优秀青年代表座谈时的讲话 [N]. 人民日报, 2013-05-05 (2).
③ 习近平. 习近平谈治国理政:第一卷 [M]. 北京:外文出版社, 2018: 52.
④ 习近平. 习近平谈治国理政:第一卷 [M]. 北京:外文出版社, 2018: 52.

这三种精神进行大力宣传和弘扬。

1. 弘扬劳动精神

劳动精神是个人自立于社会的价值引擎,是国家自立于世界的强大底气。长期以来,在党的领导下,全社会奏响"光荣属于劳动者,幸福属于劳动者"的强音,培育形成崇尚劳动、热爱劳动、辛勤劳动、诚实劳动的劳动精神。大力弘扬劳动精神,不仅有利于在全社会形成通过诚实劳动实现人生梦想、改变自己命运的风尚,还有利于全体社会成员通过劳动创造更加美好的生活,进一步焕发劳动热情、释放创造潜能。习近平总书记特别指出,"必须牢固树立劳动最光荣、劳动最崇高、劳动最伟大、劳动最美丽的观念,让全体人民进一步焕发劳动热情、释放创造潜能,通过劳动创造更加美好的生活"①。

劳动开创未来,奋斗成就梦想。"实现我们的奋斗目标,开创我们的美好未来,必须紧紧依靠人民、始终为了人民,必须依靠辛勤劳动、诚实劳动、创造性劳动。"② 实现中华民族伟大复兴的中国梦,要靠各行各业人们的辛勤劳动。进入中国特色社会主义新时代,需要工人阶级和广大劳动群众谱写壮丽而崭新的篇章。新时代是劳动者的时代,机遇与挑战并存、希望与困难同在。人们唯有弘扬劳动精神,崇尚劳动、热爱劳动、辛勤劳动、诚实劳动,才能让劳动精神焕发时代新机,让劳动的涓涓细流汇聚成奋斗强国的磅礴力量,从而实现人生价值、推动时代进步,全面建成富强民主文明和谐美丽的社会主义现代化强国。

2. 弘扬劳模精神

劳动模范是劳动群众的杰出代表,是最美的劳动者。劳动模范身上体现的"爱岗敬业、争创一流,艰苦奋斗、勇于创新,淡泊名利、甘于奉献"的劳模精神,既是伟大时代精神的生动体现,又是对社会主义核心价值观的完美诠释,还是宝贵精神财富和强大精神

---

① 习近平. 习近平著作选读:第一卷[M]. 北京:人民出版社,2023:118.
② 习近平. 习近平著作选读:第一卷[M]. 北京:人民出版社,2023:116.

力量。习近平总书记对劳动模范和劳模精神给予高度评价和赞扬，认为"劳动模范是民族的精英、人民的楷模，是共和国的功臣"①。在各个历史时期，广大劳动模范以高度的主人翁责任感、卓越的劳动创造、忘我的拼搏奉献，谱写出一曲曲可歌可泣的动人赞歌，为全国各族人民树立了光辉的学习榜样。广大劳动模范铸就的劳模精神，生动诠释了中国人民具有的伟大创造精神、伟大奋斗精神、伟大团结精神、伟大梦想精神，充分彰显了以爱国主义为核心的民族精神和以改革创新为核心的时代精神，是中国共产党人精神谱系的重要组成部分。

进入新时代，在实现中国梦的伟大进程中，以知识型工人巨晓林、"中国第一焊工"高凤林等为代表的一大批劳动模范和先进典型，谱写了"中国梦·劳动美"的新篇章。榜样蕴藏无穷力量，精神激发奋斗意志。习近平总书记从不同角度阐释了如何弘扬劳模精神。首先，广大劳动模范和先进人物"要珍惜荣誉、再接再厉，爱岗敬业、无私奉献，做坚定理想信念的模范、勤奋劳动的模范、增进团结的模范"②，同时广大劳动模范和先进人物要身体力行，向全社会传播劳动精神和劳动观念，为全社会树立学习的榜样。其次，各级党委、政府和工会组织"要尊重劳模、关爱劳模，贯彻好尊重劳动、尊重知识、尊重人才、尊重创造方针，完善劳模政策，提升劳模地位，落实劳模待遇，推动更多劳动模范和先进工作者竞相涌现"③，同时"要为劳动模范更好施展才华、展现精神品格提供全方位支持，使他们的劳动技能、创新方法、管理经验能广泛传播，充分发挥示范带动作用"④。再次，"各级领导干部要带头发扬劳模精

---

① 习近平. 在全国劳动模范和先进工作者表彰大会上的讲话 [N]. 人民日报，2020—11—25 (2).
② 习近平. 习近平谈治国理政：第一卷 [M]. 北京：外文出版社，2018：46—47.
③ 习近平. 在全国劳动模范和先进工作者表彰大会上的讲话 [N]. 人民日报，2020—11—25 (2).
④ 习近平. 在知识分子、劳动模范、青年代表座谈会上的讲话 [N]. 人民日报，2016—04—30 (2).

神……以身作则带领群众把各项工作落到实处"①。最后，各条战线上的广大职工和各族人民群众都要向劳模学习，以劳模为榜样，发挥只争朝夕的奋斗精神，依靠劳动创造扎实推进中国式现代化，在强国建设、民族复兴的新征程上充分发挥主力军作用。

3. 弘扬工匠精神

工匠精神是以爱国主义为核心的民族精神和以改革创新为核心的时代精神的生动体现，是鼓舞全党全国各族人民风雨无阻、勇敢前进的强大精神动力。首先，工匠精神是一种专注的精神。工匠以工艺专长造物，在专业的不断精进与突破中演绎着"能人所不能"的精湛技艺。要想在一个领域精雕细琢、精耕细作，必须不忘初心、坚守理想，坐得了冷板凳、耐得住寂寞。其次，工匠精神是一种精益求精的精神。工匠们练就了炉火纯青之技，成为行业"绝活"的创始人、传承者，正是因为他们对每件产品、每道工序都做到了凝神聚力、精益求精、追求极致，常怀一颗敬畏之心，专心、守职、尽责，干一行、爱一行、钻一行，竭尽全力地全身心投入，才能在平凡的岗位上作出不平凡的业绩。最后，工匠精神是一种持之以恒的精神。工匠精神的持之以恒体现在对技艺传承和创新的不懈努力与不竭追求上，不仅要继承前人的精湛技艺，更要不断学习和探索，以适应时代的变化和需求的更新。工匠精神的持之以恒还体现在面对困难和挑战时的坚韧不拔和永不放弃。在同一岗位、同一行业中，只有持之以恒地努力和坚持，才能实现领跑、达到卓越。

工匠精神是中华民族严谨认真、坚韧不拔、追求卓越的民族气质，是中国共产党人精神谱系的重要组成部分，是中华儿女宝贵的精神财富。习近平总书记强调，"发挥好劳模工匠示范引领作用，激励广大职工在辛勤劳动、诚实劳动、创造性劳动中成就梦想"②。回首过往，中国制造、中国创造、中国建造共同发力，不断改变着中

---

① 习近平. 习近平谈治国理政：第一卷［M］. 北京：外文出版社，2018：48.
② 习近平. 坚持党对工会的全面领导　组织动员亿万职工积极投身强国建设民族复兴伟业［N］. 人民日报，2023－10－24（1）.

国的面貌。从"嫦娥"奔月到"祝融"探火,从"北斗"组网到"奋斗者"深潜,从港珠澳大桥飞架三地到北京大兴国际机场凤凰展翅,从第三艘航母"福建号"下水到首架C919大飞机正式交付……这些科技成就、大国重器、超级工程,离不开大国工匠执着专注、精益求精的实干,刻印着能工巧匠一丝不苟、追求卓越的身影。展望未来,奋斗新征程、建功新时代,全社会应大力弘扬工匠精神,与"劳动光荣、创造伟大"的时代乐章同频共振,奏响"匠心追梦、技能报国"时代强音,向着第二个百年奋斗目标奋勇前进。

(三)凝聚尊重劳动者的社会共识

劳动者是国家的主人,劳动不分贵贱,一切劳动和劳动者都应该被尊重。全社会都应该贯彻尊重劳动、尊重知识、尊重人才、尊重创造的理念,维护和发展劳动者的利益,保障劳动者的权利,构建和谐劳动关系,坚持社会公平正义。

1. 劳动不分贵贱

劳动创造价值、创造财富、创造美好生活,一切劳动和劳动者都应该得到鼓励和尊重。习近平总书记明确指出,"劳动没有高低贵贱之分,任何一份职业都很光荣。广大劳动群众要立足本职岗位诚实劳动。无论从事什么劳动,都要干一行、爱一行、钻一行。在工厂车间,就要弘扬'工匠精神',精心打磨每一个零部件,生产优质的产品。在田间地头,就要精心耕作,努力赢得丰收。在商场店铺,就要笑迎天下客,童叟无欺,提供优质的服务。只要踏实劳动、勤勉劳动,在平凡岗位上也能干出不平凡的业绩"①。在社会主义现代化建设进程不断加快的今天,建成富强民主文明和谐美丽的社会主义现代化强国,进而实现中华民族伟大复兴的中国梦,根本上靠劳动、靠劳动者创造。因此,"无论时代条件如何变化,我们始终都要

---

① 习近平. 在知识分子、劳动模范、青年代表座谈会上的讲话[N]. 人民日报, 2016-04-30(2).

崇尚劳动、尊重劳动者"①，"全社会都要以辛勤劳动为荣、以好逸恶劳为耻，任何时候任何人都不能看不起普通劳动者，都不能贪图不劳而获的生活"②。尤其是广大青年，始终要尊重劳动者、致敬劳动者，养成积极向上的生活态度和良好的生活习惯，弘扬社会正能量，在报效祖国、服务人民的一生中有所作为。

2. 构建和谐劳动关系

党的十八大明确提出构建和谐劳动关系。在新的历史条件下，努力构建中国特色和谐劳动关系，是建设社会主义和谐社会的重要基础。习近平总书记指出，"劳动关系是最基本的社会关系之一。要最大限度增加和谐因素、最大限度减少不和谐因素，构建和发展和谐劳动关系，促进社会和谐"③。对如何构建和谐劳动关系，习近平总书记强调，要尊重劳动和劳动成果，他指出，"全社会都要贯彻尊重劳动、尊重知识、尊重人才、尊重创造的重大方针，维护和发展劳动者的利益，保障劳动者的权利"④，"我们要倡导勤劳俭朴、努力奋进的社会风气，让所有人的劳动成果得到尊重"⑤。

习近平总书记从党和国家、各级党委和政府以及工会等不同层面提出了构建和谐劳动关系的具体举措。首先，"党和国家要实施积极的就业政策，创造更多就业岗位，改善就业环境，提高就业质量，不断增加劳动者特别是一线劳动者劳动报酬"⑥。同时，要建立健全党和政府主导的维护群众权益的机制，切实解决好群众最关心、最直接、最现实的利益问题，排除阻碍劳动者参与发展、分享发展成果的障碍，努力让劳动者实现体面劳动、全面发展。其次，"各级党

---

① 习近平. 在庆祝"五一"国际劳动节暨表彰全国劳动模范和先进工作者大会上的讲话［N］. 人民日报，2015—04—29（2）.

② 中共中央党史和文献研究院. 习近平关于社会主义精神文明建设论述摘编［M］. 北京：中央文献出版社，2022：273.

③ 习近平. 在庆祝"五一"国际劳动节暨表彰全国劳动模范和先进工作者大会上的讲话［N］. 人民日报，2015—04—29（2）.

④ 习近平. 习近平著作选读：第一卷［M］. 北京：人民出版社，2023：118.

⑤ 习近平. 习近平谈治国理政：第二卷［M］. 北京：外文出版社，2017：482.

⑥ 习近平. 习近平谈治国理政：第二卷［M］. 北京：外文出版社，2017：364.

委和政府要关心和爱护广大劳动群众,切实把党和国家相关政策措施落实到位,不断推进相关领域改革创新,坚决扫除制约广大劳动群众就业创业的体制机制和政策障碍,不断完善就业创业扶持政策、降低就业创业成本,支持广大劳动群众积极就业、大胆创业"①。最后,工会"要把竭诚为职工群众服务作为工会一切工作的出发点和落脚点,全心全意为广大职工群众服务,认真倾听职工群众呼声,维护好广大职工群众包括农民工合法权益,扎扎实实为职工群众做好事、办实事、解难事,不断促进社会主义和谐劳动关系"②。

二、开创中国特色劳动教育育人新格局

劳动教育是促进人的全面发展的重要内容,是落实立德树人根本任务的有力举措。新时代劳动教育顺应时代发展、遵循教育规律,增强了劳动教育的育人价值,提升了劳动教育的育人实效,推进了劳动教育的一体化建设,开创了劳动教育育人新格局。

(一)增强劳动教育的育人价值

加强劳动教育是新时代党对教育事业的新要求,是中国特色社会主义教育制度的重要内容。新时代加强劳动教育,对科学认识和把握劳动教育的基本特征,提升劳动教育的育人价值具有重要作用。党的十八大以来,习近平总书记多次强调劳动的教育价值和历史重要性,指出全面建设社会主义现代化国家根本上靠劳动和劳动者创造。习近平总书记特别强调,广大青少年要"热爱劳动、热爱创造,通过劳动和创造播种希望、收获果实,也通过劳动和创造磨炼意志、提高自己"③。在这一重要论述的基础上,2015年教育部联合其他部门印发《关于加强中小学劳动教育的意见》,强调通过劳动教育提高

---

① 习近平. 在知识分子、劳动模范、青年代表座谈会上的讲话[N]. 人民日报,2016-04-30(2).
② 习近平. 习近平谈治国理政:第二卷[M]. 北京:外文出版社,2018:47.
③ 习近平. 坚持中国特色社会主义教育发展道路 培养德智体美劳全面发展的社会主义建设者和接班人[N]. 人民日报,2018-09-11(1).

中小学生的劳动素养，促进他们形成积极的劳动态度，使他们理解"生活和人生靠劳动创造"的深刻道理。这一文件强调了劳动教育在学生终身发展中的基础性作用。2019年，中共中央、国务院印发的《关于深化教育教学改革全面提高义务教育质量的意见》首次明确将"劳动教育"与德智体美教育并列，提出"五育并举"，突出了劳动教育的综合育人功能，体现了新时代对劳动教育的重视和期待。2020年，《关于全面加强新时代大中小学劳动教育的意见》进一步明确了劳动教育的总体目标和育人价值，强调通过劳动教育形成正确的马克思主义劳动观，培养学生的勤奋、奋斗、创新、奉献的劳动精神，并提出劳动教育应纳入人才培养的全过程。同年发布的《大中小学劳动教育指导纲要（试行）》详细界定了劳动教育的内涵，将劳动教育定义为发挥劳动的育人功能，对学生进行热爱劳动、热爱劳动人民的教育活动。

新时代以来，习近平总书记关于劳动教育的一系列重要论述，明确了劳动教育在全面培养人才体系中的基础性作用，突出反映了社会主义现代化建设对劳动教育的迫切需求，反映了加强劳动教育对于全面建成社会主义现代化国家的重大历史意义。党中央制定的政策和纲要，突显了劳动教育在中国特色社会主义教育体系中的核心地位，明确了劳动教育在培育担当民族复兴大任时代新人方面的重大责任。这不仅是对传统劳动观念的弘扬，还是对新时代教育理念的丰富和发展，更是增强了新时代劳动教育的育人价值。

（二）提升劳动教育的育人实效

劳动教育是中国特色社会主义教育制度的重要内容，加强劳动教育是新时代党对教育的新要求、新任务。劳动教育不仅是我国教育体系的重要组成部分，还是学生成长的必要途径，具有树德、增智、强体、育美的综合育人价值。劳动教育能够使学生理解和形成马克思主义劳动观，体会劳动创造美好生活，体会劳动不分贵贱，热爱劳动，尊重普通劳动者，培养勤俭、奋斗、创新、奉献的劳动精神。长期以来，各地区和学校坚持教育与生产劳动相结合，在实践育人方面取得了一定成效。然而，受应试教育等因素的影响，劳动教育在实际操作中仍存在教育价值弱化、内容窄化等问题，一些青少年中出现了不珍惜劳动成果、不想劳动、不会劳动的现象。这些问题和现象不仅削弱了劳动教育的实际功能，还影响了劳动教育应有的育人效果。如何聚焦劳动素养，防止劳动教育沦为形式主义的摆设，从而切实提升其实效性是新时代劳动教育面临的主要任务。

党的十八大以来，习近平总书记多次强调劳动教育的重要性，并从社会主义教育的特性、党和国家事业后继有人的高度深入阐释了劳动教育的必要性，不仅深化了人们对劳动教育重要性的认识，还为劳动教育的实践提供了坚实的理论基础。近年来，教育部相继出台的《关于全面加强新时代大中小学劳动教育的意见》《大中小学劳动教育指导纲要（试行）》《义务教育劳动教育课程标准》等一系列指导文件明确指出，要"坚持党的领导，围绕培养担当民族复兴大任的时代新人，着力提升学生综合素质，促进学生全面发展、健康成长。把准劳动教育价值取向，引导学生树立正确的劳动观，崇尚劳动、尊重劳动，增强对劳动人民的感情，报效国家，奉献社会"，指明了劳动教育育人的战略导向、认知导向、情感导向和实践导向，为学校、家庭及社会开展劳动教育提供了科学的指导意见。新时代坚持劳动教育育人导向，对坚持党的教育方针、切实开展好劳动教育具有重要意义。

（三）推进劳动教育的一体化建设

新时代以来，习近平总书记关于劳动教育的论述不仅为我国教育改革提供了理论指导，还为实现劳动教育的系统化、一体化建设提出了明确要求、指明了实践路径。习近平总书记在2018年全国教育大会上指出，"要努力构建德智体美劳全面培养的教育体系，形成更高水平的人才培养体系"[①]。随着《关于深化新时代学校思想政治理论课改革创新的若干意见》和中共中央、国务院《关于全面加强新时代大中小学劳动教育的意见》的发布，大中小学一体化推进劳动教育成为把

---

① 习近平. 坚持中国特色社会主义教育发展道路　培养德智体美劳全面发展的社会主义建设者和接班人［N］. 人民日报，2018－09－11（1）.

握学校劳动教育正确方向、切实开展学校劳动教育的重要路径。

　　劳动教育的一体化推进必须立足于培养社会主义合格建设者和可靠接班人的高度。在大中小学各学段科学设置劳动教育课程，不仅是让学生参与体力劳动，还要让学生形成正确的劳动价值观。新时代的劳动教育不应通过单纯的知识教育代替劳动教育，而应通过综合运用教育规律、思政工作规律和学生成长成才规律，以科学性和政治性相结合的原则，进行劳动教育。提升"五育"融合的效度是劳动教育实践教学一体化的必经之路。劳动教育与德智体美教育相互融合，共同构成了全面发展教育思想的框架。在具体实施中，可以通过创建劳动教育实践教学共同体，实现大中小学生在劳动教育中的跨学段协同学习，从而在劳动的实践中培养学生的责任意识、创新思维和团队合作精神。回应新时代劳动教育的新要求，需要家校社协同劳动教育的一体化。这包括在家庭、学校和社会三者之间建立起教育合力，实现教育活动的方向上的一致性和操作上的互补性。通过整合学校内外的教育资源，如搭建劳动教育实践基地、开发教学资源，以及推动大中小学生在劳动教育项目中的深度合作，共同提升劳动教育的实效性和实践性。实施这些策略，可以有效推进新时代劳动教育，培养能够担当民族复兴大任的时代新人。

三、凝聚全面推进中国式现代化的磅礴力量

　　习近平总书记在党的二十大报告中强调："从现在起，中国共产党的中心任务就是团结带领全国各族人民全面建成社会主义现代化强国、实现第二个百年奋斗目标，以中国式现代化全面推进中华民族伟大复兴。"[①] 全面建成社会主义现代化强国、以中国式现代化全面推进中华民族伟大复兴，需要一代又一代人的接续奋斗。在这一伟大征程中，劳动教育为全面推进中国式现代化凝聚磅礴力量。

---

　　① 习近平. 高举中国特色社会主义伟大旗帜　为全面建设社会主义现代化国家而团结奋斗——在中国共产党第二十次全国代表大会上的报告［N］. 人民日报，2022-10-26（1）.

（一）为全面推进中国式现代化凝聚精神力量

劳动教育为全面推进中国式现代化凝聚精神力量。劳动不仅创造物质财富，还塑造精神财富，是实现个人价值、推动社会进步的基石。"不惰者，众善之师也。"劳动创造幸福，实干成就伟业。社会主义是干出来的，新时代是奋斗出来的。全面建成社会主义现代化强国、以中国式现代化全面推进中华民族伟大复兴迫切需要新时代劳动者坚定理想信念，将崇尚劳动、热爱劳动、辛勤劳动、诚实劳动的劳动精神内化于心、外化于行，源源不断地为强国建设、民族复兴贡献力量。习近平总书记强调，要在全社会弘扬劳动精神、奋斗精神、奉献精神、创造精神、勤俭节约精神，培育时代新风新貌。劳动教育是塑造这种精神文化的重要途径。通过劳动教育，可以在全社会营造崇尚劳动的浓厚氛围，培育热爱劳动的良好习惯，锤炼辛勤劳动的意志品质，以及锻造诚实劳动的优良品德。这些都是实现社会主义现代化、推动中华民族伟大复兴的关键因素。因此，劳动教育不仅是提升劳动者技能的途径，还是一种强大的文化和精神塑造力量，更是全面建成社会主义现代化强国不可或缺的重要支撑。

（二）为全面推进中国式现代化提供人才支撑

劳动教育为全面推进中国式现代化提供人才支撑。"人才是第一资源。古往今来，人才都是富国之本、兴邦大计。"① 教育是人才发展的基础，教育通过提高全民文化素质、培养各级各类人才、生产和传播知识，提升社会文明程度、推动科技创新发展和科技成果转化与应用，提高生产力水平和促进经济繁荣发展，进而支撑和引领国家各项事业的全面进步。在科技为第一生产力、人才为第一资源、创新为第一动力的当今时代，教育、科技、人才是全面建设社会主义现代化国家的基础性、战略性支撑。全面加强新时代劳动教育，是为中国式现代化提供有力人才支撑的重要路径。在2018年全国教

---

① 中央网络安全和信息化委员会办公室. 习近平总书记关于网络强国的重要思想概论 [M]. 北京：人民出版社，2023：166.

育大会上，习近平总书记强调，劳动教育"是强国富民的大事，教育部门同其他部门要一起研究、拿出措施，切实抓起来"①。社会发展需要各类人才，不仅要有高层次的创新人才，还要有大量的技术技能人才和基础劳动人才。加快推进中国式现代化，需要切实提高人们在劳动实践中建设世界、塑造自己的能力，需要将劳动教育有机纳入专业教育、创新创业教育。劳动教育已成为"强化现代化建设人才支撑"的重要一环。因此，新时代教育只有在抓好通识性的劳动精神面貌、劳动价值观念教育的同时，也抓好专业劳动能力、劳动精神和劳动态度的培养，才能真正实现职普融通、产教融合和科教融汇，不断为全面建成社会主义现代化强国培养造就大批德才兼备的高素质人才。

（三）为全面推进中国式现代化提供技术支持

劳动教育是全面推进中国式现代化的重要技术支持。"素质是立身之基，技能是立业之本。"② 新时代劳动教育肩负推动中国式现代化的重要任务。科技发展日新月异，给劳动带来了新的工具、新的技术、新的形态。在知识经济时代，随着互联网的应用和人工智能技术的进步，人类社会生活发生了深刻变化。正如习近平总书记所指出的，"人工智能是引领这一轮科技革命和产业变革的战略性技术，具有溢出带动性很强的'头雁'效应"③。随着全球经济的发展和技术的革新，劳动教育在培养高素质劳动者和技术技能人才方面发挥了核心作用。通过引进先进的教育理念和培训技术，劳动教育不断适应经济发展的新要求，加强了劳动者对新兴技术的掌握和应用的能力，如人工智能、大数据分析等前沿技术。劳动教育是连接传统与现代、技术与创新的桥梁。劳动教育不仅是技能的培养，还是一种综合素质的提升。它通过理论与实践的结合，培养劳动者对

---

① 习近平.习近平著作选读：第二卷[M].北京：人民出版社，2023：202.
② 习近平.论坚持人民当家作主[M].北京：中央文献出版社，2021：158.
③ 科学技术部编写组.深入学习关于习近平科技创新的重要论述[M].北京：人民出版社，2023：261.

新技术的适应能力和创新能力。这种教育模式促进了教育体系与产业发展的深度融合,加强了学科链与人才链的互动,为社会主义现代化建设提供了技术和人才的支持。

第六章　新时代劳动教育的政策实践与理论进展

劳动教育是中国特色社会主义教育制度的重要内容，直接决定了社会主义建设者和接班人的劳动精神面貌、劳动价值取向和劳动技能水平。新时代加强劳动教育既是培育时代新人的基本前提，又是培养现代化强国建设人才的重要支撑，更是破解人才培养突出问题的现实需要。

第一节　国家层面关于劳动教育的政策文件

一、政策文件颁布实施的背景

中国共产党自成立以来，始终重视劳动教育政策的制定与执行，无论是在新民主主义革命时期、社会主义革命和建设时期、改革开放和社会主义现代化建设新时期，还是进入中国特色社会主义新时代之后，劳动教育政策在为我国培养全面发展人才的过程中都发挥了十分重要的作用。

（一）劳动教育政策的发展演变

党和国家有关劳动教育的政策与方针，大体经历了新民主主义革命时期（1921年7月—1949年10月）、社会主义革命和建设时期（1949年10月—1978年12月）、改革开放和社会主义现代化建设新时期（1978年12月—2012年11月）、中国特色社会主义新时代（2012年11月至今）四个时期的发展演变。新民主主义革命时期，

第六章　新时代劳动教育的政策实践与理论进展

相继实施以"新村"为构想、以"建设红色政权"为目标、以"支援革命"为核心的劳动教育政策。社会主义革命和建设时期，经历了强调"以苏为师"的劳动教育雏形探索期、强调"思想劳动两头红"的劳动教育政策。改革开放和社会主义现代化建设新时期，紧密围绕经济建设培养现代化人才，实施强调"技术"、立足"素养"的劳动教育政策。中国特色社会主义新时代，遵循教育规律提升劳动教育实践成效，强化劳动育人扭转劳动教育弱化现象的政策指向。

（二）中国共产党制定和实施劳动教育政策的基本经验

党和国家在长期的劳动教育政策制定和实施过程中，始终坚持党对劳动教育的全面领导，把握鲜明的政治导向，紧紧围绕"教劳结合"制定劳动教育方针，不断强化劳动教育政策的制度建设；始终强调劳动育人的重要地位，不断推进劳动价值观教育、坚持打造劳动育人观教育、持续践行劳动实践观教育；始终重视劳动教育理论与政策实践的统一，以深化马克思主义劳动观与劳动教育理论为基础、以不断深入把握劳动者时代要求为支撑、以不断丰富劳动教育实践资源与平台为载体。

（三）习近平总书记对劳动教育的高度重视

中国特色社会主义进入新时代，劳动教育的发展和落实得到了空前的重视，劳动教育的发展也进入新阶段。新时代劳动教育政策指向明确，更加突出时代性和现实性，政策内容更丰富，内涵更深刻，覆盖面更广，从深层次反映了新时代我国劳动教育在人才培养问题上的重要贡献。

党的十八大以来，党和国家高度重视劳动教育。习近平总书记在2015年庆祝"五一"国际劳动节暨表彰全国劳动模范和先进工作者大会上的讲话中特别指出，"无论时代条件如何变化，我们始终都要崇尚劳动、尊重劳动者，始终重视发挥工人阶级和广大劳动群众的主力军作用"，主张以劳动托起中国梦。2018年全国教育大会上，习近平总书记明确要求，"在学生中弘扬劳动精神，教育引导学生崇尚劳动、尊重劳动，懂得劳动最光荣、劳动最崇高、劳动最伟大、劳动最美丽的道理,长大后能够辛勤劳动、诚实劳动、创造性劳动"①。这些论述都表明了以习近平同志为核心的党中央对劳动教育重要作用的认识达到了新的高度。习近平总书记关于劳动教育的重要论述既是对马克思主义劳动观、中华优秀传统文化中劳动教育思想的继承与发展,又是中国共产党成立以来劳动教育经验的结晶。

党的十八大报告指出,经过长期努力,中国特色社会主义进入新时代。这是我国社会发展新的历史方位。在教育领域,围绕"培养什么人、怎样培养人、为谁培养人"的根本问题,党和国家积极探索创新教育发展道路。

2019年3月18日,习近平总书记在北京主持了学校思想政治理论课教师座谈会,强调指出要毫不动摇以马克思主义为指导思想,坚持社会主义的办学方向,落实立德树人的根本任务;坚持教育要为人民服务、为巩固和发展中国特色社会主义制度服务、为改革开放和社会主义现代化建设服务;坚持扎根中国大地兴办教育,坚持教育同生产劳动、社会实践结合起来,加快现代化教育建设步伐,实现教育强国,培养能担当民族复兴大任的时代新人,培养德智体美劳全面发展的社会主义建设者和接班人。② 2021年4月29日,新修订的《中华人民共和国教育法》颁布。该法第五条明确指出:"教育必须为社会主义现代化建设服务、为人民服务,必须与生产劳动和社会实践相结合,培养德智体美劳全面发展的社会主义建设者和接班人。"③ 这一表述以法律的形式,重新将劳动教育纳入党和国家的教育方针之中,纳入德智体美劳"五育并举"的育人体系之中。

---

① 新时代教育 | 2018年全国教育工作会议召开 在全国教育大会上,习近平总书记提出这些新要求[EB/OL].(2018-01-24)[2020-04-25]. https://www.gov.cn/xinwen/2018-01-24/content_5260149.htm.
② 用新时代中国特色社会主义思想铸魂育人 贯彻党的教育方针落实立德树人根本任务[N].人民日报,2019-03-19(1).
③ 中华人民共和国教育法[N].人民日报,2016-02-23(23).

二、政策文件的主要内容

立足世界百年未有之大变局与中华民族伟大复兴的战略全局，新时代更加要求劳动教育贯彻党对教育的新要求，从根本上发生变革，扭转学校劳动教育越来越被弱化的局面，践行立德树人根本任务。

（一）新时代首个劳动教育文件

2013年，新时代劳动教育首次出现在教育政策中。2013年8月31日，中共教育部党组印发《关于在全国各级各类学校深入开展"爱学习、爱劳动、爱祖国"教育的意见》。该意见具体包括10条内容，其中第5条涉及劳动教育与社会实践，要求各地各学校组织学生走出校园、走向工厂和田间地头，积极参加劳动体验活动；同时，各学校要在制度化上下功夫，推动学雷锋活动常态化。鼓励有条件的地方建立"学校+农户试验田"，让学生获得劳动的切身体验。[①]

虽然文件中并没有将劳动教育作为独立教学内容，而是将劳动教育作为一种体验活动融入"三爱"主题教育，但是从文件中可以发现，新时代劳动教育不同于劳动技能教育，是以立德树人为根本任务，从培养学生社会主义核心价值观的高度出发，深化中国梦宣传教育，具有帮助学生树立正确的世界观、人生观、价值观的重要意义。这个文件是进入新时代后，国家有关机构所颁布的首个关于学校劳动教育的文件，起到了承前启后的作用。

（二）新时代中小学劳动教育相关文件

1.《关于加强中小学劳动教育的意见》

2015年，教育部、共青团中央、全国少工委牵头印发《关于加强中小学劳动教育的意见》。该意见针对中小学劳动教育在学校中被弱化、在家庭中被软化、在社会中被淡化等令人担忧的现象，特别

---

① 中共教育部党组．中共教育部党组关于在全国各级各类学校深入开展"爱学习、爱劳动、爱祖国"教育的意见［EB/OL］．（2013－09－02）［2024－04－02］．http：//www．moe．gov．cn/srcsite/A01/s7048/201309/t20130902_171855．html．

是中小学生的劳动机会较少、缺乏劳动意识，不愿劳动、不会劳动、不珍惜劳动成果等现象，对劳动教育的目标、基本原则、保障机制、关键环节等作出规定，对今后学校实施劳动教育提出了要求，主要强调了以下几点。

（1）保证现有的劳动教育得到落实。要开足开好国家规定的劳动技术课和综合实践活动课。各地各级学校要结合当地和学校实际，开设手工、烹饪、园艺等相关课程。

（2）开展好校内劳动实践活动。校方要积极组织学生参与校园卫生打扫和校园绿化活动，普及校园种植。有条件的学校，还可以在校园设置专门区域用来种植花草树木或农作物。鼓励学生成立有关劳动的兴趣小组和社团，进行手工制作、电器维修、室内装饰等实践活动。

（3）组织好相关校外劳动。要在每一学段安排学生进行农业生产、商业或服务业实习等劳动实践；利用好劳动教育实践基地和其他社会资源，组织学生学工学农。

（4）倡导并鼓励学生主动参与家务劳动。针对学生的年龄特点和个性差异，布置扫地、洗碗、洗衣、整理等力所能及的家庭劳动作业；鼓励学生弘扬优良家风，积极参加孝亲、敬老、爱幼等方面的劳动；学校要密切与学生家长的联系，扭转家长对学生参与劳动的观念，形成劳动教育合力①。

上述关于学校劳动教育的关键环节，从内容上涵盖了课程、校内劳动与校外劳动、家务劳动四个方面，强调了新时代劳动教育应将劳动知识与技能作为主要内容。从体系上看，劳动教育育人体系主要以中小学生为教育目标，以劳动实践为主要教育方式，积极推动家庭、学校、社会三者的有机协同作用，形成了较为完善的资源配置体系、课程体系、机制监督体系。从教育目的看，通过劳动教育发挥综合育人的作用，在劳动中培育学生的劳动观，促使学生树

---

① 教育部，共青团中央，全国少工委. 教育部 共青团中央 全国少工委关于加强中小学劳动教育的意见［J］. 中国德育，2015（16）：6—8.

立正确的价值观，促进学生在知识学习与现实实践中全面发展。《关于加强中小学劳动教育的意见》对中小学劳动教育体系的建构与实践起到重要的推动作用。

2.《中小学德育工作指南》

2017年，教育部印发《中小学德育工作指南》，将劳动教育纳入中小学德育内容体系，提出要"养成勤俭节约、低碳环保、自觉劳动的生活习惯，形成健康文明的生活方式"。在德育途径之一的课程育人中，明确将劳动教育作为中小学特色教育，提出"综合实践活动课要加强对学生生活技能、劳动习惯、动手实践和合作交流能力的培养"。该指南中关于劳动教育的要求内容，体现了将劳动教育与德育思政相融合的思想，进一步丰富了劳动教育的内涵，也使劳动育人的功能更加具象化。

3. 课程建设相关文件

2016年教育部等11部门印发《关于推进中小学生研学旅行的意见》，要求通过研学实践等方式引导学生学习劳动、参与劳动、感悟劳动。2017年，教育部印发《中小学综合实践活动课程指导纲要》，进一步完善了中小学综合实践教育课程建设，规范和丰富了劳动教育内容。通过一系列教育政策的多方面推动，以中小学实践课程为切入点，劳动教育内容和形式逐步完善，为义务教育阶段劳动教育实践育人体系建设奠定了政策基础。

（三）新时代的职业院校劳动教育文件

2019年，劳动教育育人体系进一步拓宽了覆盖面，教育部将劳动教育作为落实立德树人根本任务的重要途径之一，在原有中小学劳动教育的基础上增加了职业院校和高等院校。2019年，为加强职业教育院校的劳动教育，教育部连续印发《关于加强和改进新时代中等职业学校德育工作的意见》《关于职业院校专业人才培养方案制订与实施工作的指导意见》《关于实施中国特色高水平高职学校和专业建设计划的意见》。这些文件分别从职业院校劳动精神培养、劳动技能素养锻炼、职业院校劳动教育课时要求、职业院校课程要求等不同角度丰富了职业院校劳动教育育人体系。

1. 《关于加强和改进新时代中等职业学校德育工作的意见》

《关于加强和改进新时代中等职业学校德育工作的意见》将劳动教育作为德育的主要内容之一，明确提出中职德育工作要突出"培育弘扬劳动精神、劳模精神和工匠精神"的时代主题，并具体要求"将劳动教育纳入人才培养方案，融入学校教学全过程。开设劳动教育必修课程，以实习实训课为主要载体开展劳动教育，其中劳动精神、劳模精神、工匠精神专题教育不少于16学时。安排组织学生开展形式多样的劳动实践活动，培育劳动观念、端正劳动态度、养成劳动习惯、增强劳动情感。联合中小学开展劳动和职业启蒙教育，将动手实践内容纳入相关课程和学生综合素质评价，引导学生形成劳动光荣、技能宝贵、创造伟大的观念。充分利用企业文化资源，着力培养学生的专业精神、职业精神和工匠精神，培养敬业奉献、诚实守信、精益求精、追求卓越、开拓创新等精神品格"[1]。

2. 《关于职业院校专业人才培养方案制订与实施工作的指导意见》

《关于职业院校专业人才培养方案制订与实施工作的指导意见》将劳动教育与专业教育相结合，在人才培养方案的内容设置中明确提出要科学设置专业（技能）课程，将劳动教育与课程内容安排全过程融合作为内容设置的规范。该意见指出，"专业（技能）课程设置要与培养目标相适应，课程内容要紧密联系生产劳动实际和社会实践，突出应用性和实践性，注重学生职业能力和职业精神的培养"[2]。

3. 《关于实施中国特色高水平高职学校和专业建设计划的意见》

《关于实施中国特色高水平高职学校和专业建设计划的意见》指

---

[1] 教育部办公厅. 教育部办公厅关于加强和改进新时代中等职业学校德育工作的意见 [EB/OL]. (2019−11−21) [2024−04−02]. http://www.moe.gov.cn/srcsite/A07/moe_950/201912/t20191203_410649.html.

[2] 中华人民共和国教育部. 教育部关于职业院校专业人才培养方案制订与实施工作的指导意见 [EB/OL]. (2019−06−11) [2024−04−02]. http://www.moe.gov.cn/svcsite/A07/moe_953/201906/t20190618_386287.html.

出,要将打造技术技能人才培养高地作为改革发展任务之一,将劳动教育融入人才培养过程作为培养高质量技能型人才的途径和方法,将产业需要的高水平劳动力资源作为培养目标,劳动教育应受到高度重视。该意见要求:"坚持工学结合、知行合一,加强学生认知能力、合作能力、创新能力和职业能力培养。加强劳动教育,以劳树德、以劳增智、以劳强体、以劳育美。培育和传承工匠精神,引导学生养成严谨专注、敬业专业、精益求精和追求卓越的品质。深化复合型技术技能人才培养培训模式改革,率先开展'学历证书+若干职业技能等级证书'制度试点。在全面提高质量的基础上,着力培养一批产业急需、技艺高超的高素质技术技能人才。"①

从新时代的职业院校劳动教育政策看,主要着眼于产业发展的人才需求,具有强烈的时代感和现实感。因此,教育导向更加侧重对劳动精神、劳模精神、工匠精神的培养,对劳动技能教育的重视。

(四)新时代的高等院校劳动教育文件

新时代的高等院校劳动教育在育人体系建设上更加侧重突出高校特性,发挥劳动教育在"五育并举"中的纽带作用。2019年,教育部在《关于切实加强新时代高等学校美育工作的意见》中体现出将劳动教育与传统学科相融合,并且与基础教育和高等教育相融合,劳动教育与其他课程或教育活动的融合已经初见雏形。同年,《教育部关于举办第五届中国"互联网+"大学生创新创业大赛的通知》中则更加明确地指出,创新创业教育要与五育并举相融合,构建德智体美劳"五育平台",上好一堂最大的创新创业课。

(五)新时代贯穿各级各类教育的劳动教育文件

党的十九大以来,习近平总书记继承发展马克思主义关于"教育与生产劳动和社会实践相结合"的观点,明确将劳动教育纳入培养社会主义建设者和接班人的教育总体要求之中。习近平总书记提

---

① 教育部,财政部.教育部 财政部关于实施中国特色高水平高职学校和专业建设计划的意见[EB/OL].(2019-03-29)[2024-04-02]. http://www.moe.gov.cn/srcsite/A07/moe_737/s3876_qt/201904/t20190402_376471.html.

出，要采取各种措施，引导和教育广大学生树立热爱劳动的思想观念、养成并牢固热爱劳动的习惯，为祖国发展培养一代又一代勤于劳动、善于劳动的高素质劳动者①。

1.《关于全面加强新时代大中小学劳动教育的意见》

为贯彻落实习近平总书记关于劳动教育的最新指示，2020年3月20日，中共中央、国务院颁布了《关于全面加强新时代大中小学劳动教育的意见》，对新时代中国特色社会主义劳动教育提出了更广泛、更深化、更系统的新要求。该意见不仅将劳动教育纳入人才培养中，还强调从家校社三方面共同推动劳动教育的实施，把劳动教育作为中国特色社会主义教育制度的重要内容，将劳动教育提到了前所未有的高度。

该意见分为"充分认识新时代培养社会主义建设者和接班人对加强劳动教育的新要求""全面构建体现时代特征的劳动教育体系""广泛开展劳动教育实践活动""着力提升劳动教育支撑保障能力""切实加强劳动教育的组织实施"五部分，共18条。其中，在第一部分"充分认识新时代培养社会主义建设者和接班人对加强劳动教育的新要求"中，阐述了新时代对劳动教育的新认识以及时代发展赋予劳动教育的新作用。从我国教育制度的角度强调了新时代中国特色社会主义劳动教育和劳动教育育人体系对中国特色社会主义事业的必要性、时代性与重要性，体现了劳动教育的时代诉求，新时期我国即将全面建成小康社会，向第二个百年目标奋进。社会主义现代化建设对人才的需求提出了更高的目标，也更加深刻地说明教育要以人为本、以学生为中心，要将立德树人作为社会主义教育的根本任务。在第二部分"全面构建体现时代特征的劳动教育体系"中，提出要全面构建体现时代特征的劳动教育体系，并围绕这一体系从组织到制度提供全方位保障。在第三部分"广泛开展劳动教育实践活动"中，提出要重视家庭、学校、社会三方在实施劳动教育

---

① 习近平总书记在乌鲁木齐接见劳动模范和先进工作者、先进人物代表，向全国广大劳动者致以"五一"节问候[J].当代劳模，2014（5）：14.

中的作用。其中，家庭发挥基础性作用，表现在从小培养孩子劳动的习惯、引导孩子参与力所能及的家务以及家长的言传身教、潜移默化；学校发挥着主导性作用，表现在切实承担劳动教育的主体责任，明确学校劳动教育要求，引导学生形成马克思主义劳动观，系统学习必要的劳动技能，不得挤占、挪用劳动课时间；社会发挥着支持作用，主要表现在各级政府部门要引导和宏观协调公司企业、工厂农场等组织履行社会责任，开放实践场地，支持学校组织学生参加力所能及的生产劳动、参与新型服务性劳动，鼓励高新企业搭建活动平台，为学生体验现代科技条件下劳动实践新形态、新方式提供机会。

该意见是进入新时代以来党和国家颁布的最高层级的劳动教育文件，也是指导当前各级各类学校落实劳动教育的行动纲领。它集中体现了党和国家对新时代学校劳动教育的重视，纠正了学校与社会中普遍认为存在的忽视学生劳动教育的现象，为各级学校的劳动教育工作开展指明了正确方向。

2.《大中小学劳动教育指导纲要（试行）》

在中共中央、国务院出台《关于全面加强新时代大中小学劳动教育的意见》后不久，教育部在2020年7月制定了《大中小学劳动教育指导纲要（试行）》，具体指导各级各类学校的劳动教育开展与实施。该指导纲要将劳动观念和劳动精神教育贯穿人才培养全过程，根据新时代中国特色社会主义的发展特征对新时代劳动观教育的内容进行了补充，具体分"劳动教育性质和基本理念""劳动教育目标和内容""劳动教育途径、关键环节和评价""学校劳动教育的规划与实施""劳动教育条件保障与专业支持"五大部分，比较翔实地阐明了"劳动教育是什么、教什么、怎么教"等重要问题。

该指导纲要体现了新时代劳动教育政策在思想层面注重引导学生树立正确劳动观，继承中华民族优良传统，弘扬开拓创新、砥砺奋进的时代精神。在行动层面引导学生注重优秀劳动习惯和品质的养成，珍惜劳动成果，养成良好的消费习惯，杜绝浪费。在内容层面，针对不同学段的学生有所区别：面向小学生，主要注重培养自觉劳动的意识、劳动安全意识以及感悟劳动的乐趣；面向初高中学生，在热爱劳动的基础上，侧重通过服务性劳动培养公共服务意识和担当精神，强化职业规划的意识和能力；面向职业院校学生，强调增强职业荣誉感和责任感，在工匠精神的感召下坚定职业选择，坚信各行各业均能有所提高，实现自己的人生理想；面向普通高等学校学生，主张强化马克思主义劳动观教育，要求从更加深刻的理论层面与实践层面开展与专业相关的创新性劳动。

该指导纲要作为我国新时代中国特色社会主义时期劳动教育政策，既从宏观层面对劳动教育体系进行全面部署，又对各级各类学校的劳动教育内容提出相应要求，为推动劳动观建设、劳动教育实践活动的有效开展奠定了基础。

三、政策文件颁布实施的成效

新时代中国特色社会主义劳动教育政策在国家的大力推动下被广泛实施，践行习近平总书记提出的"把劳动教育纳入培养社会主义建设者和接班人"的总体要求，构建了德智体美劳全面培养的教育体系。目前，政策在建构劳动教育体系、扭转劳动教育弱化趋向、提升劳动教育实践成效三大核心问题方面产生着积极影响。

（一）构建起新时代劳动教育育人体系

新时代中国特色社会主义劳动教育政策构建了新时代中国特色社会主义劳动教育的内容体系。赋予劳动教育新的内涵，确定劳动教育是社会主义接班人培养的必要途径，推动全社会对劳动观教育的认识。建设了丰富的学生劳动教育内容，既从理论上做好价值观教育、安全教育，又通过实践教学活动培育学生动手能力和劳动技能。构建评价体系，树立劳动模范，激发参与兴趣和热情，将劳动教育与学业评价分离，增加对教师劳动课程质量评价工作，对学校劳动教育总体实施评价，使劳动教育开展更有成效。建立劳动教育保障体系，通过统筹推进、场地保障、师资保障、经费保障、安全保障等方面进行完整的保障支持体系构建。统筹推进场地、师资、经费等多方因素协同发展，为劳动教育提供支撑与保障，为劳动教育的有效开展做好重要保障。

（二）扭转劳动教育弱化现状

劳动教育在我国教育中长期处于被忽视的地位，习近平总书记将劳动教育纳入社会主义建设者和接班人的要求中，从此劳动价值观教育逐渐被重视起来。新时代劳动教育政策将劳动教育纳入教育体系，实施德智体美劳"五育并举"的教育方针，将树立正确的劳动观念作为劳动教育的主要目标之一，通过发挥政策导向作用，强化劳动育人功能，扭转劳动教育被淡化、弱化的现状。通过劳动价值观教育、劳动精神教育、劳动实践教育突破现有学生价值观的偏差，扭转对劳动的错误认识，改变青少年中出现的不珍惜劳动成果、不想劳动、不会劳动的现象。新时代劳动教育政策通过强化学生对劳动的认识，强化学生对劳动的认同。通过劳动观教育，使学生自觉规范行为，践行正确的劳动观。通过劳动文化建设，弘扬劳动精神、劳模精神、工匠精神，以精神文明建设肃清社会风气，营造良好的氛围。

（三）提升劳动教育实践成效

新时代劳动教育遵循客观规律，理论教育与实践教育并重，以政策文件硬性规定劳动教育的开展形式和活动时长，强调因材施教，根据学生学段不同对劳动教育实践环节进行区分，强化劳动教育的实效性。同时，政策提出，以家庭、学校、社会三者贯穿劳动教育实践活动全过程，以家庭、学校、社会三者有机协同推动劳动教育实践活动，实现了劳动教育贯穿人才培育全过程。

新时代劳动教育政策的实施取得了一定的成效，明确了新时代劳动观，改变了劳动教育弱化的问题，为学生乃至全社会树立了正确的劳动教育观念；推动了劳动教育实践活动的开展，丰富了劳动教育内容，规范了劳动教育评价，建立起新时代劳动教育育人体系；重视了学生意识形态领域的引导，培育了学生积极的劳动精神，切实提升了学生劳动技能和劳动素养。新时代劳动教育政策始终将劳动价值教育、劳动育人教育与劳动实践教育作为劳动教育政策的重要方面，围绕"培养什么人、怎样培养人、为谁培养人"的根本问题，不断推动劳动育人发展，满足人才培养的现实需要。

第二节 地方层面关于劳动教育的政策举措

党的十八大以来，党和国家日益提高对劳动教育的重视程度，地方层面迅速响应。伴随教育部《关于加强中小学劳动教育的意见》（2015 年）、《关于全面加强新时代大中小学劳动教育的意见》（2020 年）等关于新时代劳动教育的综合性文件的颁布，各地陆续出台了地方性劳动教育的政策、文件、规定，努力构建科学化、多样化、专业化、系统化和多元化的劳动教育体系，加强劳动教育组织实施。该阶段的劳动教育更加趋向于对学生价值观的引领，强调多学科的融合发展，并从制度化角度进行了有力推动。

一、关于劳动教育的政策文件

各省密集出台了关于全面推进劳动教育实施的系统性政策文件，对各级各类教育作出整体性实施规定。这些规定以习近平新时代中国特色社会主义思想为指导，全面贯彻党的教育方针，对标国家对劳动教育的新要求。坚持立德树人，坚持培育和践行社会主义核心价值观，贯通大中小学各学段，贯穿家庭、学校、社会各方面，把劳动教育纳入人才培养全过程。坚持五育协同，与德育、智育、体育、美育相融合，全面构建各年龄段循序渐进、各学段螺旋上升、体现新时代特征和各地特点的劳动教育体系，形成劳动树人、协同育人工作格局。地方性劳动教育的政策文件呈现出以下特征。

（一）突出新时代劳动育人目标

各地的综合性劳动教育文件对标党和国家要求，着眼于从精神层面上引导学生热爱劳动、珍惜劳动成果、感悟劳动精神；从政策目标上突出新时代劳动育人目标，明确劳动教育价值取向，注重培养学生的劳动价值观。针对各级各类学校存在的劳动教育淡化、弱化现象，从思想认识、情感态度、能力习惯等方面采取措施，着力培养学生的劳动精神，促进学生全面发展、健康成长，将促进学生形成良好的劳动习惯、劳动品质和积极的劳动态度、劳动精神，以形成马克思主义劳动观作为总体目标。

例如，贵州省《关于全面加强新时代大中小学劳动教育的实施方案》（2021）的总体目标明确提出，"促进学生形成良好的劳动习惯、劳动品质和积极的劳动态度、劳动精神，明白'生活靠劳动创造，人生也靠劳动创造'的道理，培养勤奋学习、自觉劳动、勇于创造的精神和劳动实践能力，理解和形成马克思主义劳动观"。中共湖南省委、湖南省人民政府《关于全面加强新时代大中小学劳动教育的实施意见》（2021）的总体要求为，"全面提升学生的劳动素养，着力培养学生勤俭、奋斗、创新、奉献的劳动精神，促进学生全面发展、健康成长，培养担当民族复兴大任的时代新人，为大力实施'三高四新'战略、奋力建设现代化新湖南提供更加有力支撑"。宁夏回族自治区《关于全面加强新时代大中小学劳动教育的实施意见》（2021）指出，"加强劳动教育，不能止于课堂，要通过言传身教让广大青少年能够懂劳动之义、明劳动之理，由衷地认可劳动最光荣、劳动最崇高、劳动最伟大，让他们发自内心地热爱劳动、尊重劳动成果，尊重每一个劳动者，最终也能够用双手为自己成就美好的未来"。福建省教育厅《关于成立福建省新时代大中小学劳动教育指导中心和劳动教育指导委员会的通知》（2022）指出，"推动全省大中小学生树立正确的劳动观念，培养优良的劳动精神，掌握基本的劳动技能，形成良好的劳动习惯，培养德智体美劳全面发展的社会主义建设者和接班人"。各地文件的总体目标既贯彻落实了新时代党对劳动教育的新要求，又反映了社会各界加强劳动教育、强化劳动育人的期待。

（二）遵循教育规律、体现时代特征

从各地政策内容看，一方面，各地政策遵循教育规律，提出教育内容分层分段，教育形式将劳动教育与社会实践相结合，符合学生年龄特点，注意脑力、体力并用，强化实践体验，让学生亲历劳动过程，提升育人实效性。另一方面，各地政策体现时代特征，适应科技发展和产业变革需要，深化产教融合，改进劳动教育方式，因地制宜，结合各地经济社会需求和真实生活特点，对劳动教育提出了更加细化的要求和具体落实方案。

例如，山东省《关于印发加强普通中小学劳动教育若干措施的通知》（2023）设置了丰富的劳动教育内容，指出"劳动教育以日常生活劳动、生产劳动和服务性劳动中的知识、技能和价值观为主要内容。各地各校可结合学校、家庭和社会资源自主确定劳动项目，形成校本化劳动清单，推动学生'做中学''学中做'。义务教育阶段学校尽量覆盖课程方案确定的10大任务群，普通高中围绕丰富职业体验，开展服务性劳动、参加生产劳动"，并规定各地各校可根据实际，以集体劳动为主策划实施劳动周。辽宁省印发的《辽宁省全面加强新时代大中小学劳动教育若干措施》（2021）指出，小学低年级要开展劳动意识启蒙教育，小学中高年级要以校园劳动和家庭劳动为主；初中要兼顾家政学习、校内外生产劳动、服务性劳动，开展职业启蒙教育；普通高中要围绕丰富职业体验，开展服务性劳动、参加生产劳动，理解劳动创造价值，强化服务社会意识；职业院校要结合专业特点，提高职业劳动技能水平，增强职业荣誉感和责任感；普通高等学校要结合学科和专业开展生产劳动和服务性劳动，积累职业经验，提升创新创业和就业能力。上海市印发的《上海市学校劳动教育"十四五"规划》（2021）指出，要实施"多元并举"的劳动教育课程建设行动计划，"实施中小学劳动教育必修课程建设行动，编制劳动实践指导手册，完善学农劳动实践课程、志愿服务、公益劳动课程等。推动职业院校以实习实训课为主要载体开展劳动教育，开设围绕劳动精神、劳模和工匠精神方面的专题必修课程。开展高校劳动教育必修课程建设试点，推动普通高等学校全覆盖将劳动教育纳入人才培养方案，制定劳动课程实施与考核方案。加强大学生的职业生涯发展教育和就业指导工作，切实转变毕业生不合理的就业观念"。

从各地政策文件对劳动教育内容的安排上可以看出，各地从区域实际出发，结合各自的劳动教育基础、经济文化条件，形成了多元化、分类化且更加完善的内容体系。

(三) 理顺劳动教育体制机制

各地政策文件着力理顺劳动教育体制机制，具体规定了实施劳动教育的路径，以政府和学校为主体，提出大中小学劳动教育具体实施方案，强化劳动教育落实力度；与时代发展要求相协同，构建劳动教育大纲，体现家庭、学校、社会协同发力，形成普遍重视劳动教育的氛围，建立劳动教育考核评价体系，加强对劳动教育实施过程的监督、考核以及评价。劳动教育体系逐渐完善确立，趋于规范合理。

例如，福建省发布的《关于全面加强新时代大中小学劳动教育的实施方案》（2022）要求构建科学化劳动教育课程体系，构建多样化劳动教育实践活动体系，构建专业化劳动教育师资队伍体系，构建系统化劳动教育评价督导体系，构建多元化劳动教育保障体系，切实加强劳动教育组织实施。广东省印发的《广东省加强学校体育美育劳动教育行动计划》（2019）要求全面加强学校劳动教育，进行教劳结合的综合性、实践性、开放性的广东特色学校劳动教育课程建设，并对校内劳动活动、校外劳动实践和家务劳动等劳动教育形式，社会资源、实践场所等劳动教育资源，师资、科研等人员保障都作出明确规定。上海市委、市政府印发的《关于全面加强新时代大中小学劳动教育的实施意见》，对系统化高质量实施劳动教育作出明确部署。该意见将劳动实践情况纳入综合素质评价，建立公示、审核制度，确保记录客观真实，把劳动素养评价结果作为衡量学生全面发展情况的重要内容，作为评优评先的重要参考和毕业依据，并规定普通高等学校和职业院校要在学校招生自主测试环节强化实践操作能力评价。江苏省委办公厅印发的《关于全面加强新时代大中小学劳动教育的实施意见》，明确将劳动素养纳入学生综合素质评价体系，作为学生评优评先、毕业升学的重要参考和依据。同时，分段实施大中小学劳动教育，探索实施劳动教育学分制。

(四) 建构劳动教育体系

地方政策文件的密集发布，体现了新时代劳动教育的科学体系逐渐完善和确立。

一是劳动教育的战略地位不断提升，各个省依据教育部相关政策文本，结合各地实际特点，形成了丰富的劳动教育内容，促使劳动教育内容体系更加完善。例如，辽宁省科学设计了精细化的课程体系。聚焦学生劳动素养提升，围绕劳动教育中日常生活劳动、生产劳动、服务性劳动三个方面内容，建立面向不同学段学生的多个劳动任务群，积极构建"1＋3＋N"劳动教育课程实施体系。探索建立以劳动素养为导向的中小学课程体系图谱，推动各学段的劳动教育课程目标、内容、教学形式、教学评价相互衔接并各有侧重，同时指导各地各校因地制宜、发挥特色，持续优化校本劳动教育课程体系，切实发挥学校在劳动教育中的主导作用。

二是完善劳动教育实施路径，构建德智体美劳全面发展育人体系，并加大力度层层推进，同时实现大中小学全学段的劳动教育贯彻落实。例如，浙江省提出建设三级布局的校外劳动教育基地，全新构建劳动教育深入开展的资源保障和实践体验平台。浙江省杭州市富阳区以校外基地建设为突破口，以劳动教育营地为中心，以实践体验基地为支撑，带动周边社会企业和农户的"营地＋基地＋农户"三级劳动教育基地建设布局体系，建立了3个大规模综合实践体验基地，认定了"企业＋""农户＋""村镇＋""工厂＋"等模式共34个实践体验基地，为学生提供了多样化的劳动实践平台。

三是构建劳动教育的协同机制，由单一部门政策发布主体逐渐转变为多部门协同，共同发力推进劳动教育稳步快速发展。例如，河北省石家庄市探索协同推进劳动教育新路径，打造线上线下四级平台。组建智库平台，成立由各级劳动教育教研员和能工巧匠等组成的劳动教育专家委员会，建立由教育行政部门、学校、教研机构等组成的区域劳动教育联盟，组织开展劳动教育交流研讨活动。研发"石家庄市劳动实践"线上平台，通过平台展示全市校外劳动实践场所地理位置分布、各场所介绍和特色课程，同时实现对校外劳动实践场所的动态管理。建立评价平台，针对小学、初中、高中三个学段学生特点，探索实行以教师评价为主，家长、劳动实践单位评价为辅的评价机制，对学生劳动目的、劳动过程、劳动结果进行全过程纪实评价，并将学生参与劳动情况记入学生综合素质档案。搭建展示平台，面向全市中小学生举办劳动技能竞赛，设置技能类、烹饪类、生活类和农耕类等四类 26 个竞赛项目，根据学生劳动过程、劳动态度、劳动成果等，客观评价不同学段学生的劳动过程和劳动结果，进一步激发学生劳动潜能、增强学生劳动技能。

四是拓宽劳动教育途径，整合家庭、学校、社会各方面力量，实现家庭劳动教育日常化，学校劳动教育规范化，社会劳动教育多样化，形成协同育人格局。例如，北京市对劳动教育进行统筹规划，整合区域内教育资源，完善家校社合力推进机制，把劳动教育与中考改革、"双减"提质增效等一系列教育改革相结合，强化劳动与其他课程和实践教育的融合，实施"劳动＋"课程，将劳动教育融入其他学科、实验教学、课后服务。

二、关于劳动教育的政策举措

各地在推进劳动教育深入实施过程中，也陆续出台了一系列落实政策文件和推进工作开展的举措，保证了劳动教育落实落细。

（一）界定更为广泛的劳动教育实施对象范围

地方性文件中，普遍扩大了劳动教育实施主体范围。典型代表如福建省在劳动教育政策中拓展了劳动教育的实施对象，将家校社协同开展劳动教育的机制落实到具体责任主体。其具体实施对象包括福建省内的"大中小幼"教育单位，即大学专科教育、大学本科教育、研究生教育、普通中学、中等专业学校、职业中学、技工学校、小学和幼儿园等，也包括企业单位、事业单位、机关单位、社会团体、个体工商户等各类用人单位及其从业人员。此外，还包括在福建省境内的各类培训机构、职业技能鉴定机构、劳动保障监察机构等相关机构和人员。

劳动教育实施对象的界定，有利于各责任主体明确任务，协同发力，形成联动机制，也能够引起社会各方重视，充分调动社会各方面资源，为劳动教育提供必要保障，在更广泛的社会范围里形成尊重劳动、崇尚劳动的文化氛围。

(二) 构建多样化劳动教育实践活动体系

在落实"广泛开展劳动教育实践活动"的要求中，各地在相关政策中构建了各具特色的实践活动体系，以实现劳动教育实践活动的规范化、丰富化。

其中，具有代表性的地方举措，如江苏省《中共江苏省委江苏省人民政府关于全面加强新时代大中小学劳动教育的实施意见》（2021）突出江苏特色，强化资源配置与共享机制建设，倡导充分发挥现有的江苏中小学课程基地、职业体验中心、职业院校技能大师工作室、普通高等学校、众创空间、创新实验室等具有省域特色的平台作用，建立不同专业特色高校劳动教育资源互补共享机制，提高优质资源的利用效益，在充分利用校内资源的同时，大力拓展丰富校外劳动教育实践基地。

再如，福建省建设大中小学劳动教育实践基地。仅以2022年评审为例，福州市被评为省级"大中小学思想政治理论课改革创新实验区"，龙岩市、三明市、宁德市被评为省级"红色资源研学实践教育创新区"，平潭综合实验区被评为"两岸研学实践教育先行区"，漳州市、南平市被评为省级学校"心理健康教育创新区"，厦门市、莆田市被评为省级"学校家庭教育创新区"，泉州市被评为省级"大中小学劳动教育实验区"。从这些劳动实践基地的丰富类型中可以看出福建省对劳动教育实践活动的体系化设计和地区特色化思考。

(三) 构建专业化劳动教育师资队伍体系

各地采取多种举措加强劳动教育师资队伍建设，以专业化、高素质劳动教育教师队伍支持大中小学劳动教育的高质量开展。

1. 加强劳动教育师资培养的举措

一是对承担劳动教育课程的教师进行专项培训，二是强化每位教师的劳动意识、劳动观念，提升实施劳动教育的自觉性。例如，广东省的劳动教育政策中大力提倡提高全员教师的劳动教育意识，"原则上每所学校至少配备1名综合实践活动专任教师，积极聘请劳动模范、能工巧匠、非遗传承人、家长等担任劳动教育兼任教师。

加强对劳动教育教师的专业培训，在班主任、少先队辅导员培训培养中强化劳动教育内容，健全分级分层的学校劳动教育教师全员培训机制"。

2. 组建专兼职结合的教师队伍

一是设立劳模工作室、技能大师工作室等劳动实践指导组织，二是聘请相关行业专业人士担任劳动实践指导教师。例如，四川省在《全面加强新时代大中小学劳动教育实施方案》（2021）中明确规定，由省人社厅和教育厅共同负责，以多种方式建立专兼职相结合的劳动教育师资队伍，如"建立劳动课教师特聘制度，学校可聘请具有实践经验的社会专业技术人员、劳动模范等担任兼职劳动教育课教师。建立中小学、中职学校、高等院校劳动教育师资交流共享机制，兼职承担劳动教育教学任务"。

3. 建立健全劳动教育教师工作考核体系

为有力支撑劳动教育师资队伍的可持续发展，各地相应增加了劳动教育教师工作考核体系，部分省的政策举措中还详细制定了分类考核的完善评价标准。例如，江苏省着力畅通劳动教育教师专业化发展通道，通过制定岗位职责和专业标准、建立培养培训基地、实施专项培训等途径提升劳动教育教师专业化水平；提出开展劳动教育学科的教师职称评审工作，保障劳动课教师在绩效考核、职称评聘、评优评先、专业发展等方面与其他专任教师享受同等待遇，有力支撑劳动教育师资队伍的可持续发展。

（四）构建多元化劳动教育保障体系

为切实解决大中小学劳动教育虚化、弱化等问题，各地政策从资金、安全、协同等方面予以保障，全力推动各项任务措施落实落细。

例如，福建省出台了多个针对劳动教育实施的保障性措施。福建省财政厅、福建省教育厅印发的《关于下达 2021 年思想政治和体育美育劳动教育专项资金的通知》，对强化劳动教育场所、设备、资金等保障方面作了具体要求。福建省教育厅在《关于组织遴选一批中小学德育和劳动教育特色项目的通知》（2021）中对促进协同机制保障作了详细部署。福建省教育厅在《关于成立福建省新时代大中小学劳动教育指导中心和劳动教育指导委员会的通知》（2022）中对加强组织和师资保障作了要求。江苏省常州市发布了全国首部劳动教育方面的地方立法《常州市劳动教育促进条例》（2023），该条例共七章50条，涵盖总则、家庭养成、学校培育、社会支持、保障与监督、法律责任、附则，包括细化家庭劳动教育的内容方式、推进学校劳动教育课程体系建设、重视劳动教育师资队伍建设、统筹推进劳动教育实践基地建设和构建"四位一体"协同实施机制五个方面重点内容，实现了劳动教育法治化、系统化和科学化发展。

（五）创新教育模式

各地在劳动教育的实施过程中，不断探索具有时代特征的教育内容与模式，创新教学理念与方法，积极回应新时代培养社会主义建设者和接班人对加强劳动教育的新要求。

1. 创新劳动教育实施模式

例如，重庆市为科学合理解决劳动场所、劳动基地问题，指导学校开展劳动教育实践，创新劳动教育基地的创建模式。在劳动教育中推行"政府＋企业＋N"（政府出政策，企业出资出场地，学校学生参与劳动实践）的合作模式，以政府设立的综合实践基地为核心，引领、带动社会资本向劳动教育转移，大力促进专项劳动教育实践基地发展，从而形成劳动教育实施框架。

2. 创新劳动教育方法

江苏省常州市聚焦劳动教育课程化、生活化和常态化，创新区域推进劳动教育的路径策略，努力形成劳动教育的"常州样本"。2001年起，所有学校开齐开足开好劳动技术课。经过政府统筹、基地拓展、融合创新等方面积极探索，2021年5月，该市被教育部认定为"全国首批中小学劳动教育实验区"。近年来，劳动教育的"常州实践"在全国劳动教育大会等做专题分享，相关举措和成果获评"全国基础教育综合改革典型案例"和"2022年基础教育国家级教学成果奖一等奖"。

3. 创新劳动教育理念

上海市推动劳动教育数字化转型，建立劳动教育云平台，整合全市劳动教育的优质资源，集成若干门优质在线课程，实现教学资源高效利用。探索劳动教育虚拟教学，利用大数据、人工智能、虚拟仿真等技术，培育若干数字化劳动教育体验中心。联合网络社交平台，开发符合学生年龄特点、接受意趣的劳动教育系列融媒体产品。

浙江省推动劳动教育与现代产业发展相结合，组织学生深入高新企业、科研院所等技术与工程领域，让学生体验现代科技条件下劳动实践的新形态、新方式，在生产过程中体验从简单劳动、原始劳动向复杂劳动、创造性劳动的发展过程，学会使用工具，掌握相关技术，感受劳动的光荣和伟大。组织学生参加现代物流、文化创意等新型服务性劳动，参加公益劳动和志愿服务，利用知识和技能为他人和社会提供服务，树立服务意识，实践服务技能，强化社会责任感。

4. 加强劳动教育研究

上海市加强劳动教育理论创新，推进劳动教育研究管理和成果培育。支持教师积极申报上海市教育科学研究项目，开展劳动教育研究；支持有条件的区和高中开展劳动教育个性化学程与学分制评价研究；举办劳动教育研讨会，促进跨学校、跨区域劳动教育经验交流；组建长三角劳动教育联盟，举办长三角劳动教育论坛，通过主题沙龙、圆桌讨论等形式开展专题交流，促进长三角地区劳动教育一体化发展。

广东省加强学校劳动教育教研。广东省要求学校配足教研部门，加强劳动教育教研力量，指导学校劳动教育教学；组织成立全省学校劳动教育教学指导委员会，在广东省教育科学规划课题（德育专项）中设置劳动教育教学研究项目，研究解决劳动教育教学中的理论与实践问题。

三、地方劳动教育政策实施的影响

随着地方层面劳动教育政策的密集发布和实施，劳动教育在大中小学得到广泛实施，在教育系统内外和各级各类学校共同努力下，各方对劳动教育的育人价值已形成共识，学校劳动教育质量得到较大提高，评价体系也更为科学和完善，取得了一定的育人效果，同时鼓励了各地对劳动教育的创新探索和研究，进一步促进了新时代劳动教育的发展。

（一）改善了劳动教育弱化等状况

劳动价值观教育在我国教育中长期处于被忽视的地位，习近平总书记将劳动教育纳入社会主义建设者和接班人的要求中，从此劳动价值观教育逐渐被重视起来。新时代中国特色社会主义劳动教育政策的主要目标之一就是树立正确的劳动观念，通过劳动价值观教育、劳动精神教育、劳动实践教育突破现有学生价值观的偏差，扭转对劳动的错误认识。地方层面的劳动教育政策文件落实落细了党和国家对新时代劳动教育的新要求，针对劳动教育弱化问题，制定了各种有效措施，从劳动精神、劳动素养、劳动价值等多方面加强引导与教育，从根本上改变了忽视劳动教育的现象。

（二）促进了学生劳动能力提升

新时代地方劳动教育政策紧密对标党和国家对劳动教育的要求，政策中更加侧重学生劳动能力的掌握，并根据学生学段的不同进行了难度划分。这一举措使劳动教育在劳动能力培养上更加具有针对性和可实施性。首先，政策规定要求学生具备基本的劳动科学知识与技能，使得学生掌握基础劳动能力。其次，政策规定为劳动教育提供了保障和引导，使得学校教育能够兼顾体力劳动与脑力劳动，以此形成综合劳动能力，提升学生的劳动能力和劳动素养，以劳育人、以劳树德。最后，地方层面的劳动教育政策文件，设计了丰富的劳动教育内容、多元化的劳动形式，并注重将劳动教育与现代产业劳动特征相结合，增加了学生对劳动的兴趣，促进了劳动技能的学习。

第六章 新时代劳动教育的政策实践与理论进展 | 237

（三）培育了学生的劳动精神和品质

地方层面的劳动教育政策具有明确劳动价值观导向，重视学生劳动精神的养成，将对学生的劳动精神培育融入教育教学全过程，坚持社会主义先进文化与中华民族优秀文化相结合，引导学生厉行勤俭，培育了学生珍惜劳动成果、勤劳创造财富的觉悟。同时，与思政教育相结合，引导学生艰苦奋斗，培育了学生建功新时代、勇担民族复兴使命的担当；引导学生创新劳动，甘于奉献，面对国家危难义不逃责的决心和无私奉献的精神。劳动教育与中国式现代化建设相结合，引导学生自觉自愿劳动，促使学生的劳动品质得到塑造。教育政策以学校劳动教育为主线，强调家校社三者协同教育，通过调整人才培养方案、规范实习实训、保障社会实践，引导学生在劳动中养成认真负责、诚实守信的优良品质。

（四）探索并建构起新时代劳动教育体系

地方层面的劳动教育政策全面规定了劳动教育价值取向、总体目标、教育内容、课程体系、师资队伍、实践活动体系、保障体系等内容，形成了较为系统的、完善的劳动教育实施方案。这些实施方案对于劳动教育具有积极的促进作用。一是劳动教育逐步与其他学科交叉融合。各校的劳动教育课程将劳动规范、职业实践、数字技术、劳动法律等相关内容纳入相应的劳教课程中，为创造性劳动作了充分准备，推动跨学科融合，对劳动教育形式上的创新起到潜移默化且深远持久的影响。二是劳动教育的课程形式逐渐多样化。各地各校积极探索、因地制宜开发了许多各具特色的劳动教育课程，创设了一批具有地方特色的传统产业劳动课程。三是劳动教育的评价体系更趋于科学和完善。新时代劳动教育体系在各地的劳动教育实践探索中逐渐形成。

近年来，随着各地劳动教育政策的推行实施，劳动教育得到广泛重视，并取得了一定的效果，但由于各地劳动教育长期被弱化、淡化，加之新时代劳动教育发展时间较短，且发展时间主要集中在2020年末至今，因此目前全国大部分地区劳动教育主要成效集中于学校劳动教育层面。根据教育部《义务教育劳动课程标准》（2022

年版）的要求，各地方于2022年秋季学期全面实施中小学劳动教育课程。因此，各地方新时代劳动教育发展尚处于逐渐成熟阶段，各地劳动教育政策的主要成效将进一步被凸显。

第三节 教育机构劳动教育开展情况

一、家校社多主体协同开展劳动教育

2020年3月，中共中央、国务院在《关于全面加强新时代大中小学劳动教育的意见》中强调，要强化综合实施，加强政府统筹，拓宽劳动教育途径，整合家庭、学校、社会各方面力量，家庭劳动教育要日常化，学校劳动教育要规范化，社会劳动教育要多样化，形成协同育人格局。

（一）家校社协同劳动的内涵

家校社协同育人是一种教育理念和实践方式，旨在通过家庭、学校和社会三个主要教育环境之间的相互合作，为孩子的全面成长提供支持和呵护。在这个概念中，家庭、学校和社会被视为一个整体，共同承担培养孩子的责任。

家校社协同劳动是指家庭、学校、社会作为开展劳动教育的三大主体，在各自领域中践行劳动教育，通过家校社合作，实现优势互补，创新育人路径，优化劳动教育生态，构建劳动教育新格局。

（二）家校社协同劳动育人的实践路径

家校社协同开展劳动教育是推进劳动教育由理念转化为实践的"法宝"，通过家庭履行主体责任、学校发挥主导作用、社会提供有效支持的有机结合，打造多元协同劳动教育一体化实践路径，充分发挥劳动育人功能，主要包括以下四方面内容。

1. 以家庭为基础，落实家务劳动任务群

落实家庭生活劳动任务群，生活化夯实劳动教育。家庭是学生的第一个学校，家长是学生的第一任老师。家庭中处处都是劳动教

育的"训练场",应以家庭为基础,通过设置适合全家参与的家务劳动亲子活动,如学习烹饪、家庭清洁、整理与收纳等生活化劳动技能,培养学生独立自主的生活能力。

2. 以学校为主导,开展真实的劳动教育

第一,学校要落实立德树人根本任务,科学规划劳动课程体系。学校应根据劳动课程标准要求和地方特色,设定劳动课程目标,明确课程设置、课时分配、课程评价等,设计劳动任务,紧密结合地方经济文化和学生生活实际,规划和开发具备本地特色的学校劳动课程。第二,挖掘多种劳动元素融入教学,开展真实的劳动教育。广域课堂不一定要局限于教室中,应打造劳动教育空间,确保每所学校至少有1处相对固定的校外劳动教育场所,将课堂与生活、劳动相融合。

3. 以社会为支撑,强化劳动教育阵地建设

社会是劳动教育的广阔大课堂,社会资源是最生动的教材。其一,政府要重视劳动教育,推动劳动教育走深走实,由政府主导,统筹规划配置中小学劳动教育资源,出台相关配套政策。其二,夯实劳动教育物质基础,打造劳动教育阵地。

4. 家校社合力,开展具有生命力的劳动教育

杜威在芝加哥实验学校强调,实现家庭、学校与社会的互动才有可能挖掘课程作为劳动教育的价值。第一,家校社合力,强化劳动教育育人合力。家长、教师和社会里的教育者作为开展劳动教育的主体,发挥着重要作用。第二,家校社合作,开展有生命力的劳动教育。实现劳动教育的目标不能简单地依靠某一种场域,需要学校、家庭和社会三方协同发力,在空间上无缝对接,在时间上贯穿始终,建立立体式网络状的校内外劳动教育协同育人机制。

(三)家校社多主体协同开展劳动教育的现实困境

虽然家校社协同劳动育人已引起广泛关注,并取得初步成效,但在实践层面仍存在许多问题和认识误区,主要表现在以下几个方面。

1. 重视程度不够，协同育人功能尚未得到充分发挥

第一，对劳动教育重视程度不够，以劳动代替劳动教育。长期以来，受应试教育影响，劳动教育普遍不受重视，很多家长和教师认为语文、数学、外语等学科才是科学文化知识，劳动课程不属于必考科目，与升学考试关联度低。第二，家校社协同机制割裂，劳动育人功能未得到充分挖掘。家校社协同劳动育人是一项系统性工程，领域跨度大，涉及部门多，有些地区因统筹不力，出现各自为政、条块分割、责任分工不明确等现象。

2. 协同育人体系尚未完善

一是劳动教育指导用书配备有待强化。劳动教育指导用书配备率低不仅影响教学活动的开展，还影响学生对劳动知识、技能和价值的学习和理解。二是劳动教育存在师资短缺问题。《中国教师教育发展报告（2022）》显示，若劳动教育教师按生师比为500∶1进行测算，运用教育统计年鉴数据，可初步测算各学段教师缺口数为小学学段15.8万名、初中学段6.3万名、高中阶段3.4万名、普通本专科6.1万名。由此可见，各学段劳动教育教师普遍不足，严重影响新时代劳动教育的高质量推进。三是劳动教育课程体系不完善，学校开展的劳动教育活动仅在数量、形式上做文章，没有在课程体系建构、教学方式转变、劳动课程内涵丰富等方面进行深入挖掘，没有形成真正意义上的劳动教育课程体系。

3. 劳动时长不达标，劳动教育"被迫独立"

劳动时长不达标，学生自理能力普遍不足。虽然自2022年秋季开始，劳动课正式成为中小学的一门独立课程，每周1课时，但课程容量、教学时间有限，在有限的教学时间内，难以涵盖培养学生劳动能力的全部内容。

（四）家校社多主体协同开展劳动教育的实践探索

家校社多主体协同开展劳动教育，在实践中，显示出多方面的优越性。一是优势互补，打造共管共育的劳动共同体。二是职责明晰，各司其职，丰富劳动育人元素。三是创设家校社合力情境，构建良好的劳动育人生态。实现家庭、学校、社会互为依托，打破家校、课堂、校社之间的边界，拓展劳动育人空间。

1. 上海市家校社协同开展劳动教育的特色模式

上海市普陀区坚持"五育并举"育人格局，促进学生身心健康、全面发展，在规范化建设、一体化融合、家校社联动、多部门协同的工作理念下，劳动教育呈现"课堂教学深入、实践体验生动、社会生活丰富"的良好局面。

一是主要通过开展劳动教育宣传周活动、校内岗位劳动服务，丰富学生校内劳动生活，培养热爱劳动的传统美德。开展家庭"2030快乐劳动"活动（即小学一、二年级学生家务劳动平均每天不少于20分钟，三年级及以上不少于30分钟），寓"劳"于乐、寓"劳"于情，促进家庭亲子关系和谐发展。二是优化校外教育资源。将劳动教育的基因植入"普陀大学堂"建设，建立"1+4"综合劳动教育实践基地（1个总基地、4个分支点），将真实生活场景融入基地的项目化综合体验活动中，构建层级有序、多维互通的劳动教育体验场。三是创设劳动研学、社会公益劳动、走进智能实验室等立体多元的实践形式，形成综合性、实践性、开放性的劳动教育实践新模式。

2. 广东省"1+1+1＞3"家校社协同模式

为贯彻落实《关于健全学校家庭社会协同育人机制的意见》《中山市儿童发展规划（2021－2030年）》，进一步优化儿童发展环境，提高儿童综合素质，广东省中山市小榄镇积极探索，镇妇联联合镇教体文旅局开展提高儿童劳动素养项目，联动社区开展精彩纷呈的劳动实践活动，提高儿童理解、尊重、热爱劳动的意识，树立劳动最光荣的理念。

小榄镇妇联以项目促协同、创新体制、整合资源，打造"1+1+1＞3"的协同劳动育人新样式，探索构建"学校—家庭—社会"一体化的劳动育人体系，强化劳动育人实效，促进儿童全面发展。

3. 山东省形成"1+1+X"劳动教育体系

2023年，山东省烟台市对内强化学校"主阵地"、对外联动"共同体"，努力探索特色化、多样化全环境立德树人"烟台路径"，初步形成"五育并举"、家校社网四维发力、各级各部门协同共建的育人体系。

烟台市强化以德立校，筑牢德育工作主要阵地，启动烟台市目前规模最大、功能最完备的中小学生实践场所，形成"1＋1＋X"劳动教育体系。一是加强立德树人课程建设，构建面向全体、内核引领、效能突出的课堂教学理论体系。二是倡导以德治家，涵育家庭育人浓厚氛围。开展"家庭教育提质行动"，联合印发《关于全面加强"十四五"家校社协同育人工作的意见》，开展"家庭教育大讲堂"活动，开创"1＋14＋X"家庭教育指导服务模式。三是汇聚校外育人资源，与专业社会团体、公共文化机构、街道社区联合拓展育人途径。四是优化立德树人网络环境。开展全市"E路童行　文明相伴""文明素养·与诚信同行""信用点亮美好生活"等18项网络文明活动，有效提升育人水平。

（五）家校社多主体协同开展劳动教育的展望

家校社协同整体性推进的劳动教育实践，是新时期劳动教育的主要形式。开展劳动教育离不开家庭、学校、社会这三大主体，新时期，应形成以家庭为主体、以学校为主导、以社会为有效支撑的劳动全面育人的立体发展模式。面对协同开展劳动教育的现实困境，不仅应充分发挥协同优势，还应积极探索多元化的育人路径，完善育人体系。比如，搭建信息化教育合作平台、建立多元化教育评价体系等。总之，通过家校社协同育人开展劳动教育，要从多方面入手进行教育优化，只有如此才可将劳动教育落到实处。

二、特色化劳动教育课程体系建设

为全面贯彻党的教育方针，落实全国教育大会精神，构建德智体美劳全面培养的教育体系，2020年3月，中共中央、国务院印发了《关于全面加强新时代大中小学劳动教育的意见》，明确指出要构建全面发展的教育体系就要设置劳动教育课程。2020年7月，教育部印发的《大中小学劳动教育指导纲要（试行）》指出，劳动教育是新时代党对教育的新要求，是全面发展教育体系的重要组成部分，是大中小学必须开展的教育活动。由劳动教育课程的政策导向可知，劳动教育课程的建设是当下教育改革的重要议题之一。

（一）劳动教育课程体系概况

1. 课程体系的概念

课程体系是指同一专业不同课程门类按照门类顺序排列，是教学内容和进程的总和；课程体系是育人活动的指导思想，是培养目标的具体化和依托。

劳动教育课程体系要求劳动教育领域内的所有课程按照一定的知识体系和层次结构，整体发挥劳动的育人功能，培养学生正确的劳动价值观和良好的劳动品质。

2. 当前劳动教育课程建设情况

自 2020 年《关于全面加强新时代大中小学劳动教育的意见》和《大中小学劳动教育指导纲要（试行）》出台后，劳动教育作为新的热点被教育界广泛关注，全国大中小学积极探索劳动教育实践形式，其中劳动教育课程建设是广大劳动教育工作者和大中小学关注的焦点。

目前，各地扎实推进中小学劳动教育，深入推进各项工作，中小学劳动教育制度体系逐步完善，劳动实践深入开展，条件保障不断强化，家校社共育持续深化。根据《大中小学劳动教育指导纲要（试行）》，各地落实中小学劳动教育课平均每周不少于 1 课时的要求，并注重在学科中有机渗透劳动教育。与此同时，通过多方联动，家校社协同育人成效明显。中共中央、国务院发布的《关于全面加强新时代大中小学劳动教育的意见》要求，普通高校本科阶段的劳动教育课程不少于 32 学时，并开展劳动周、劳动月等以集体劳动为主的劳动教育。目前，国内绝大多数高等院校已经按照要求开设劳动教育课程，并设立劳动周、劳动月，对学生普遍开展多元化的劳动教育。同时，劳动教育课程在学生群体中的认可度和接受度较高，劳动教育课程培养的劳动精神及通过劳动锻炼意志品质的观念深入人心，但结合人才培养的教育规律和模式，大中小学在劳动教育课程实施过程中仍存在以下问题亟待解决。

(1) 劳动教育课程建设依附于应试教育

从目前的学校教学来看,"分数至上"的思想仍然根深蒂固,学校仍以智育为主,劳动教育难以落地。劳动教育虽然被列入中小学综合实践活动,但其实施却存在缺位、教学时间不够合理、不能以劳动教育为考核指标等问题。

(2) 劳动教育课程建设忽视学生主体性

目前,在我国的劳动教育实践中,有些学校要么照搬教材,要么将之等同于某项预先设定和控制的活动。在劳动教育的过程中,有些教师直接在劳动课上对学生灌输相关知识或理论,忽视学生是处于情境当中的个体的情况;有些教师过于注重形式,缺乏对学生劳动价值观和劳动情感的培育。

(3) 课程内容存在单一性与断裂性

第一,在横向结构上课程内容存在单一性。《大中小学劳动教育指导纲要(试行)》指出,中小学劳动教育课程应以传统工具与手艺为主,同时兼顾新技术和新技艺。然而,由于现实中课程内容过于注重农业种植和养殖等劳动实践,因此传统工艺和新形态劳动被忽视,课程内容单一。第二,在纵向学段衔接上,课程内容存在断裂性。调查显示,96%的小学开设了劳动与技术课程,但初中阶段只有89%的学校开设,且这些课程常被其他课程占用,初三年级普遍没有开设。以上情况必定会导致课程内容在纵向维度缺乏学段衔接。对劳动教育课程体系而言,存在着内容断裂性问题,难以形成完整的劳动教育课程体系。

(4) 劳动教育课程评价虚假化

《大中小学劳动教育指导纲要(试行)》对劳动教育评价作出了指导,其中包括将劳动素养纳入综合素质评价体系,并将过程性评价和结果性评价相互融合。但在实践中劳动教育课程评价出现了诸多虚假化的现象。第一,重"结果"轻"过程"。很多教育机构在考核学生时通常会仅以学生提交的最终结果为准,故而可能会忽略学生在劳动过程中所展现出的实践经历和表现,难以激发学生参与劳动的积极性。第二,重"形式"轻"体验"。有部分学校将劳动教育畸形化，将其等同于"休闲课程"，最后以"拍照片"的形式作为评价方式。以上评价方式都不能全方位且准确地评价学生，难以培养学生的劳动素养。

(二) 劳动教育课程体系的特色化

1. 劳动教育课程体系的框架要素

劳动教育课程体系主要由课程观、课程目标、课程内容、课程评价所组成。具体内容如下：

(1) 劳动教育课程观

劳动教育课程观主要指劳动教育课程所秉持的指导思想。劳动教育四大基本理念是其主要的指导思想：强化劳动观念，弘扬劳动精神；强调身心参与，注重手脑并用；继承优良传统，彰显时代特征；发挥主体作用，激发创新创造。劳动教育课程观为劳动教育课程指明正确的前进方向，在劳动教育课程体系中发挥着重要作用。

(2) 劳动教育课程目标

劳动教育课程目标指劳动教育课程本身要实现的具体目标和意图。课程目标是指导整个课程编制过程最为关键的准则，劳动教育课程目标与劳动教育目标相一致，即准确把握社会主义建设者和接班人的劳动精神面貌、劳动价值取向和劳动技能水平的培养要求，全面提高学生劳动素养，使学生树立正确的劳动观念，具有必备的劳动能力，培育积极的劳动精神，养成良好的劳动习惯和品质。

(3) 劳动教育课程内容

劳动教育课程内容主要包括三个方面：一是日常生活劳动教育，立足个人生活事务处理，结合开展新时代校园爱国卫生运动，注重生活能力和良好卫生习惯的培养，树立自立自强意识；二是生产劳动教育，要让学生在工农业生产过程中直接经历物质财富的创造过程，体验从简单劳动、原始劳动向复杂劳动、创造性劳动的发展过程，学会使用工具，掌握相关技术，感受劳动创造价值，增强产品质量意识，体会平凡劳动中的伟大；三是服务性劳动教育，让学生利用知识、技能等为他人和社会提供服务，在服务性岗位上见习实习，树立服务意识，实践服务技能，在公益劳动、志愿服务中强化社会责任感。其中，不同学段的课程内容的要求也不一致，主要依据学生身心发展规律而制定。

（4）劳动教育课程评价

劳动教育课程评价是课程体系中的关键一环，不仅有助于改善和提升教学质量，还有助于学生的全面发展。以劳动教育目标、内容要求为依据，将过程性评价和结果性评价结合起来，健全和完善学生劳动素养评价标准、程序和方法，鼓励、支持各地利用大数据、云平台、物联网等现代信息技术手段，开展劳动教育过程监测与记实评价，发挥评价的育人导向和反馈改进功能。

2. 劳动教育课程体系的特色体现

目前，全国大中小学劳动教育课程体系的特色主要体现在以下三个方面。

一是特色化的劳动教育课程建设。通过构建由劳动教育必修课程、学科渗透课程、特色校本课程组成的系统化课程体系，优化课程设置，丰富课程形式，不同学段根据学生身心发展需要设置课程内容，将劳动教育有机融入人才培养全过程。

二是特色化的劳动教育实践活动。将学校实践和社会实践作为劳动教育的重要平台，丰富各种校内实践活动。比如，大力推进志愿服务工作，持续创新志愿服务项目；推动劳动教育常态化、生活化，鼓励学生主动投身学生社区运营管理等。另外，深入推进校外劳动教育实践基地建设，通过开发课程、整合资源、联合教研、实践教学，带领学生开展浸入式劳动，于劳动中提升实践创新能力。

三是特色化的劳动教育评价机制。各大中小学可成立劳动教育评价工作小组，细化落实《深化新时代教育评价改革总体方案》中有关劳动教育的相关要求，健全和完善学生劳动素养评价标准、程序和方法，以自评、他评、互评、过程性评价与结果性评价相结合的方式，对学生参与劳动的全过程进行多元评价，依托信息化手段实现学生劳动教育过程记录，将劳动素养评价纳入学生评价体系，并作为衡量学生全面发展的重要内容。

（三）特色化劳动教育课程体系的实践探索

1. 西南大学完善"四个体系"推进劳动教育课程建设

西南大学认真学习贯彻习近平总书记关于教育的重要论述和全国教育大会精神，推动将劳动教育融入人才培养的目标、课程、教学和教材，深入推进新时代大学生劳动教育课程建设，努力培养德智体美劳全面发展的社会主义建设者和接班人。

一是完善目标体系，落实劳动育人。学校出台《关于修订2022版本科人才培养方案的指导意见》，将"以劳塑人"贯穿各专业培养目标，在毕业要求上明确劳动能力和劳动素养要求，进一步推进"五育并举"、全面发展。

二是完善课程体系，强化内容供给。系统优化课程设置，建立"通识教育必修课＋专业实践必修课＋综合实践必修课＋劳动教育特色选修课""四位一体"的劳动教育课程群。

三是完善教学体系，优化综合评价。以课程教学大纲修订为抓手，将劳动教育融入相关课程的培养目标、课程内容、教学方法、综合评价等教学环节，健全涵盖劳动价值观教育、劳动知识学习、劳动技能训练的劳动教育内容体系。

四是完善指导体系，提升课程质量。发挥学校劳动教育研究院作用，凝练总结劳动教育教学研究成果并积极推广。组织相关专家编制《新时代劳动教育指导手册》，对劳动教育的重点任务提出具体要求。

2. 武汉大学以"四个融入"加强新时代大学生劳动教育

武汉大学深入贯彻落实党中央、国务院关于全面加强新时代大中小学劳动教育的重要决策部署，将劳动教育纳入人才培养全过程，在教育教学、创新创业、社会服务、校园生活中丰富拓展劳动教育内容和形式，锻造新时代大学生劳动教育新场域新模式。

一是筑基明德，将劳动教育融入教育教学。加强劳动教育整体规划，强化马克思主义劳动观教育，出台具有校本特色的劳动教育实施方案。完善劳动教育课程设置，将劳动教育纳入人才培养方案，开设"新时代中国特色社会主义劳动教育"公共基础必修课，设计

8个学时的劳动教育理论课程和 2 周的劳动教育实践课程，打造系列劳动教育"金课"。

二是增智善用，将劳动教育融入创新创业。强化科研创新训练，以科技创新类赛事为抓手，带动提升学生自主完成创新性研究的能力。近 5 年，学校学生共获得中国国际"互联网＋"大学生创新创业大赛、"挑战杯"全国大学生课外学术科技作品竞赛等赛事奖项 835 项。强化创新创业实践，系统讲授创新创业课程，开展创业项目设计等实践项目，进一步培育和提升学生就业创业能力。

三是躬身力行，将劳动教育融入社会服务。增强公共服务意识，引导学生学习公共事件中的先进典型和优秀事迹，培育学生在面对重大灾害、公共应急事件等危机时主动作为的奉献精神。

四是塑行赋能，将劳动教育融入校园生活。打造劳动教育校园文化，组织开展"光盘行动""拾白——校园清理"、班级"校园卫生责任田"等活动，推动劳动教育生活化、常态化，引导学生在与他人合作劳动中体会劳动光荣，增强劳动能力。

3. 首届中国大中小学劳动教育峰会在渝开幕

为总结学校劳动教育经验，推动大中小学劳动教育高质量开展，2020 年 11 月 27 日，为期两天的"首届中国大中小学劳动教育峰会"在重庆市人民小学开幕。会议以"共话劳动教育·共创美好未来"为主题，各位专家围绕新时代如何开展劳动教育展开专题交流、圆桌论坛和四场分论坛，多维度共议新时代劳动教育重要议题。

开幕式上，教育部教育装备研究与发展中心主任曹志祥讲话并表示，首届中国大中小学劳动教育峰会的召开，对深刻把握新时代教育改革发展的重点问题，着力推进构建高质量教育体系具有重要意义，将有力促进劳动教育的落实，有助于广大教育工作者更加准确地把握新时代社会主义建设者和接班人的劳动精神面貌、劳动价值取向和劳动技能水平的培养要求。

"本次大会的召开，将为重庆市劳动教育工作吹响号角。"时任重庆市委宣传部常务副部长薛竹在大会发言中表示，加强大中小学劳动教育，是培养时代新人的内在要求，是培育和践行社会主义核心价值观的必然路径。在此背景下,重庆市集聚优势教育资源,搭建经验交流平台,探索成立未成年人劳动教育联盟,希望全市大中小学校运用好峰会成果和联盟资源,积极创建科学的劳动教育实践体系,实现以劳树德、以劳增智、以劳强体、以劳育美、以劳创新,促进学生身心全面发展。

4. 辽宁省打造"四个一"体系,加强新时代大中小学劳动教育

辽宁省认真学习贯彻习近平总书记关于教育的重要论述,围绕劳动教育保障机制、课程体系、基地建设、师资队伍等环节,上下贯通、一体推进打好系列"组合拳",不断提升学生的劳动意识、劳动精神、劳动能力,努力培养德智体美劳全面发展的社会主义建设者和接班人。

一是统筹推进,建立一套系统化的保障机制。辽宁省委、省政府把劳动教育摆上重要议事日程,将"劳动能力培养工程"列为省"十四五"教育发展规划重点工程,不断强化劳动教育工作的统筹设计,推动劳动教育项目化、系统化、科学化实施。

二是科学设计,完善一套精细化的课程体系。建立行政部门主导、教研部门推进的协同工作模式。聚焦学生劳动素养提升,围绕劳动教育中日常生活劳动、生产劳动、服务性劳动三个重点内容,建立面向不同学段学生的多个劳动任务群,积极构建"1+3+N"劳动教育课程实施体系。

三是整合资源,打造一批多元化的实践基地。依托省内厂矿企业、种养殖场、博物馆、科技馆、图书馆等单位,打造一批特色鲜明的校外劳动教育实践基地,努力满足各级各类学校多样化的劳动实践需求。

四是引育并举,培养一支专业化的师资队伍。指导各地各校配齐配强劳动教育师资队伍,保障其在绩效考核、职称评聘、评先评优、专业发展等方面与其他专任教师享受同等待遇。积极挖潜社会资源,聘请能工巧匠、劳动能手、家长志愿者等担任兼职教师,进一步充实劳动教育师资队伍。

三、劳动教育体制机制创新实践

（一）劳动教育体制机制建设内容

将劳动教育纳入国民教育体系，在大中小学全面实施劳动教育，是一项重要且复杂的任务。与智育、美育等相比，社会对劳动教育的认识还有待加强，劳动教育的实施方式、评价办法等工作有待完善，落实劳动教育的体制机制有待建立。

劳动教育的体制机制主要包括劳动教育理论体系、劳动教育内容、劳动教育制度与劳动教育保障措施等，建立劳动教育体制机制主要体现在以下四个方面。

1. 构建劳动教育理论体系

劳动教育只有具备独立、先进的理论体系，才能指导劳动教育的有效实施。各个学校可以聘请劳动教育领域的专家学者、企业家、劳动模范等，构建劳动教育专家库。同时，高校应以马克思主义劳动观为理论指导，结合新时代要求不断研究和探索，最终形成具有自身特色的劳动教育理论体系。

2. 完善劳动教育内容

《关于全面加强新时代大中小学劳动教育的意见》指出，要根据教育目标，针对不同学段、类型的学生特点，以日常生活劳动、生产劳动和服务性劳动为主要内容开展劳动教育。此外，因为高校所培养的大学生群体正处于由校园向社会过渡的阶段，所以高校劳动教育的内容应与社会生活联系起来，让大学生在社会实践活动中充分体会劳动的重要性、增强劳动意识、积累劳动经验等。

3. 建立健全劳动教育制度

若想有效落实劳动教育，就要有相应的制度作为保障。各个学校应制定相应的劳动教育制度，并将其融入教学管理制度、校园文化制度及后勤保障制度体系，使劳动教育与专业教学相得益彰。

4. 完善劳动教育保障措施

为确保劳动教育的实效性，大中小学需要不断完善劳动教育保障措施，着力提升劳动教育支撑保障能力，从开拓场所、人力支持、物质保障等方面为劳动教育的顺利开展保驾护航。

(二) 劳动教育体制机制创新探索

劳动教育是落实立德树人根本任务的综合课程，但在推行中仍存在不同程度的困难和问题。大中小学需要找准着力点，积极探索劳动教育体系建设的机制创新。

1. 天津大学多措并举推进新时代大学生劳动教育

天津大学认真学习贯彻习近平总书记关于教育的重要论述和全国教育大会精神，深入落实党中央、国务院关于全面加强新时代大中小学劳动教育的决策部署，围绕完善体制机制、健全课程体系、建强资源平台、拓展实践场域等方面持续发力，探索完善新时代大学生劳动教育模式，努力培养德智体美劳全面发展的社会主义建设者和接班人。

一是加强统筹推进，完善劳动教育体制机制。加强组织领导，采用专兼结合方式配强劳动教育师资力量，着力打造学工部牵头、多部门协同联动、院系落实推进、教师全员参与的劳动教育工作格局。

二是整合教学资源，健全劳动教育课程体系。将劳动教育纳入人才培养全过程，在人才培养目标、培养要求、课程设置中突显劳动教育内涵。完善劳动教育课程设置，本科生劳动教育类必修课不得少于32学时。拓展课程内劳动教育内容，挖掘各类课程中的劳动教育元素，培养学生劳动技能，提升学生劳动素养。

三是注重价值引领，打造劳动教育平台矩阵。丰富生活劳动实践，搭建"生活＋"劳动平台，实施学生宿舍"力行工程"，开展爱国卫生专项行动，引导学生"做中学、学中做"，进一步激发学生参与劳动的主动性、积极性和创造性。

四是突出实操淬炼，拓展劳动教育实践场域。实施劳动教育赋能助力计划，设立专项基金，依托学科优势和特色，围绕日常生活劳动、生产劳动和服务性劳动等方面，创建"耘梦园"、陶艺工作坊、"向海问津"等19个特色劳动教育实践基地。举办"天大劳动周"和劳动教育月，每年开展劳动教育主题活动50余项，持续提升劳动教育质量。

2. 湖北省积极推进新时代大中小学劳动教育

湖北省认真学习贯彻习近平总书记关于教育的重要论述和全国教育大会精神，全面贯彻党的教育方针，将劳动教育纳入人才培养全过程，完善制度体系，推进课程实施，丰富教育方式，强化条件保障，努力培养德智体美劳全面发展的社会主义建设者和接班人。

一是健全机制，强化劳动教育组织实施。完善组织机制，湖北省人民政府印发《全面加强新时代大中小学劳动教育若干措施》，从构建劳动教育体系、强化劳动教育组织实施、完善劳动教育保障机制等方面提出10项具体举措；各地各校及时出台劳动教育相关文件或实施方案。

二是优化设置，完善劳动教育课程体系。强化政策落实，指导各地各校认真贯彻落实教育部《大中小学劳动教育指导纲要（试行）》，按要求开齐开足劳动教育必修课。宜昌市将每年五月第二周设为"劳动教育周"；鄂州市制定劳动公约，成立劳动社团近3000个；襄阳市组织普通中小学联合职业院校开展劳动教育。湖北文理学院自编劳动教育教材；武汉市第一商业学校实行"校内学习实训—工学滚动实习—企业顶岗实践"三阶段递进式工学交替人才培养模式。

三是加大投入，夯实劳动教育条件保障。2019年以来，湖北省各级财政累计投入9800余万元支持建设劳动教育实践场所。截至2024年，全省共有6个国家级示范性综合实践基地，24个全国中小学生研学实践教育基（营）地，36家省级中小学生劳动教育实践基地，134个省级研学实践基（营）地，劳动教育实践水平不断提高。

3. 河南省深入推进劳动教育实践基地建设

为深入贯彻落实河南省关于加强大中小学劳动教育的工作要求，提升学校劳动教育教学水平，加强学生劳动教育实践场所建设，根据河南省教育厅办公室《关于遴选河南省首批劳动教育实践基地的通知》（教办体卫艺〔2023〕221号）要求，经各地各校推荐、省级评审、公示等环节，认定荥阳市那滋味生态农场劳动教育实践基地等31个单位为河南省首批劳动教育实践基地，并提出如下要求，由各地各单位结合实际贯彻执行。

(1) 明确目标，精准定位。

河南省劳动教育实践基地是面向全省大中小学生组织集体劳动教育教学，培养学生实践能力、劳动精神和劳动素养的教育教学场所。各地、各学校要以劳动教育实践基地为纽带和助推器，推进学校与基地有效衔接、家校社协同育人。各基地要深入贯彻落实党的教育方针，探索基地与各级各类学校协同育人的有效路径；要明确发展目标，积极开发课程、整合资源、联合教研、实践教学，增强基地教学活动的实践性、体验性、有效性、特色性。

(2) 深化创建，强化合作。

各基地要充分发挥优势，增强合作意识，结合学生身心发展特点，进一步优化培养模式、教学方式，做好适应各学段衔接课程开发及基础条件保障。每个基地每年至少开展一次涵盖劳动实践教学、课程开发、合作交流等内容的主题活动，并科学制定活动方案和实施路径，确保活动高质量开展。

(3) 加强管理，高效利用。

各基地要坚持公益性、安全性、示范性原则，完善运行管理机制和规章制度，提升基地利用效率和活动效果。要设立专门机构，安排专业人员负责学生劳动实践教育教学工作，加强对学生劳动安全教育和保护等管理工作。要充分结合学生的学习规律和时间安排，建立健全科学便捷的预约联系机制，利用网络平台及时公布开放时间和预约方式，确保学生劳动教育实践活动质效。

河南省教育厅将对"河南省劳动教育实践基地"实行动态管理，对没有发挥积极作用的基地将取消其称号，对活动开展和育人成效突出的基地将给予政策支持。

4. 辽宁省大力推进新时代大中小学劳动教育

辽宁省深入学习贯彻习近平总书记关于教育的重要论述和全国教育大会精神，深入落实党中央、国务院关于全面加强新时代大中小学劳动教育的决策部署，注重科学规划、因地制宜、协同联动、汇聚合力打造具有区域特色的劳动教育体系，促进学生全面发展、健康成长。

一是注重科学规划，强化劳动教育组织实施。出台《全面加强新时代大中小学劳动教育若干措施》，将劳动教育贯穿人才培养全过程，推动建立劳动教育长效机制。将"劳动能力培养工程"列为省"十四五"教育发展规划重点工程，省级层面遴选培育1000个劳动教育精品课、创建200个劳动教育示范学校、建设50个示范性劳动教育实践基地、30个劳动教育实验县（市、区）。

二是注重因地制宜，挖潜劳动教育特色资源。充分挖掘校内外劳动教育资源，丰富和拓展劳动教育课程及实践场所，推动"以劳动教育课程体系创建品牌，以系列内容促发展"的校内外联动劳动教育课程实施模式。例如，大连市甘井子区依托区域内劳动实践基地开展日常生活劳动和服务性劳动，开设丰富多样的区本劳动教育课程，搭建劳动教育成果展示平台。

三是注重协同联动，丰富劳动教育方式方法。构建基地、学校、家庭、社会"四位一体"协同育人机制，积极发挥学校的主导作用。例如，沈阳市第三十五中学设立"农趣园""汽车主题馆""新能源馆"等20余个功能馆室，与相关企业、高校以及科研院所建立劳动教育综合实践基地，优化劳动教育实践课程。

四是注重汇聚合力，完善劳动教育保障机制。强化劳动安全风险防范与管理，健全安全教育与管理并重的安全保障体系。统筹安排劳动教育经费投入，加强学校劳动教育设施建设，积极吸引社会力量提供劳动教育服务。将劳动教育开展情况纳入各级教育督导体系，对各地各校劳动教育开课率、劳动基地达标率、实践基地使用率等进行督导检查，着力推动劳动教育顺利开展、落地见效。

第四节　学术界关于劳动教育的研究与探索

一、关于劳动教育理论问题的认识与解读

（一）关于劳动教育内涵的研究

劳动教育内涵随着时代发展而不断衍生出新的内涵和外延，学界关于劳动教育内涵的讨论大都从个人发展与生产力进步两个维度展开，分别从目的、内容、形式三个方面进行阐述。

檀传宝（2019）通过对劳动、实践、活动、劳动精神、劳动价值、劳动素养等劳动教育内容的辨析，明确劳动教育的基本内涵为通过提升以劳动价值观为核心的劳动素养的方式来促进学生全面发展的教育活动。班建武（2019）在准确认识劳动与教育的关系的基础上指出，劳动形态的变革要求劳动教育要树立发展的教育观，使劳动教育实现从工具到存在的功能转变。柳夕浪（2019）认为，从目的宗旨上看，劳动教育是为了劳动（者）的教育，要通过在劳动中进行教育的途径来完成关于劳动的教育。张利钧、赵慧勤、张慧珍（2021）指出，新时代劳动教育的内涵特征体现在劳动教育要素的构成充实、支点的时代转向以及内容的贯通重组。方亮（2022）认为，新时代劳动教育以劳动素养的培育为方向，通过五育统一的整体发展来实现学生的全面发展。

针对大学生的劳动教育内涵，学者们更加强调劳动的社会性价值和劳动教育对劳动者素养的促进与提升。张海生（2021）从本体论的角度论述了高校劳动教育本质上是生产性（脑力）劳动，内涵指向高深知识的专业性与实践性，是自我教育与社会教育的统一。曲霞（2019）从劳动教育的内容、形态、目的等方面解读新时代高校劳动教育的内涵，认为劳动教育是对大学生进行系统的劳动思想教育、劳动技能培育与劳动实践锻炼，全面提高大学生劳动素养的过程。刘向兵（2019）拓展了新时代劳动教育的四大新内涵，即培

养"四最"的正确劳动价值观，培育辛勤劳动的积极态度，强化诚实劳动的优良品德，掌握科学的劳动知识技能，从而为大学生劳动素养的全面提升打好基础。

综上，学界对劳动教育内涵的理解，基于时代要求和大中小学不同学段的外延，包括了受教育者的社会适应性成长及劳动素质内容。总体上，劳动教育的内涵是以促进学生形成劳动价值观和养成劳动素养为目的的教育活动。

（二）关于劳动教育与人全面发展的关系的研究

中共中央、国务院《关于全面加强新时代大中小学劳动教育的意见》指出，"劳动教育具有树德、增智、强体、育美的综合育人价值"，明确了劳动教育在"五育"中的基础性地位与综合性育人特点，对实现"全面育人"的教育目标具有内在优势。学界对劳动教育支持人的全面发展相应进行了很多深入研究。

赵建芬（2020）提出，劳动与人全面发展存在内在关联性，劳动素质的提高与受教育者全面发展成正相关，劳动教育不仅与其他四育并列，而且对其他四育起推动作用。赵荣辉（2024）认为，劳动教育对学生的全面和谐发展具有积极的促进作用。经常变换劳动形式，能使学生从多样化的劳动中获得满足，获得不同的技能和技巧，进而促进其和谐成长。劳动教育关注创造性和手脑并用，劳动过程本身的"创造因素"是激励学生完成劳动任务的"主要的有时甚至是唯一的动力"，而体力劳动与脑力劳动相结合则是引导学生热爱劳动具有决定意义的手段，能够促进学生身心的和谐发展。毛菊（2020）认为，高校劳动教育使学生在对象化的劳动中证实自我存在的力量，获得自我实现，劳动教育弥补"实验室"人才培养的缺陷，它是人的全面发展的重要维度。郭长义（2019）指出，高校开展劳动教育有助于大学生本质力量的发挥，围绕人的全面发展这一中心任务开展劳动教育有助于大学生主体地位的提升。这是实践能力完善的过程，是促进个人成长的重要途径。

综合上述研究观点，劳动教育通过塑造学生的劳动价值观、培育学生的德行、开启学生的智能、强健学生的体魄、涵养学生的审美、提升学生的劳动素养，使受教育者得到全面素养的提升和发展。劳动教育是全面发展教育体系的重要构成部分，对落实立德树人根本任务，培育德智体美劳全面发展的社会主义建设者和接班人具有重要意义。

（三）关于劳动教育价值的研究

学界从我国全面推进现代化建设、教育高质量发展、实现个人全面发展三个维度研究了劳动教育价值。

1. 劳动教育是建设社会主义现代化强国的人才支撑途径

建设社会主义现代化强国、实现民族复兴，需要锻造一支德才兼备的高素质人才队伍，劳动教育是实现人才强国的重要途径。岳海洋（2019）认为，新时代赋予劳动教育新的价值和内涵，通过劳动教育，广大青年学子能够全面准确地认识劳动，将个人的发展与国家的繁荣强盛紧密结合在一起，通过每一个个体的劳动为国家发展建设注入源源动力。韩天炜（2020）提出了劳动教育具有呼应政治发展、服务经济建设、存进文化发展的价值指向，劳动教育能帮助大学生群体建立和巩固正确科学的劳动观念和就业观念，使高校学生在劳动教育中提升自身综合素质，在劳动实践中实现人生价值，在提高自身实践能力和工作技能的同时肩负起民族复兴的使命。刘雨昊（2023）指出，国家现代化建设要不断提高工业实力、科技实力、文化软实力等，当前高素质技能型、创新型劳动者相对短缺，劳动教育能提升大学生劳动素养，为国家培养更多的优秀工程师、卓越工匠和高技能人才，实现人才全面发展。

2. 劳动教育是立足中国大地办教育的现实需要

第一，劳动教育是贯彻新时代国家教育方针的重要举措。加强大学生劳动教育，是落实立德树人的必然要求。王全忠、姚莉丽（2021）认为，应充分发挥劳动教育在"五育并举"中的促进功能，注重以劳树德、以劳增智、以劳强体、以劳育美，充分发挥其"以劳育人"的价值与功能，为培养全面发展的高素质的"完整的人"夯实基础。李柯（2019）指出，劳动教育与德智体美四育具有密切联系，并在梦想实现、价值引领、实践育人、以文化人四个维度对高校落实立德树人根本任务提供了有力支撑。第二，劳动教育是高水平教育体系的关键一环。王丽荣、卢惠璋（2020）从马克思的劳动理论出发，论述了大学生劳动教育不仅具有实现中国梦、完善教育体系、培养时代新人的时代价值，还具有焕发劳动热情、成就美好生活的人文价值。

劳动教育中蕴含着丰富的中华优秀文化，承载着诸多优质的育人理念，在新时代新形势下将劳动教育纳入我国教育体系是对中华民族热爱劳动的历史文化的承续，对强化当代青年学生群体的文化自信，培育劳动奋斗精神具有重要的意义，对教育事业的发展及教育强国的建设具有重要的启示作用。

3. 劳动教育是学生全面发展、实现个人价值与社会价值统一的必要途径

岳海洋（2019）指出，加强高校劳动教育对实现中华民族伟大复兴、实现立德树人根本任务、推动大学生全面发展具有重要价值。唐洁、杨金才（2021）认为，新时代高校劳动教育对坚定大学生社会主义核心价值观、促进身心健康具有积极作用。刘飞君（2022）指出，在智能时代下劳动教育是大学生劳动价值观、劳动精神的重要塑造场，对树立大学生自主学习观念、培养人机写作能力、驾驭智能技术以成为新型劳动者具有重要作用。

劳动教育以劳树德、以劳增智、以劳强体、以劳育美，"五育并举"培养德智体美劳全面发展的时代新人，使大学生在具备专业能力的同时，还具备高尚的道德情操，全面提升素质。

二、关于劳动教育落实中存在问题的认识

劳动教育落实中存在两个方面的问题，一是劳动教育本身发展质量问题，二是学生劳动素养发展问题。

（一）劳动教育发展质量问题

1. 劳动教育课程建设不足

学校在劳动教育课程建设上普遍达到了《关于全面加强新时代大中小学劳动教育的意见》对学时设置的要求，但其课程建设种类、

质量、形式等都需要加强。同时，实施过程、实施情况和实施效果难以保证，劳动教育师资中专业人才较少，短时间内难以培养和引进新的专业型人才。吴玉剑（2021）指出，学生在劳动教育中只会"听、看、考"，教师只会"说与教"，单一的课程形式严重阻碍劳动教育的实效性。基于劳动教育课程乏力进行分析，鲁扬（2019）提出目前高校课程化进程缓慢，导致开展的无序化与低效率，在课程内容上未能充分地突出大学劳动教育应有的职业性与创新性。关于劳动课程建设问题，学界普遍认为，高校在课程开发层面缺乏标准指引，课程资源缺乏、课程设置不完善致使劳动教育难以发挥刚性作用。

2. 劳动教育基础建设不足

劳动教育基础环境设施如场地、设备、资金、课程教学与专业师资等方面的配置和发展仍属于基础阶段，对新时代多样化的劳动教育需求、条件、环境等适应性不强，对新时代学生劳动教育发展了解程度不高。同时，劳动教育的空间建设很缺乏，劳动教育资源开发利用也不足。目前，多数大中小学在师资配备、场所建设以及协同育人等方面存在着资源短缺、对资源的开放与利用不足等问题，影响劳动教育一体化的推进。

3. 劳动教育体制机制建设不完善

学校对劳动教育的创新性理解与实践具有一定的滞后性和固化认识，因而劳动教育体制化方面的发展难以完善。吴遵民（2020）指出，当前劳动教育并未得到应有的重视，且劳动教育的教育资源、教学师资与评价标准等都不够细化，导致劳动教育并不能发挥其"五育"综合育人价值。郭旭明（2021）认为，当前劳动教育大多只停留在课堂与理论层面，劳动教育实践活动较少且缺乏对劳动实践活动的统一规划，从而造成"有教无劳"现象的发生，极大阻碍劳动教育效果的发挥，致使劳育在一定程度上丧失综合育人功能。魏浩天（2023）认为，劳动教育评价不全面，部分学校仍缺乏健全的劳动教育评价体系，而现有评价体系在具体实施中还面临着评价内容片面、主体单一、方法简单诸多问题。

4. 大中小学劳动教育一体化衔接不畅

一是劳动教育目标层次不清。教育目标缺乏一体化规划和衔接性，天然学段壁垒造成大中小学之间劳动教育目标相互割裂，在完成各自目标的同时，没能层层递进地促进劳动教育一体化实现最终目标，没能将培养全面发展的社会主义建设者和接班人的最终目标接续贯彻落实。二是劳动教育内容衔接不够。当前，各学段的劳动教育内容并没有做到精准匹配，内容衔接不流畅，甚至出现前后无关联、交叉重叠等问题。

（二）学生劳动素养发展问题

1. 劳动教育的主体性存在缺失

劳动教育的主体性指在劳动过程中的每一个部分都能够由劳动者主导，劳动主体充分发挥自己的作用。余清臣（2021）指出，当前"强制性劳动意志培养"式的劳动教育容易导致学生不是为劳动本身而投入劳动教育中，将导致学生对自身本质力量的占有和发展的主体性缺失。刘静宇（2023）通过调查大学生对自己课外时间安排的倾向发现教育主体缺乏劳动动力，将自身日常生活与劳动交融的意识较弱。他指出，大学生劳动教育应融入大学生现实生活，成为具有经常性、现实性的常态化劳动教育。陈斯琪（2019）认为，部分高校所开设的劳动课程流于形式，开设课程数量完备但多被占用，学生缺少身体的主动参与反映了劳动教育离身化的倾向。

2. 劳动价值观存在偏差

基于劳动教育价值观问题的分析，邓旭升（2020）指出，现实层面个体的意识偏差、培育认知乏力以及文化氛围淡薄等使得劳动教育陷入困境。王玉廷（2019）认为，劳动教育被披上功利化的外衣，功利主义、精致的利己主义取向造成大学生对劳动教育物质化理解、世俗化对待，使高校劳动教育脱离育人的本质要求。

总结上述研究观点可以发现，当前劳动教育主体的劳动价值观塑造不够科学。一是对劳动缺乏正确的认知，轻视体力劳动，没有认识到劳动是一切财富的源泉。二是劳动态度消极。在文化多样、价值多元、思想纷杂的当今时代，某些腐朽观念、错误思潮不可避免地会影响学生认知。三是劳动价值取向存在物质化和功利化倾向，片面追求劳动的经济价值，倾向于个人利益的实现，缺少奉献意识和社会责任感。

3. 内容同质化，形式单一，制约个性化发展

劳动教育内容趋同，流程与形式较为单一。特别是大学劳动教育，专业特色不明显，简单设置传统劳动活动，对学生劳动能力的提升难以起到很大的帮助。张金臻（2023）指出，学生在劳动过程中也难以与自身专业特色相结合发挥出自己的优势，而劳动教育最终也会呈现出同质化的结果。单旖旎（2022）认为，当前高校学生未能体验到劳动过程中身心释放的愉悦，单调的形式禁锢了学生在劳动中的思想意识，致使劳动教育难以充分发挥作用。乐晓蓉（2020）指出，教师对学生的培育过多关注外化和物化的效果，囿于职业技能培训、体力训练或说教。

综合上述文献观点，劳动教育的内容与形式均有较大提升空间。一方面，劳动教育实施的内容较为相似，所进行的流程与形式也较为单一。在这种情况下，学生易产生枯燥乏味的心理感受，投入劳动教育的兴趣就不高。另一方面，各校实际开展的劳动教育的内容区别度一般，劳动教育活动的专业特色不明显，文科、工科、理科、艺术、经管以及其他不同专业的劳动教育并未彰显学科特色。

三、关于劳动教育的发展体系建构的研究

学界关于开展劳动教育体系构建的研究主要集中在教育目标、教育内容、教育方式、实践平台、评价机制和文化氛围等方面。

（一）劳动教育的目标设定

柳友荣（2024）辨析了劳动教育的教学目标和教育目标，认为仅有"碎片式""分离式"的课程是"窄化"劳动教育，将"育"等于"课"。劳动教育的目标应考虑全面的劳动素养，包括完善的实际的技能技巧和劳动活动对人的精神道德影响等全面的教育目标。因此，从内容设定上，应超越简单的劳动任务而设置创造性的劳动目标，从形式上设计无偿劳动。劳动教育体系的设置还应体现时代变

化带来的劳动本身的作用变化，更符合现代社会对劳动的需要。

（二）劳动教育的综合实施路径

冯刚、刘文博（2019）认为，大学生劳动教育应牢牢把握劳动教育的原则，在观念、制度、实践、评价四个层面探索创新实践路径。孟国忠（2019）指出，高校要从强化思想引领、激发学生活力、凝聚教育合力、丰富教育形式四个方面来扎实推进劳动教育。刘向兵、赵明霏（2020）基于知识整体理论的视角，从思想政治教育、专业教育、社会实践活动、劳动教育必修课以及对劳动教育的科学研究五个方面提出了构建高校劳动教育体系的实践路径。贾丽辉（2021）提出，高校深化劳动理论教育的主渠道是思想政治理论课，劳动实践要充分结合学科特点，培养大学生创新思维能力。马志霞、黄朝霞（2021）从劳动教育顶层设计、劳动文化氛围、劳动课程体系、劳动实践平台四个维度提出了新时代大学生劳动教育的实践策略。周君佐、李铉、咸春龙（2022）根据对粤港澳大湾区6所高校的调查研究结论提出，要从加强对大学生劳动价值观教育，建立贯穿课内外、校内外的劳动教育体系和构建劳动教育保障体系几个方面提高大学生劳动教育实效性。朱春艳、孙安洋（2022）从认识、认真、认同三个环节提出了高校建立劳动教育综合评价体系、设计长效多元的劳动教育机制的路径。贾琮（2023）提出，从政府政策、学校教育、家庭和社会配合多维度构建劳动教育一体化建设，如强化政府整体推动，推进各项相关政策的落实；学校创新教育体系，夯实课程基础，丰富教学内容，拓宽实践渠道以及建设校园文化；家庭和社会协同育人，凝聚一体化合力，挖掘劳动教育资源，营造氛围，形成共育合力。

第七章　新时代劳动教育的实践探索

第一节　国内学校劳动教育案例

一、义务教育机构劳动教育实践案例

（一）扎实推进新时代劳动教育——河北省

河北省认真学习贯彻习近平总书记关于教育的重要论述，深入落实党中央、国务院关于全面加强新时代大中小学劳动教育的决策部署，将劳动教育纳入立德树人全过程，积极构建大中小学劳动教育长效机制，努力促进学生全面发展、健康成长。

1. 重谋划，加强统筹推进

一是健全制度体系。河北省委、省政府出台《关于全面加强新时代大中小学劳动教育的实施意见》，聚焦建场地、配师资、抓投入、保安全四项基础和组织领导、督导检查、宣传引导三个抓手，部署全省大中小学深入开展劳动教育。河北省教育厅印发《关于进一步做好学校劳动教育工作的通知》，要求"一校一案"科学设计劳动教育清单，推动劳动教育高质量发展。二是强化工作部署。召开全省劳动教育推进视频会，组织各级教育行政部门分层分级举办劳动教育工作推进会和培训班，为系统推进劳动教育奠定基础。三是加强指导服务。成立省、市、县三级学校劳动教育教学指导委员会，分设普通高校、高职高专、中小学分委会，组建河北省劳动教育专家库，组织劳动教育教师开展学术交流与培训，强化各级各类学校

劳动教育指导服务。

2. 建机制，创新监管体系

一是坚持数字赋能。研发集学校劳动教育管理、政策发布、经验交流等功能于一体的河北省中小学劳动教育管理平台，以学校为最小单元，省市县三级自下而上逐级推进，定期填报劳动教育实施情况，实现中小学劳动教育信息"一站式"动态监控、精细管理。二是健全评价机制。河北省教育厅制定《河北省大中小学劳动教育状况评价指标体系》，明确4项一级指标、17项二级指标，按照定性定量相结合的方式全面评估学校劳动教育实施情况和学生劳动素养。石家庄市、唐山市等制定《学生劳动实践评价手册》，通过设置劳动教育目标清单和成长档案、建设师生综合素质评价平台等，形成"监测—反馈—导向"良性动态评价模式。三是强化跟踪督导。建立劳动教育实施情况年度自评、阶段调研、重点督导的常态化跟踪督导工作机制。2020年以来每年组织各地开展劳动教育进展情况年度自评，2021年、2022年连续两年开展劳动教育落实情况实地督导调研，2022年组织开展春季学期劳动教育课程开设情况普查、师资配备情况自查，不断推动劳动教育落细落实。

3. 抓课程，把握关键环节

一是开齐开足必修课程。认真落实教育部《义务教育课程方案和课程标准（2022年版）》要求，全省所有中小学已开设劳动教育必修课和劳动周。二是加快建设数字课程。组织录制294节主题视频公开课，在河北省基础教育在线教学资源平台公布，供全省学校免费使用。常态化推行秋季学期"劳动教育第一课"，开展全省大中小学劳动教育"开学第一课"微课遴选工作，遴选标杆作品和优秀作品，在全省展示推广。三是打造特色校本课程。鼓励全省大中小学一校一亮点、一校一品牌，将非遗传承、民族工艺等融入劳动教育，打造特色优质劳动教育校本课程。截至目前，河北省大中小学已累计开发劳动教育校本课程3900余种，着力构建彰显时代新声、河北特色的劳动教育课程体系。

4. 夯基础，健全保障机制

一是建强师资队伍。各地各校通过教师聘任、优秀课程教师兼任、技术能手特聘等方式，组建一支涵盖2万余名教师的大中小学劳动教育师资队伍，其中专任教师有5000余名。同时，强化劳动教育教师培训，举办两期全省劳动教育师资暑期培训班，截至2023年12月，已累计培训劳动教育骨干教师1200余名。二是拓展实践场所。全省各级各类学校统筹中央、省级补助资金和自有财力，建立以种植园、实验室等为重点的校内实践场所1.3万余个，以"农业＋""工业＋""科技＋"为特色的劳动实践与实习实训基地1万余个。三是加大经费投入。河北省财政每年划拨150万元劳动教育专项经费，用于劳动教育基地建设、耗材补充等，各地各校严格落实经费投入要求，将劳动教育经费纳入年度预算，全力保障劳动教育顺利实施。

5. 强引领，营造良好氛围

一是强化党建引领。开展特色劳动教育实践活动，组织"深化劳动教育实践　献礼建党百年华诞""劳动光荣　匠心筑梦""五个一"等系列劳动教育实践活动，开展河北省学校劳动教育文化实践及成果展示，以丰富多彩的活动内容展现中小学生劳动风采。二是注重示范带动。遴选省级劳动教育实验区15个、劳动教育试点校152所、中小学劳动与研学实践教育基地222家，以点带面助推全省劳动教育走深走实。三是坚持以赛促教。组织全省大中小学生劳动技能竞赛，在全省大中小学掀起"爱劳动　会劳动　懂劳动"热潮，积极营造家庭、学校、社会共同关心劳动教育的良好氛围。

（二）区域劳动教育发展——烟台市

随着我国劳动教育进入高质量发展的新阶段，烟台市紧跟国家教育改革精神和步伐，2021年印发《关于加强新时代中小学劳动教育的意见》，首次明确提出"1＋X"劳动教育课时制度。以此为起点，烟台市对区域劳动教育进行系统研究和整体设计，分别于2022年10月和2023年7月印发《关于推进"1＋1＋X"劳动教育体系实施工作的指导意见》《烟台市全面实施"1＋1＋X"劳动教育体系工作方案》（即中小学每周安排 1 节劳动必修课，每学年设置 1 个集体劳动周，"X"则指学生每周要落实劳动教育清单的课外校外劳动实践时间），抓实基础保障，抓活路径引领，抓好评价环节，全面开启全域推进"1+1+X"劳动教育体系实施的新篇章。

"1+1+X"劳动教育体系由基础保障、引领支持和评价助推三大实施体系共 9 项实施内容构成。在构建推行该体系的过程中，烟台市以实践育人为导向，统筹办学治校各领域、教育教学各环节、人才培养各方面资源，建立协调实施、资源共享、区域联动、清单驱动和表扬激励等运行机制，着力促进学校劳动教育效益提升与品牌形成，推动全域劳动教育优质均衡发展，共建"校校开展、班班行动、人人参与"的劳动教育优良生态。

（三）家校社联动推进劳动教育"覆盖网"——上海市闵行区浦江第一小学

上海市闵行区家校社联动推进劳动教育的实践始于 1998 年。2004 年 8 月，随着上海市闵行区浦江第一小学（以下简称"浦江一小"）劳动教育实践的深入开展，区内兄弟学校浦汇小学加入了实践研究团队。两校携手并进，于 2021 年 5 月同时获评上海市中小学（中职校）劳动教育特色校。

家校社联动，就是将日常生活劳动、生产劳动、服务性劳动融入家庭、校内、社会三个方面。为此，浦江一小首先创制了一份劳动教育清单，包含家、校、社三个方面 16 个系列 160 课时。同时精心统筹劳动时间，形成劳动教育时间链。浦汇小学也在此框架下以"探春·喜劳动""嬉夏·慧劳动""品秋·趣劳动""暖冬·乐劳动"为主题，形成六大系列 160 门课程，强化两校劳动教育联动效应。

此外，两所学校还充分整合校外资源，与校外劳动教育实践基地合作。浦江一小承办以"走进乡村，农事教学做"为主题的上海市"学生劳动教育宣传周"实践活动，与劳模、工匠和家长一起，开展各类特色活动。浦汇小学成为上海市"百名劳模进校园"活动首批结对学校，学生既能在自然中劳动，也能近距离感受劳模精神、聆听劳模故事、分享工匠情怀，还能在手脑并用中出力流汗，培育劳动意识、提升劳动素养。

（四）如何上好劳动教育这门必修课——上海市

截至 2023 年 6 月，上海市已布局建设市、区两级学生社会实践基地 2100 余家，提供劳动实践岗位 80 多万个，联动百余所职业院校开发了适合不同年龄段学生的职业体验项目课程，让更多中小学生有机会参与体验，感受劳动的快乐。上海市的劳动教育基地达到 135 家，居全国前列。让学生在劳动中收获喜悦、感悟劳动价值，是劳动教育这门必修课的应有之义。

占地 5000 平方米的"林间课堂"，是宝山区学生的劳动教育实践基地之一。在这里，学生可以通过动手获得真知。从社区巴士，到立体绿化，过去几年，学校纷纷紧跟社会热点问题，尽可能让学生在动手中寻找解决问题的方案。而不少郊区学校则充分利用区位优势和乡村资源，让学生在农田中体会劳动的快乐。

金山区的近千名学生参加了割小麦、拔萝卜等技能比拼，未来这个大赛还将在毗邻的长三角城市推广，实现劳动教育资源共享。为了更好地使基地的资源得以拓展，金山区还联动了毗邻的平湖市、嘉兴市，共建了很多课程资源，让孩子有更多样化的体验。

黄浦区海华小学通过往空中发展，在教学楼楼顶平台开辟出屋顶花园，让孩子们体验种植与收获的乐趣，有效解决了老城区和学校空间有限的问题，让学生获得了更多劳动实践机会。

（五）因地制宜开展"种豆得豆"劳动教育实践——黄冈市红安县永河小学

1. 资源开发：根在生活

永河小学以劳动课题为依托，以劳动实践基地为主阵地，开发了特色劳动教育实践课——"豆课程"。围绕"大豆一生"，开展春种、夏耘、秋收、冬藏一系列"豆"主题的生产劳动。在此基础上，学校持续实践和不断改进，已经形成包含"日常生活劳动、豆课程、油菜课程、蔬菜种植、读出一本书、社团活动"等具有地方特色课程内容的"1＋N"劳动实践课程规划。

2. 实践活动：劳在身边

永河小学开发了红领巾蔬菜种植基地和园丁蔬菜种植基地，每周三下午全校开展劳动实践课，组织学生到基地开展生产劳动；每天以班级为单位开展日常校务劳动，下午利用课后服务的时间，开展一个小时的社团兴趣班活动，活动秉持自愿选班，人人参与的原则；每月结合德育活动开展一次社会服务性劳动；每月开展一次"读出一本书"阅读实践活动，在教师的指导下，学生将阅读收获物化为成果。每年寒暑假，学校会布置假期劳动实践作业，让学生们在假期动动手、出出汗，这样的分层推进，使劳动与学生们的校园生活、学习生活融为一体，真正成为学生成长的一部分。

3. 育人环创：乐在校园

学校最好的校园文化是有育人功能的环境创设。在永河小学，曾经由学校统一安排的学生值日、临时劳动，被校园服务岗代替；学校社团活动，多了贴近生活的内容与主题；教室和楼道，是学校最富生机、最具个性的校园文化展台与看台。在油菜花开、大豆丰收时节，教室里、楼道中，随处可见孩子们充满想象力的表达。老师布置的作业，也因劳动而生动：语文作业不只是机械的重复训练，而是为各种劳动实践活动写邀请函、写倡议书、写演讲稿、写解说词、写说明书，口语交际更是无处不在；数学作业成为完成劳动的重要环节，测测面积、称称重量、算算产量、确定价格、统计收入、合理分配，不用老师特别布置，孩子们在劳动中自动学数学用数学；画海报、摆造型、唱丰收、诵劳动，汉语英语切换，从读出一本书到种出一本书……孩子们忙忙碌碌乐在其中，在不知不觉中，将各学科的知识与技能巩固运用。

4. 体系构建：长在课程

经过3年多的探索和实践，永河小学结合学校特色，已构建起"种豆得豆"实践育人体系：以"有什么样的教育就有什么样的孩子，有什么样的付出就有什么样的收获"为基本理念，以"实践课程＋劳动环创＋发展评价"为基本内容，以班级、校园、家庭为育人平台，以实践、管理、评价为基本途径，着眼于全体学生综合素养的提升和终身发展，培养身心健康、自立自强的新时代好少年。

学校育人课程包含劳动教育和综合实践活动校本化开发形成的"日常生活劳动"、"红领巾服务岗"、"豆课程"（夏秋季）、"油菜课程"（冬春季）、"红领巾菜园"、"读出一本书"、"社团活动"等，分年级设置，定时间定主题，师生全员参与。

育人环境包括硬环境与软环境，其中硬环境包括劳动实践基地之"责任田"、"自留地"、校园文化栏、楼层读书角、广场与小树林、楼道与教室；软环境则是学校固化的德育、文体、劳动周等综合育人活动。育人机制则包括管理机制、评价机制、协同机制、保障机制等，活动虽多，但有条不紊。学校结合"种豆得豆"育人理念，从生动的红安民间俗语中得到灵感，以"灵性豆""聪明豆""跳跳豆""美丽豆""能干豆"这"五豆"指向"五育"，设计评价方案和评价工具。学校家委会和家长志愿者们也在实践育人体系中扮演着重要角色。

"种瓜得瓜，种豆得豆"。如今，劳动教育已成为永河小学全体学生校园生活的一部分，成为全体教师自觉的育人行为和意识，也成为全体家长参与和配合学校育人的切入点。农村学校在劳动教育课程上耕耘，劳动本身便是育人沃土，劳动教育让学校充满了生机和活力，而孩子们的茁壮成长就是劳动教育最饱满的果实。

（六）"太空种子"在南外文华生根发芽——南山外国语学校（集团）文华学校

为培养学生对科学的兴趣，提高学生的科研实践能力，加深对劳动教育的体验，南山外国语学校（集团）文华学校（以下简称"文华学校"）把科学教育、劳动教育与学校航天特色相融合，打造"太空农场"特色学生发展项目，探索"双减"背景下育人模式新路径。

文华学校被中国宇航学会和中国科协青少年科技中心联合评为"全国青少年航天科普优秀活动基地校"。2022年5月，中国宇航学会赠予文华学校一批太空种子。

"太空农场"项目位于文华学校新综合楼楼顶，在项目特别顾问和科学组老师指导下，共种植包括太空架豆、太空豇豆、太空番茄（番茄3号）、太空青椒（航椒10号）、太空茄子（航茄7号）在内的5个品种。为了更好地观察与记录太空种子的成长，文华学校还在"太空农场"架设4个机位，云端观察作物的长势。

袖珍可爱的太空青椒、细细长长的太空豇豆、色彩浓郁的太空茄子、白里透红的太空番茄……最受同学们喜爱的"太空农场"迎来丰收，同学们拿起工具采摘果实。采摘结束后，同学们还把果实拿到厨艺教室进行加工，一道道"太空美味"让同学们大快朵颐。

太空种子种植不仅是我国航天育种技术发展的结晶，也是真实展现在同学们面前的航天科技实践载体，是每个青少年都可以接触到的航天科技实践。种子在生长过程和种植实践中会出现许多问题，学生可以通过实践研究，寻找解决问题的方法，提升探究能力。学生在丰收的时刻还能品尝到自己的种植成果，享受收获的喜悦，加深对劳动教育的体验，以及提升航天知识和种植科研实践能力。

（七）深耕"四园"课程，赓续劳动教育——四川天府新区第十小学

四川天府新区第十小学（以下简称"天府十小"）是2020年新开办的一所创新机制体制学校，地处成都市锦江生态带，毗邻成都市南湖公园，拥有先进的现代化设施设备和全新的生态化校园环境，秉承"爱与责任"的办学理念，坚持"十分爱"的教育主张，为学生提供了快乐成长、创新发展的良好氛围。结合新时代劳动教育的使命，学校全面贯彻落实《义务教育劳动课程标准（2022年版）》，以国家育人目标为导向，结合学校育人文化进行校本化诠释，提出个性化劳动教育总目标，创设了以"十分爱·四园"为主题的劳动课程体系，实现校本化特色实践研究。

1. 田园小农夫

天府十小依托场域优势，在校内打造"樱桃园""柚子园"等主题劳动场所，开设"这是我的田"劳动实践基地，建立"十分爱·种子档案馆"，开设"爱种子·识五谷"课程，通过亲手种植、亲自培育、跟踪观察等，多维度提升学生劳动素养。

2. 家园小帮手

为充分构建家校社一体化劳动教育环境，学校结合学生家务劳动情况，让学生从清洁与卫生、整理与收纳、烹饪与营养、家用器具的使用与维护等任务群中自选劳动项目，评选"十分爱·家务劳动小达人""十分爱·劳动家庭"等，让每一名学生都切实在劳动教育中收获成长。

3. 校园小主人

在新课标的引领下，天府十小分级构建"校园小主人"课程体系，通过个人物品整理、班级和公共区域卫生清洁等实践活动，落实学生在劳动教育中的主体地位。根据年段要求从低到高、层层建构、层层细化，将劳动教育做细、做实。

4. 职园小助理

"职园小助理"旨在让学生从实践过程中感受劳动岗位的价值，培养珍惜他人劳动成果、尊敬劳动人民的优秀品质。同时，天府十小积极开展家长课堂、职业体验日、职业分享课等活动，结合天府新区"三张课表"设立劳动教育日、劳动志愿服务周，在公益劳动、志愿服务中强化学生的社会责任感，让劳动教育扎根。

天府十小接连获评全国生态劳动教育实践特色学校、全国垃圾分类样板学校、全国资源节约型绿色校园、四川省绿色学校、成都市生活垃圾分类先进学校，研究课题《四园一体·家校协同的小学劳动实践课程开发》成功申报并立项省级劳动重点课题。

二、高中阶段机构劳动教育实践案例

（一）劳动勤于手，美德践于行——宁夏回族自治区中卫市中宁县第一中学

劳动和劳动技术教育是高中教育不可缺少的重要组成部分，是全面贯彻落实教育方针，实施素质教育、提高学生总体素质的基本途径，具有培养学生劳动技术技能、技术素养的主要功能，同时具有以劳树德、以劳增智、以劳强体、以劳益美和以劳创新等促进学生全面发展的综合功能。宁夏回族自治区中卫市中宁县第一中学

（以下简称"中宁一中"）正确认识劳动技术教育的育人价值与功能，认真贯彻教育部、自治区、市县等有关文件精神，落实立德树人的根本任务，全面落实"双减""五项管理""五育并举"各项工作要求，结合培养时代新人的劳动教育目标、开展课程建设的要求以及近年来开发"劳动与技术"课程的经验，着力培养学生的社会责任感、创新精神和实践能力，根据中学生的年龄特点、心理特点，积极组织开展劳动教育的实践活动。

1. 劳动目标立一立——明确发展方向

学校按照教学计划，每学期初组织教师进一步学习教育方针，认识"双减""五育并举"发展的整体性和全面性；学习《中共中央关于改革和加强中小学德育工作的通知》和教育部《关于进一步加强中小学德育工作的几点意见》，从培养目标的高度，更多理解劳动教育的重要性和迫切性。学习《大中小学劳动教育指导纲要（试行）》，明确劳动教育的目的、任务和要求。学习各地劳动教育的先进经验，增强教育工作的时代感。同时，利用家长会，宣传劳动教育的意义和劳动教育的重要性，要求家长协助学校开展这方面的教育。做好"三保证"：一要把劳动教育列入工作计划，学期结束时评估优劣；二要制定劳动内容，确保活动高效开展；三要建立劳动教育检查制度，保证劳动教育的正常性。以上种种举措，确立了劳动教育的地位，促进了劳动教育的顺利开展。

中宁一中分年级在德育目标中渗透劳动教育，根据不同年级学生的能力水平、认知特点，设定分年级目标：

高一年级——立足校园，树立为集体服务的意识，积极参加校园大扫除、做好值日工作，体验用双手获得成果的喜悦。

高二年级——立足社区，树立为社区服务的意识，积极参加各类社会实践、志愿者服务活动，感受"劳动为他人"的价值和意义。

高三年级——立足国家，树立正确的劳动观，明确劳动是一切成功的必经之路，国家发展要依靠每个人在岗位上的辛勤劳动、诚实劳动和科学劳动。

2. 先进事迹学一学——感悟劳动精神

为进一步宣扬劳模精神,让诚实劳动、勤勉工作蔚然成风,让全体师生牢固树立劳动最光荣、劳动最崇高、劳动最伟大、劳动最美丽的观念,中宁一中充分利用字幕、校园广播、宣传橱窗、微信公众平台等多种渠道,宣传习近平总书记在全国劳动模范和先进工作者表彰大会上的重要讲话精神,宣传全国、全自治区、全市劳动模范的先进事迹和优秀品质,宣传劳模进校园的意义、做法,努力营造开展劳模进校园活动的良好氛围。邀请劳动模范走进学校,通过作报告、座谈等形式,用劳模的优秀品质引领学生,充分发挥劳动模范在加强和改进学生思想政治教育工作中的引导、示范和辐射作用。

中宁一中通过团课、主题升旗仪式、主题班队会等途径向同学们介绍并宣传"劳动模范"事迹,在全校营造劳动光荣的良好氛围。通过组织学生观看《宁夏新时代好少年》《青年大学习》、劳动模范报告会等,促使学生学习和感悟劳动精神。

3. 撸起袖子干一干——"三位一体"协同开展劳动实践活动

(1) 家庭中:人人争做"小能手""小当家"

中宁一中利用寒假、暑假,组织学生参加家务劳动实践活动。学生通过参加"中华小当家,父母好帮手"活动,展现自己一天所做的多项家务劳动;也可以选择参加"一项家务技能"活动,通过烧菜、做点心、洗衣服、打扫卫生、整理房间、美化家庭环境等,展现自己在家务劳动中的一技之长。同时,用照片、微视频等方式记录下自己进行家务劳动的过程和成果,写下自己真实的微感言。

(2) 社区中:开展社区志愿服务、职业体验

中宁一中利用寒暑假和"五一""十一"小长假组织学生积极参加社会实践活动。学生走进社区,到孤寡老人家中、孤残儿童家中、留守儿童家中,帮助他们做力所能及的家务,关爱社会弱势群体,体现中宁一中学生的社会担当和新时代好少年的责任担当。

(3) 校园中:形成多方合力,寓教于乐

按照学校工作计划和爱国卫生运动计划方案,为打造美丽学校、

书香校园、文明校园，中宁一中每月都会组织开展校园卫生大扫除活动，培养学生团结协作、吃苦耐劳和集体主义精神。为使学生能有效地参加劳动，真正收到良好的教育效果，每一次大扫除学校都确保有计划、有检查、有结果，表扬先进，激励后进，在全校范围内营造人人参与劳动的良好局面。

鉴于学校的公共卫生区域面积大，清理起来存在一定困难，中宁一中利用学校现有的劳动教育基地，组织学生每学年各开展一次校园卫生大扫除活动和校园绿化活动。同时，由于校园周边临近主要街道，环境卫生关系全县文明卫生县城创建工作，因此政教处每学年安排学生利用"学雷锋"活动对周边环境卫生、街头"牛皮癣"进行综合清理。近几年来，中宁一中更是把这项工作作为学生进行劳动锻炼的一项任务，将学校的绿化带、花坛和草坪划分给班级包干，由每个班级具体负责卫生保洁工作。

4. 寻找榜样评一评——劳动之星

为了提高广大学生学习与参与活动的积极性，同时让学生的付出得到认同，并培养学生的自信心与成就感，使每位学生都能得到正向的、全面的发展，树立文明典型，用榜样引领群体，中宁一中坚持开展"校园之星"评比活动，并设立了"卫生优秀班级"（月评）、"文明宿舍"（月评）等奖项。同时，这些评选出来的"劳动之星"和"服务之星"也将接轨新时代好少年的评选，让美德少年在校园的每一次活动中得到滋养和成长。

(二)"1+1+n+1"劳动教育新模式——米脂县第二中学

陕西省榆林市米脂县第二中学为全面提升学生劳动素养，创新劳动教育模式，成立了推行劳动教育领导小组，开展了"1+1+n+1"劳动教育新模式课题的研究。

"1+1+n+1"即1节劳动课、1个劳动展示区、n个劳动实践基地和1个多元评价平台。该模式在学校一经推行，就得到了广大师生及家长的积极响应，取得了显著效果。

1. 每周1节劳动课，培养学生劳动技能

为了将劳动教育贯穿学生的整个初中学习阶段，学校安排了一周一节的劳动课,还特别编写了学校劳动教育材料"走进校园绿化带"。在具体实践过程中,该校严格落实每周1课时的劳动课设置,分年级设置劳动清单,积极与家长相互配合,共同做好培养学生生活技能的工作。该校强化师资引领,把劳动教育纳入教师培训内容,开展全员培训,注重在各学科中有机渗透劳动教育。此外,该校还积极邀请学生家长或家人作为劳动教育的兼职教师和补充力量,不断拓宽学校劳动教育教学宽度。此外,该校还特别聘请了专业劳技师担任劳动教育实践课的指导教师,在植树节为教师和学生传授种植技能和劳动知识。

2. 打造1个劳动展示区,提升学生劳动素养

"弘扬劳模精神和工匠精神,营造劳动光荣的社会风尚和精益求精的敬业风气。"这是党的十九大报告提出的要求。学校为落实这一要求,提升学生的劳动素养,特别打造了1个劳动展示区,即"劳模风采展示区",发挥榜样的力量,激励学生向劳模学习、向劳模致敬,传承工匠精神,让学生认识简单的劳动工具、了解劳动工具的作用和使用方法,将"劳动最光荣"的理念从小根植于学生们的内心深处。

3. 建立"n"个劳动实践基地,展示学生劳动风采

学校为充分展示学生劳动风采,"多点开花"搭建展示平台。

第一,建立了校内"花草种植园"综合实践基地,安装了喷灌设备,学生在老师和家长的指导下,亲自上阵给班级种植园命名、整地、选种、播种、管理、收获。在种植实践中,学生全过程参与并共享劳动成果、体验劳动的快乐。

第二,打造校内"自助餐育"实践基地,将学校餐厅作为学生自我服务的实践基地,学生轮流分发饭菜,维持就餐秩序,收拾桌椅、擦洗餐具等。同时,少先队和政教处充分结合,联系周边社区,并将其当作学生的劳动基地,让学生以志愿者的身份参与到社会服务实践活动中去。

第三,开展校内一帮一(初中生帮助小学一年级学生值日)活动。建立校外劳动教育基地,积极开展"爱惜粮食从我做起"活动,

组织学生在教育基地体验收割谷子、玉米等农活儿,让学生们在劳动体验中深刻领悟"粒粒皆辛苦"的含义。同时,各班级负责督促学生的日常劳动,如阅读课完成后整理图书、午休后自己整理床铺、养护楼梯间绿植、开展"清洁校园、拔草护绿"等日常劳动活动。学校通过这些劳动基地,充分展示了学生的劳动风采,增强了学生的责任意识和合作能力,达到了劳动教育的良好效果。

第四,中国传统手工艺的发展历史较为悠久,是贯穿文化史、美术史、设计史发展过程的主要内容之一。随着经济的发展,人们的生活方式产生了很大的变化,手工艺品既是装扮人们生活的创意文化,也是满足人们物质及精神需要的文化。传统工艺是当时人们满足自身衣食住行需求不可缺少的方式,如通过染织获得衣服、通过烧造获得器皿等。科技的进步使许多传统手工技艺不再适用,但是中国传统手工技艺作为我国非物质文化遗产之一,需要历代中华儿女的传承和创新。随着人们逐渐意识到保护各民族文化遗产的重要性,学校教育需要将手工技艺纳入劳动教育中,这样一方面可以提高学生的动手能力,另一方面也可以指导学生学习民族文化和传承民族文化。手工技艺包括烧造、染织、雕塑等众多门类。学生可以通过我国古代工匠们利用不同材质创造的丰富多彩的手工艺品,来进一步了解手工技艺的文化。

第五,打扫图书馆。首先对参加义务劳动的学生进行分工,在明确相关注意事项后,学生迅速进入工作状态。鼓励学生发扬不怕苦、不怕累的精神,彼此之间相互配合,认真劳动,把图书馆打扫得干净整洁。

4. 搭建1个多元评价平台,评价学生劳动成果。学校将劳动素养考核纳入学生的《学生素质报告册》综合素质评价体系,从劳动内容、实践态度、实际操作能力、劳动成果等方面对学生进行综合评价与打分,建立学校、班级、家庭多元评价平台,全方位激发学生的劳动能力。

(三)四园一体,劳动教育正当时——江苏省沙溪高级中学

江苏省沙溪高级中学因地制宜挖掘校内外劳动教育的"学习

场",充分利用学校儒雅深厚的文化底蕴、风景优美的校园环境,着力打造校园、田园、家园、社园"四园一体"联动的劳动教育实施阵地。

1. 校园:劳动教育实施的核心阵地

该校因地制宜、就地取材,为学生搭建劳动教育实践平台。该校充分利用园林式的校园环境优势,先后开辟并完善了校内植物园,改造修复了生态池塘,提档升级了希望农场的物质循环利用种植区,组建了支持劳动教育实践发展的校园"学习场"。

为了提升学生文明素养,锤炼学生劳动品格,全面养成学生核心素养,促进教师专业化发展,该校开发了"生命感悟课程""科学探究课程""种植体验课程"三个主题校本课程群。

2. 田园:劳动教育实践的特别场域

学生们在田间地头挥洒汗水,播种希望。学生们的额头上挂满了汗珠,稚嫩的双手磨起了水泡,但依旧欢声笑语不断。这些劳动实践活动,不仅培养了他们的劳动意识,还让他们学会了劳动技能、合作分享和探索创造。

3. 家园:劳动教育发生的重要地点

该校把家庭作为劳动课的另一个实践地、训练营,打造"家园"学习场。除了根据课程给学生布置日常劳动家庭作业之外,还为学生设计假期劳动作业,让他们在熟练掌握在学校所学的劳动知识的同时,也养成经常参加家务劳动的好习惯。

4. 社园:将劳动教育指向更广阔的领域

该校与太仓市科技馆、太仓市人民检察院、太仓市新华书店、太仓市汽车客运站、太仓市博物馆等十余个部门联合,让学生在设计制作、现场讲解、策划展览、文创展销等具体的劳动实践中,树立正确的新时代劳动观念,积累为他人、为社会服务的经验,养成良好的劳动习惯和品质,传承中华民族敬业奉献、主动创造的优良传统。

（四）至善教育创特色，劳动育人促发展——山东省蓬莱第一中学

山东省蓬莱第一中学（以下简称"蓬莱一中"）践行"品德育人为主线，劳动育人、学科育人、心理育人、活动育人"五位一体的育人新模式，确立了集学校、处室、级部和班级为一体的全方位立体交叉劳动管理组织体系。学校制定《蓬莱一中劳动教育实施方案》，开设并开足劳动教育活动课程，保证课堂教学的常态化、规范化，培养高中学生的劳动观念和劳动意识。

1. 课程建设，搭建劳动教育平台

（1）生态种植探究课程

"劳动弘德，博学笃行"。该校设一处校内果蔬种植基地，一处校外劳动实践基地。安排教师专门成立生态种植课程小组，负责种植课程的研究推广与指导。学生们在老师的带领下深入学习农作物种植的相关知识，将理论与实践相结合，开展系列种植活动。

（2）剪纸艺术创作课程

"至诚至坚，知行合一"。多年来，蓬莱一中坚持"劳动教育以育德为先，全面发展学生个性特长"的理念，既注重科学精神的培养，又重视人文艺术素养的培育。剪纸课程是该校劳动教育与综合实践课程的一个重要组成部分，未来将打造成一个独特的活动品牌。

（3）海洋主题劳动教育课程

"厚积有恒，勤学善思"。蓬莱一中以促进蓬莱一中"至善教育"特色发展，提升学校育人质量为目标，深入探索海洋教育与创新人才培养机制。结合海洋文化教育，深入推进校本课程教学改革，组织开展以海洋科技、海洋文化为主题的探究式学习和志愿者劳动教育实践活动；进行研学旅行、课题研究等考察探究活动。

2. 学科融合，完善劳动教育体系

"兼容并蓄，向上向善"。蓬莱一中利用劳动课，结合政治学科中关于人民政协的理论知识，举办模拟政协劳动教育与综合实践活动，让同学们从身边的人和事着手，留心生活，关注劳动人民，结合时事，以民生的问题为重点，从身边的小事做起，增强主人翁意

识，积极建言献策。在蓬莱当地政协委员和劳动教育教师以及政治老师的共同指导下，通过分析比较、团队研讨，在若干议题中筛选出最有价值的议题进行讨论。

3. 目标管理，实施劳动教育评价

充分发挥评价的激励和导向功能，每个劳动项目结束时，师生都应根据评定标准，按要求进行自评、小组互评和师评，并填写《蓬莱一中劳动教育师生评价表》。最终学分认定纳入学生综合素质评价指标体系，作为学生评价的重要参考。

经过长期坚持不懈的努力，蓬莱一中的劳动教育取得了明显成效，赢得了社会的广泛赞誉。学校通过班班通、学校讲座、微信群、QQ群、网络及电视媒体的报道宣传，让学生及家长深入理解劳动教育的重要性，并且积极参加校内外劳动活动。该校在市、区劳动教育与综合实践成果展评中均取得了不错的成绩，被烟台市教育局认定为"首批市级中小学劳动教育试验学校"，获得"烟台市劳动教育先进单位"称号。

三、高等教育机构劳动教育实践案例

（一）新时代的劳动教育课程——北京大学

为加强劳动教育，北京大学根据相关文件精神，结合学校教育教学实际，于2021年7月公布《北京大学关于全面加强新时代劳动教育的实施方案（试行）》，要求加强马克思主义劳动观教育，注重围绕创新创业，结合学科专业开展生产劳动和服务性劳动，积累职业经验，培育学生创造性劳动能力和诚实守信的合法劳动意识，着力构建具有北京大学特色的德智体美劳全面培养的教育体系。其中，学校要开设劳动教育专题课程，自2021级本科生起，将劳动教育纳入各专业培养方案必修要求，且在本科阶段劳动教育学时累计不少于32学时。2021年秋季学期，《北京大学本科劳动教育教学实施方案》出台，各院系经过两轮申报和两轮评审，首批劳动教育课程目录确定。至此，北京大学德智体美劳"五育并举"的全方位育人体系扬帆起航。在70门课程中，包括1门理论课程"北京大学新时代

劳动教育理论"和69门专业劳动教育课程。

"北京大学新时代劳动教育理论"课程委托马克思主义学院牵头，组织北京大学和校外各领域专家开设16讲慕课，重点加强马克思主义劳动观教育及劳动相关法律法规与政策教育，普及与学生职业发展密切相关的通用劳动科学知识。

专业课程包括专业劳动教育课程和专业劳动教育模块课程（即含部分学时劳动教育模块的专业课程）两种，各院系充分利用现有的科研、实习、实践实训项目，结合产业新业态和劳动新形态，改造或建设了一批各具学科特色的专业劳动教育课程。在这个过程中，各院系积极探索，充分呈现出了基于专业的劳动教育特色。

1. 与专业实习实践结合

考古文博学院"田野考古实习"课程是考古专业必修课，为期一个学期，授课均在野外考古现场，是开展劳动教育的良好载体。课程内容分为田野发掘、室内整理、田野调查、报告编写四部分，学生充分参与一线发掘，动手动脑紧密结合，在劳动实践中体悟理想信念、政治认同、国情教育、家国情怀、文化素养、法治意识、道德修养、团队意识和求真精神等内核，在每一滴汗中品尝劳动艰辛，从每一锹土中体会民生民情。经济学院"经济学综合实践"课程依托学院现有的实践基地，开设老龄经济和农业经济两个综合实践组别，在专业实践的同时开展实际劳动，在体验中提升学生专业认知，比如老龄经济组要引导学生了解适老化设计的基本规律，调研老人消费习惯，研究医养结合模式发展面临的痛点和要点。社会学系"社会调查实践"课程开设农业、工业、服务业三个组别，在调查实践中专门向一线劳动者学习相关劳动技能，并组织学生亲身投入相关劳动，在实践中思考，打通读书和田野。城市与环境学院"人文地理专业综合实习"课程开展参与式现代产业新业态劳动，如设施农业和有机农业生产、新型农村社区人居环境建设维护、世界非物质文化遗产保护或地方特色文化产品生产实践等。

2. 与科研训练和创新创业结合

生命科学学院"创意性实践"课程目标是培养新时代的创新型

人才。该学院开展以项目为导向的教学，通过文创产品设计及制作和科普产品开发及研制的动手过程，在对学生创造性思维方式进行发掘、唤醒和扶持的同时，进一步加强对其创造性实践能力的培养。化学与分子工程学院"化学应用与实践"课程开设化学应用、金工实习、社会服务、开放实践四个劳动模块，开展富有化学特色的劳动实践，比如化学应用模块的"废油变肥皂"，学生可以从食堂取得废油，进行成分分析鉴定，处理后制作成肥皂。物理学院"物理应用与实践"课程，遴选近20个生活相关的物理题目，分为力学、热学、光学和电学四个模块，同学们自行选题后独立完成至少一个实验项目，并完成作品制作展示。

3. 与生产劳动结合

生命科学学院"大学生种植实践"和"产业实习实践"课程，分别面向农业和工业生产劳动。"大学生种植实践"课程利用校园内的种植基地，要求每位学生独立完成一定面积的种植过程，建立种植日志，全过程观察记录作物（蔬菜）的生长状况。"产业实习实践"课程要求学生在生物产业企业进行不少于4周的全职实习，且必须是在生产一线岗位，旨在引导学生通过亲身实践深入了解产业运作模式和发展方向，树立个人职业发展目标，进而合理规划学业和职业生涯。中国语言文学系"民间文学田野调查实习"课程利用现有的实习课，专门安排了为期一周的农业生产劳动，包括一天的熟悉环境、结识村民、了解方言和民俗知识，五天的锄草、采摘、翻地等下田劳动和一天的总结讨论，之后再开展为期两周的民间文学专业调查，力求通过了解当地环境、当地社会和农民的生产生活情况，对后续的民间文学调查记录有更深刻的认知。

4. 与服务型劳动结合

护理学院开设"儿童照护技能实践""老年护理与康复""失能老人照护技术与实践"等课程，开展针对特定人群的服务型劳动，比如通过对儿童衣、食、玩、学四个方面的实践操作，认知儿童的生长发育特点，学习儿童照护、营养及沟通等方面的知识和技能，为儿科护理学习及工作打下必备的基础。

北京大学劳动教育课程通过理论与实践相结合、脑力与体力相结合，做好课程设计，强化教学过程，强调劳动的教育意义，促使学生知行合一，通过理论学习构建劳动基本认知体系，通过真实的动手实践树立正确的劳动观，从而形成正确的世界观、人生观、价值观。

（二）构建创新体系，大力推进大学生劳动教育——西南大学

西南大学深入学习贯彻习近平总书记关于教育的重要论述，认真落实《中共中央　国务院关于全面加强新时代大中小学劳动教育的意见》《大中小学劳动教育指导纲要（试行）》等文件精神，坚持立德树人根本任务，将劳动教育纳入人才培养全过程，构建新时代劳动教育创新体系，努力培养德智体美劳全面发展的社会主义建设者和接班人。

1. 横向互动融合，探索构建劳动教育体系

创新劳动教育体制机制，积极构建第一课堂和第二课堂有机衔接的劳动教育体系。一是将劳动教育与思政教育相结合，在思想政治理论课程中设置马克思主义劳动观的教学内容，融入"隆平学长""蚕桑院士""油菜教师"等鲜活劳动育人案例，提升劳动教育感染力。二是将劳动教育与专业教育相结合，结合课程实践、专业实验、田野调查、实习实训、毕业设计等，开设以提高学生专业技术能力和职业胜任能力为核心的劳动实践活动。三是将劳动教育与创新创业教育相结合，开设"大学生创业基础"必修课程，设置6学时以上的创造性劳动教育实践环节，加强校、院两级众创空间和双创实践基地建设，不断拓展劳动实践场域。

2. 纵向分类施策，创新劳动教育实践路径

在整体规划学校劳动教育的基础上，尊重学科专业发展规律，分类实施劳动教育。一是打好"设计牌"，聘请学校劳动教育研究院专家团队设计"基于专业成长的劳动教育指导手册"，根据学科专业分类建立劳动教育纪实方案和风险防控预案。二是念好"实践经"，将专业实习和劳动教育相结合，联合地方政府、科研院所、企事业单位共同搭建劳动教育实践平台，拓展劳动教育实践场所，满足多

样化的劳动实践需求和专业实习需求。三是下好"保障棋",将劳动教育纳入学生培养方案,注重将过程性评价与结果性评价相结合,建立学生劳动教育成长档案,构建劳动知识、劳动习惯、服务性劳动、生产性劳动、创造性劳动"五位一体"的劳动教育综合评价体系。

3. 凸显专业特色,提升劳动教育育人实效

促进专业实践与劳动教育融合发展,着力提升劳动教育效果。发挥农科专业优势,打造农科劳动教育实践品牌。一是积极响应"走进乡土乡村,助力精准扶贫"号召,将劳动教育与脱贫攻坚相结合,每年派遣500余名农科学生到乡村持续开展农事帮扶、农业科技宣传、农田基本建设等多种形式的劳动实践。二是发挥师范专业优势,打造师范劳动教育实践品牌。持续开展"小松树顶岗支教"计划,每年组织1000余名师范专业学生,定点、定向到中小学校进行为期半年的"顶岗支教"劳动实践,开展实用技术教育培训、农村社会发展咨询等劳动实践活动。三是发挥文化育人优势,打造劳动文化育人品牌。将劳动教育与校园文化相结合,建立"大国工匠、劳动模范进校园"常态化活动机制,在园区管理、清洁卫生、膳食服务等岗位中开辟劳动育人示范岗,利用多种媒体平台打造"身边劳模""青年劳动之声"等文化产品,塑造"农民丰收节""寝室文化节"等活动品牌,积极营造劳动文化育人环境。

(三) 劳动教育实践课纪实:以劳树德,塑心铸魂——贵州大学

"劳动教育实践"课程是贵州大学本科生必修课,共32学时,覆盖全体在校本科生约3.3万人。该校依托教学实验农场、工程实训中心、科技园以及校外实习实践等平台,完善"创新创业+劳动教育"课程设置,深化"创新创业+劳动教育"项目建设,其中教学实验农场985亩,工程实训中心15000平方米,科技园10000平方米,年均接待学生12300多人次。该校从2022年开始,计划四年内投资1亿元,打造乡村振兴科教区、农耕文化教育区、智慧农业展示区、管理服务区、观赏园艺展示区、大学生双创实验区、现代设施农业教学区和种质资源科教区8大功能区,通过本校劳动教育

平台更好地满足全省大中小学生劳动教育、实践实习需求。

1. 以劳树德，塑心铸魂

在贵州大学工程实训中心，每次劳动实践课之前，中心的老师们都要为同学们播放《大国工匠》《两弹元勋》《时代功勋》等纪录片，或者是请劳动模范为同学们现身说法。通过这样的课前引导，引领同学们认知和弘扬劳模精神、劳动精神和工匠精神。

贵州大学在开展"以劳育德"过程中，坚持以劳动精神丰富德行内涵，以劳动理论教育提升道德认知，以劳动实践教育推动道德行为养成，以劳动关系生成促进道德情感认同。在劳动实践教育中，贵州大学组织学校的教师团队，或者聘请能工巧匠、社会劳动能手担任兼职教师，以学校的教学实验农场、工程实训中心或者贵州广阔的农村天地为平台，带领同学们时而在农场、在实训中心，时而在田间地头，感悟劳动带来的灵魂洗礼。

为了能够让来自不同专业的同学们上好劳动实践课，贵州大学教学实验农场专门划拨180多万元资金购买了大量的现代化农机设备，农用挖掘机、履带式旋耕机、拖拉机、植保无人机等一应俱全。同时，为了让同学们充分体验并上好课，实验农场还专门成立了专业化指导团队、日常管理团队、服务保障团队等，为同学们提供全流程指导与服务，营造一个安全的劳动学习环境，让他们劳有所得，劳有所获。于是，文科、理工科、医科、农科等不同学科的贵州大学学子们汇聚在学校的实验农场中，他们或体验着农业机械给现代农业带来的变化，或亲自拿起锄头感受传统农业文明，或认真求教专业的嫁接方法，或为果树进行修剪，此刻他们化身为中国大地上的普通劳动者。

2. 以劳增智，知行合一

在贵州大学的工程训练中心，来自学校各专业的同学们根据自己的实际情况和爱好特长进行自主选择，钳工、车工、木工、焊接工等都可以成为同学们的选择对象。然后，在教师的指导下，同学们自主设计、制作着一个个个性化的、以贵州大学楼宇名称命名的"至善锤""明俊球""笃行勺"等。

贵州大学工程训练中心是以系统培养大学生综合工程实践基本能力为目标的工程实践教学中心,是将创新和创业连接起来的大学生工程创新活动中心,是面向高校教师和企业工程技术人员的工程技术学习中心,是多学科交叉融合、校企协同合作的技术创新促进中心。目前,该中心拥有训练场地15000平方米,设备资产近2000万元,专职教师21人,实践训练指导教师12人,负责完成对大学生的基础技能训练、专业训练、综合和创新创业能力训练,提高学生综合实践能力。

工程训练中心主要负责挖掘劳动元素,拟定课程目标,新建、改建劳动教育场所,制定劳动教育实施方案,通过劳动课,使学生树立正确的劳动价值观,锤炼劳动品格、掌握劳动技能、养成劳动习惯,德智体美劳全面受教、全面发展,成长为符合新时代新要求的人才。

实训中心的老师们通过工程实践与创新教学平台,教会同学们进行工程认知,然后利用平台的各种资源(实验室、车间、工作坊)进行"作品"的原创(构思)、设计、制作等一系列创新实践、劳动活动。课程要求学生体验经典和现代制造技术方法,包括设计与原型开发、成形制造、机械加工、智能制造、产品分析等内容,让学生充分了解工程中的一些问题的解决方法,掌握一些实践基本技能,懂得一些创新理论,明白一些管理规范,有效提升他们的综合能力,尤其是劳动能力,让学生在"劳中学、学中思",亲身体验"工程"的魅力。

3. 以劳育美,各美其美

贵州大学在"劳动教育实践"课程中,注重培养和增强同学们的审美意识与审美能力,鼓励他们在劳动中发现美、认识美、体验美和创造美。

坚持立德树人,坚持培育和践行社会主义核心价值观,贵州大学把劳动教育融入人才培养全过程,发挥劳动育人功能,弘扬劳动精神,以劳动实践育人为基本途径,与思想政治教育相结合,引导学生崇尚劳动、尊重劳动、热爱劳动,树立正确的价值观、劳动观和成才观,增强对劳动人民的感情,报效国家,奉献社会。

(四)"芯"劳动实践课——天津大学微电子学院

1. 课程简介

为培养集成电路行业实践型、创新型、复合型人才,天津大学微电子学院把专业劳动作为劳动教育的主阵地,开设"芯"劳动实践课,将第一课堂专业知识与第二课堂劳动实践融合、劳动精神学习与实地动手劳动融合、面向校园基础劳动与面向祖国大地服务性劳动融合,构建"三融三合"劳动教育体系,通过思想政治引领、专业知识融入、实习实训体验、公益劳动奉献等渠道,多维度拓宽劳动教育内涵,将劳动教育融入学生日常学习生活。

2. 课程内容介绍

以理论、创新、实践、奉献为引导,完善"劳育为本,全面发展"的学生培养体系,分别带领学生学习劳动模范精神与工匠精神,前往百草园开展基础劳动教育,邀请学院科学技术协会主席为学生讲解专业劳动知识并带领学生前往学院实验室开展电路板焊接等专业劳动教育,邀请"微爱湘遇"实践队队长为学生讲解公益服务实践劳动,培养学生服务奉献意识,并与天津市"芯火"双创基地联动,带领学生去往企业一线上好劳动实践课,从基础劳动、专业劳动、服务性劳动多方面完善劳动课程体系。

3. 授课特色

与天津市"芯火"双创基地联动,部分课次带领学生前往天津市"芯火"双创基地开展劳动理论学习、专业动手实践等,并在此基础上共建"芯芯之火"劳动创新实验室,以学生的课程成果为基础开展"天芯微"杯电路设计大赛,做到以赛促学、科创促劳。

为提高课程科学化、精细化水平,定期开展理论学习和小组研讨,发挥劳动榜样和劳动教育先进个人的模范作用,同时与创新课堂互补,深化专业劳动教育,开展多维考核评价,从劳动精神学习情况、专业劳动模型完成情况、走访企业情况、志愿汇志愿服务情况对学生展开评价。

4. 课程建设总结

天津大学微电子学院坚持立德树人的根本任务，围绕专业劳动教育持续探索"三融三合"教育模式，在完善劳动教育育人理念、创新劳动教育育人模式与完善劳动教育育人机制方面不断创新完善，使学生在劳动教育中增强劳动意识、强化劳动技能、养成劳动习惯、丰富劳动实践，体现劳动树德、增智、强体、育美的综合育人价值，促进学生知行合一，形成正确的世界观、人生观、价值观。

（五）劳动教育实施方案——辽宁大学

辽宁大学以习近平新时代中国特色社会主义思想为指导，全面贯彻党的教育方针，深入学习领会习近平总书记关于劳动教育的重要讲话精神，充分认识新时代劳动教育的新要求，坚持立德树人，深刻理解全面加强新时代劳动教育的重要意义。坚持培育和践行社会主义核心价值观，建立实施劳动教育的长效机制，充分发挥劳动教育在立德树人中的综合育人作用，积极探索具有辽宁大学特色的劳动教育模式。

辽宁大学坚持立德树人，把劳动教育纳入人才培养全过程，培养学生勤俭、奋斗、创新、奉献的劳动精神。强化马克思主义劳动观教育，注重围绕创新创业，结合学科专业开展生产劳动和服务性劳动，积累职业经验，培育学生创造性劳动能力和诚实守信的合法劳动意识。

1. 辽宁大学的劳动教育内容

（1）使学生掌握通用劳动科学知识，深刻理解马克思主义劳动观和社会主义劳动关系，树立正确的择业就业创业观，具有到艰苦地区和行业工作的奋斗精神。

（2）帮助学生巩固良好日常生活劳动习惯，自觉做好宿舍卫生保洁，独立处理个人生活事务，积极参加勤工助学活动，提高劳动自立自强能力。

（3）强化服务性劳动，引导学生自觉参与教室、食堂等校园公共场所的卫生保洁、绿化美化和管理服务等校园基础劳动，并结合"三支一扶"、大学生志愿服务西部计划、"青年红色筑梦之旅""三下乡"等社会实践活动开展服务性劳动,强化学生公共服务意识和面对危机主动作为的奉献精神。

(4) 促使学生重视生产劳动锻炼,积极参加实习实训、专业服务和创新创业活动,重视新知识、新技术、新工艺、新方法的运用,提高在生产实践中发现问题和创造性解决问题的能力,在动手实践的过程中创造有价值的物化劳动成果。

辽宁大学开设"普通高等学校劳动教育教程"通识必修课,2学分,共56学时(其中理论课8学时,实践课48学时)。考核成绩采用两级制,即以"合格"和"不合格"进行记载。劳动教育为必修环节,未完成该门课程的修读不予毕业。

劳动实践由各学院与相关部门一起以劳动周或劳动月等方式组织开展。各学院成立劳动教育工作小组,指定专人负责统筹学院劳动教育工作,与相关职能部门沟通协调劳动教育具体安排,负责整理学生劳动教育学习档案。

各学院将劳动教育明确纳入专业人才培养方案,并结合学科、专业特点,将劳动教育内容有机融入专业教育、创新创业教育,形成具有综合性、实践性、开放性、针对性的劳动教育课程体系。不断深化产教融合,强化劳动锻炼要求。专业类课程要与服务学习、实习实训、社会实践、毕业设计、劳动技能实践等相结合开展各类劳动实践,充分发挥自身专业优势和服务社会功能,建立相对稳定的实习和劳动实践基地。

各学院在课外活动中安排劳动实践,与学生工作处、校团委、后勤发展集团等沟通协调劳动实践活动安排。学生工作处、校团委、后勤发展集团等部门分别提供16学时的劳动实践活动内容。

同时,辽宁大学贯彻以社会现实场景真实问题贯通的人才培养、科学研究、社会服务一体化办学机制,在劳动教育实践层面,鼓励学生走进工厂、企业、乡镇等去实践、去发现问题。

2. 辽宁大学劳动教育实施保障

(1) 组织保障

在校党委统一领导下,建立健全劳动教育组织实施工作机制。

学校依托马克思主义学院成立劳动教育教研室，具体负责劳动教育教学相关工作。

（2）师资保障

建立专兼职相结合的劳动教育师资队伍，根据实际需要为学校配备必要的专任教师。把劳动教育纳入教师培训内容，开展全员培训，强化每位教师的劳动意识、劳动观念。设立劳模工作室、技能大师工作室、荣誉教师岗位等，聘请相关行业专业人士担任劳动实践指导教师。

（3）经费保障

将劳动教育经费纳入学校年度预算，统筹安排公用经费等资金为劳动教育课程教学、劳动教育实践开展，以及劳动教育设施、校内劳动教育场所、校内外劳动教育实践基地建设等工作提供必要的经费支持。

（4）安全保障

保卫处建立教育与管理并重的劳动安全保障体系，将劳动安全教育纳入常态化安全教育管理。各相关部门、单位在组织劳动实践过程中，要加强劳动教育安全管理，制订劳动实践活动风险防控预案，建立应急与事故处理机制。

（5）综合评价

制定评价标准，建立激励机制，组织开展劳动技能和劳动成果展示、劳动竞赛等活动，以劳动教育目标、内容要求为依据，将过程性评价和结果性评价结合起来，全面客观记录课内外劳动过程和结果，加强实际劳动技能和价值体认情况的考核。将劳动教育素养纳入学生综合素质评价体系，建立公示、审核制度，确保记录真实可靠。

（6）考评督查

把劳动教育纳入学校督查督办工作范围，对各学院开展劳动教育专项督查，并将结果作为衡量部门工作实绩的重要指标和被督查部门及其主要负责人考核奖惩的依据。

（六）构建劳动教育体系，创新传承劳动文化——辽宁农业职业技术学院

辽宁农业职业技术学院作为一所具有70多年办学历史的农业老校，劳动教育底蕴深厚、资源丰富、成果丰硕，示范作用强，形成了独具农业职业教育特色的劳动教育体系和劳动教育文化。

1. 聚焦劳动教育内涵：文化引领，理念指导

作为1948年建校的一所农业老校，在数十年的办学历程中，该校形成了植根农业、服务"三农"的传统，更形成了崇尚实践、热爱劳动的办学特色，秉持"勤耕重读、崇农务实"的理念，持续开展耕读教育，耕读文化深深扎根于师生心田与校园文化土壤。学校的办学方针"开放求活力，实践出真知"，校训"勤学、力行、谦和、奉献"，教学改革理念"走出教室练，进入项目干，跟着企业走，随着季节转"等，都充分体现了劳动教育的内涵要义。

2. 聚焦劳动教育实施：强顶层设计，建创新模式

该校专门成立劳动教育工作领导小组，明确校级主管领导，成立素质教育学院负责协调落实劳动教育，建立了"学校劳动教育工作领导小组—分管校领导—相关单位（部门）负责人—专兼职劳动教育教师—劳动委员"五级联动工作机制。制定印发《辽宁农业职业技术学院劳动教育实施方案》《辽宁农业职业技术学院劳动教育实施细则》等文件。创新构建了"三递进、四联动、五培育、六融入"新时代农业高职院校劳动教育模式，从"树立理念、围绕目标、明晰内容、搭建载体、创建路径、构建机制"6个维度全方位、闭环式进行系统化设计与实施。将劳动教育纳入人才培养方案，涵盖劳动教育必修课、选修课、专劳融合课及"劳动周"等。构建省级、校级精品课培育机制，打造特色校级劳动教育精品课12门，编写出版了特色教材《高等职业教育劳动教育教程》。该校每学期开设为期一周的"劳动周"，已坚持20多年，并将每年5月设立为"劳动教育主题活动月"。

3. 聚焦劳动教育效果：强多元考核，重综合评价

该校注重实践导向，结合学生专业学习，强调劳动素养综合评

价导向，不断强化劳动教育效果。优化和完善考核评价指标体系，构建了五维考核方式，即从劳动理论课、日常生活劳动、生产实践劳动、服务实践劳动和创新性实践劳动5个维度进行劳动教育考核。编制劳动教育《学分认定手册》，利用信息化平台，将5个维度的手册过程性材料上传至平台，进行综合评定，并纳入学生综合素质评价体系，实现劳动教育可记录、可追溯、可评价。

4. 聚焦劳动教育条件：固支撑拓展，优保障举措

该校设立劳动教育教研室，配备专职劳动教育教师并要求具备劳动教育"1+X"考评员资质，聘请专业教师、职业导师、优秀辅导员作为校内兼职教师，聘请5位行业大师入驻学校大师工作室，聘请数百名能工巧匠、技术能手作为劳动实践、专业实训兼职教师。

该校立足农业高职院校丰富的劳动教育资源与场所，建设了门类齐全的劳动教育实践基地和平台。校内有劳动教育实践基地80个，占地面积300余亩，具有承载劳动教育功能的专用实训室101个，建设了行业大师工作室5个；校外建有玄宇产业学院、新希望产业学院等6个产业学院，与企业共建1000亩的农业科教园，有效拓展了校外劳动教育实践资源。

该校每年均设有专项经费保障劳动教育各项工作的顺利开展。修订完善各项劳动教育安全预案、方案，完善应急与事故处理机制，加强师生劳动安全教育，强化劳动风险意识。同时，不断强化劳动教育理论研究。近年来，该校教师公开发表的劳动教育相关学术论文、立项课题及成果等累计33篇（项）。

5. 聚焦特色劳动文化：重赓续传承，促实践探索

该校传承70余年耕读文脉，赓续劳动文化基因，在校园文化建设中不断强化劳动文化。开展"知行讲堂""劳模进校园"等活动，邀请劳动模范、五一劳动奖章获得者、技术能手等作专题报告，邀请优秀毕业生以自身创业劳动经历作"点亮梦想"创业系列专题报告，开展劳动主题古诗词"云诵读"接力、主题征文、"劳动之星""技能之星"评选、劳动技能竞赛、劳动成果展示等活动，同时将专业实训、志愿服务、日常生活劳动等有效融合。系列活动将劳动教

育第一、二、三课堂有机衔接，将劳动习惯、劳动品质的养成教育融入校园文化建设。成立劳动社团"耕读社"，劳动教育清单专设"耕读教育"模块，从耕读认知到特色耕读实践项目，将"勤耕重读"的理念融入日常、做在平常，教育引导学生知农、爱农、强农。学校"耕读互融互促　德能共育共生"耕读文化品牌入选职业院校校园文化建设"一校一品"。

（七）新时代高职劳动教育评价改革创新与实践——嘉兴职业技术学院

嘉兴职业技术学院认真落实《中共中央　国务院关于全面加强新时代大中小学劳动教育的意见》，以红船精神为引领，坚持"以劳树德、以劳增智、以劳强体、以劳育美、以劳强技、以劳创新"的劳动教育宗旨，构建"三方八目"多元评价体系，实现劳动教育成效可视化；制定"1+7"多维评价标准，实现劳动教育成效可量化；设置"1+N"劳动能力画像，实现劳动教育成效具象化；开发"实践啦·劳动在线"教育评价系统，实现劳动教育成效数字化，把劳动教育融入人才培养全过程，积极探索智慧赋能劳动教育评价路径，构建具有嘉职特色的劳动教育评价改革体系。学校劳动教育评价改革的相关举措与成效得到教育部和浙江省教育厅的充分肯定，被"学习强国"等全国20多家主流媒体报道。

1. 构建"三方八目"多元评价体系，实现劳动教育成效可视化

学校实施在校学生劳动教育"千日劳动成长计划"，明确学生"在校三年一千天"，围绕日常生活劳动"培基行动"、生产劳动"匠心行动"和服务性劳动"公益行动"开展劳动教育。"三方八目"评价体系以"千日劳动成长计划"为基础，从学生劳动教育内容出发，聚焦劳动教育课程、劳动精神、劳动实践三个方面，设置劳动课程质量、劳动精神体现、社会实践劳动、专业实习劳动、双创实践劳动、日常生活劳动、勤工助学劳动、志愿服务劳动八大目录，形成学生在校劳动教育一张表，构建全员、全方位、全过程评价体系，实现学生劳动教育成效可视化。

2. 制定"1+7"多维评价标准，实现劳动教育成效可量化

针对原有的劳动教育评价指标分散、不成体系等问题，制定1个劳动素养核心+7个劳动实践成效的"1+7"多维精准评价标准。1个劳动素养核心由劳动教育课程、劳动精神和品质、劳动观念和习惯、劳动知识和技能4个维度指标构成。7个劳动实践成效由社区卫生劳动、垃圾分类规范投放、双创实践劳动、专业实习劳动、勤工助学劳动、志愿服务劳动、社会实践劳动7个维度15个具体指标构成，通过"劳动积分表"明确每一位学生的劳动能力。

3. 设置"1+N"劳动能力画像，实现劳动教育成效具象化

通过学生个人参与劳动项目数据、学生个人获得的每项劳动积分、劳动总积分等数据汇总结果，设置1个学生N种劳动能力画像的"1+N"嘉奖模式。具象化学生每一项劳动在全校的排名、比例等信息，形成如"劳动能手""实践标兵""公寓之星""双创模范"等个人劳动画像形象。对学生劳动阶段性成效进行画像嘉奖，并与学生发展、评先评优、入党推优紧密结合，增强了学生的劳动意识和劳动自觉性。

4. 开发"实践啦·劳动在线"教育评价系统，实现劳动教育成效数字化

学校持续推动劳动教育与现代信息技术高度融合，开发"实践啦·劳动在线"评价系统，打造劳动教育"融课堂"。系统建有治理端、服务端，建成主题驾驶舱，全面展现劳动教育开展情况，用V字模型法拆解核心任务，设计了劳动教育课程、社区卫生劳动、勤工助学劳动、双创实践劳动等7个应用场景，对应课程优秀率、双创获奖率、实践参与率等7个指标体系，涵盖项目发布、学生申请等24个流程任务点，对接教务、学工、人脸库、志愿汇等五大数源系统，集成项目、成绩、积分等28个数据大类，为日常管理和分析决策提供数据支撑，形成学校劳动教育整体画像及学生个人成长画像。

第二节 国外学校劳动教育的案例

一、美国学校劳动教育案例

在美国,劳动主要分为体力劳动、脑力劳动和手工劳动三类。但不管是哪类劳动,在学校教育中,其目的都是培养学生的劳动习惯、劳动态度和尊重劳动的精神。

美国中小学的教育宗旨是:保持身心健康;掌握学习的基本技能;成为家庭的有效成员;养成就业技能;胜任公民职责;善于利用闲暇时间;具有道德品质。

在美国人看来,学校正规的课堂教学可以教给学生知识、技能,提高学生的能力。但是,态度、习惯、品质、行为方式等需要通过课堂外的各种活动、实践来加以培养,需要通过反复经历、体验,最终成为习惯或品性。

基于上述认识,为实现教育宗旨,美国的劳动教育主要有以下三类:一是基于成为家庭有效成员的劳动教育;二是基于就业的劳动教育;三是基于公民培养的劳动教育。

(一)学校、家庭因地制宜安排劳动教育活动

美国小学开设的课程有语言艺术、数学、科学、社会研究、卫生健康、艺术、音乐和体育。"科学"相当于我国学校的物理、化学、生物、地理等自然学科的综合。"社会研究"相当于我国学校的政治、历史、经济等课程的综合。学校日常开设的课程中没有劳动教育课程,但在家庭和学校中都有各种与劳动教育有关的活动。例如,小学生在家里需要收拾、整理自己的物品,打扫自己的房间,帮助父母修剪自家房屋前后的草坪、分担家务等。总之,凡与孩子自立有关的一切事情,父母都最大限度地让他们自己去处理、解决。

在学校里,教师会因地制宜、因时制宜地安排各种培养学生劳动习惯的活动,如鼓励学生寻找或把自己喝过的饮料瓶等可以回收

的垃圾、物品带到学校，积攒到一定数量后换回某种小礼物；在某个特定的日子，如癌症日、残疾人日等，让学生到社会上募款，救助特定的人群；学生要参加学校或社区组织的植树活动、志愿服务，进行各种手工制作。

此外，一些美国小学还开展高年级学生帮助低年级学生的活动，类似国内学校学生"一对一"结对子活动。在课堂外的集体活动时间，高年级学生需要引导或帮助一年级孩子学习如何在学校用餐、遵守纪律，抚慰他们的情绪，带领他们适应学校生活，等等。这个过程既锻炼了高年级学生照顾人帮助人的能力，又培养了他们的责任感以及关爱、服务精神。

与小学相比，美国初中课程仅多一门外语，其他门类一样，但教学内容难度更大、要求也更高。学校日常课程中同样没有劳动教育课程，但有各种培养学生劳动习惯、劳动精神的活动，如手工制作、植物栽培等。历史上，美国高中有学术性高中，也有偏重职业的实科中学。

自20世纪50年代末开始，综合中学成为今天美国高中的主体。由于并入实科，美国综合中学普遍设有一些劳动教育类的课程供学生选修，常见的有家政、手工、烹饪、木工、园艺等。在一些位于山地、丘陵地区的学校，还设有石工课程。

（二）基于就业提出"生计教育"计划

基于就业的劳动教育以生计教育为代表。20世纪70年代，美国有1/3的高中生在读完高中后，既无法接受高等教育，也没有获得谋生的一技之长，这导致社会对学校教育产生了不满。

为解决这个问题，时任美国教育署署长提出了"生计教育"计划。其做法是：

（1）生计教育将成为所有学生而不只是职业学校学生课程的一部分；

（2）生计教育应当贯穿从小学一年级到高中甚至大学的所有年级；

（3）让中学毕业生，即使是中途退学者也拥有维持生计的各种技能。

之后，美国国会通过了《生计教育法》，拨款在中小学实施生计教育。生计教育把小学1年级到中学12年级分为三个阶段：

第一阶段（1～6年级）：职业了解阶段。主要使学生了解他们将面临的各种职业，培养职业兴趣，通过现场参观加深学生认识。

第二阶段（7～10年级）：职业探索阶段。面向7～8年级学生，帮助其熟悉美国15大职业分类，然后选择自己可能学习的5～6种职业；面向9～10年级学生，使其对选定的职业进行深入研究，并通过增加访问、见习、实际操作的机会，积累实践经验，深化对职业的认识，为职业选择作准备。

第三阶段（10～12年级）：职业选择阶段。引导学生选定一种职业进行更为深入的学习、研究和实际训练，并从以下三类课程中选择一种：（1）能够掌握中学毕业后直接就业的各种知识、技能的课程；（2）为升入大学学习做准备的课程，兼顾学术和职业；（3）为进入专业学院学习作准备的课程。

到20世纪70年代末，全美16740个学区中，有9300个学区开展了生计教育。80年代初，随着美国基础教育质量的严重滑坡，推动普通教育与职业教育相结合的生计教育模式受到了批评和责难。

在1983年《国家处在危险中：教育改革势在必行》发表后，美国中小学再次开始重视英语、数学、科学、历史、地理、外语、社会研究等学术性课程，但生计教育倡导的为就业作准备的理念在中小学普通教育中被不同程度地继承下来，并一直影响至今，尤其是在综合中学的职业科。课程也随着科技的发展从传统的手工类、体力类课程转向计算机维修技术、文字信息处理、商业资料分析、电子报表、计算机辅助绘画设计等众多偏重脑力劳动的课程。

（三）基于公民培养开展"志愿服务"与"服务学习"

美国十分重视公民的教育与培养。在中小学最常见的方式就是"志愿服务/社区服务"与"服务学习"。志愿服务能够成为美国人的生活方式、习惯甚至是自觉行为，与从小就开始的志愿劳动教育密不可分。

美国中小学不评"三好学生",但一个孩子如果有服务精神并做得很好,学校通常会给他发一个"好公民"奖。联邦政府也设有公民成就奖励项目,主要针对5~9年级学生。这被认为是培养和形成个体世界观与价值观的关键阶段。

美国各个学校都会因地制宜开展社区志愿服务活动。例如,为正处于康复期家庭提供服务,清洁社区,与残疾学校的学生联谊,为弱势群体发起捐献生活物品活动,回收废物,为疗养院制作装饰品,为残疾儿童制作圣诞卡,宣传禁烟,等等。这些活动使学生变得更加具有同情心和责任感。

服务学习是从20世纪60年代开始在美国兴起的。1969年美国南部地区教育委员会、亚特兰大市政府和亚特兰大城市联盟等联合召开会议,讨论服务学习在教育领域中的重要性。会议达成了三点共识:

(1) 学校必须鼓励学生参与社区服务,并对服务学习给予认可;

(2) 学校、民间组织、联邦和州政府必须为学生提供参与服务学习的机会和专项资金;

(3) 学生、教师必须参与服务学习的规划与实施过程。

在民间的推动下,1990年2月,时任总统布什签署了《国家与社区服务法案》,首次在法律上明确了服务学习的地位。1993年3月,时任总统克林顿签署了《国家与社区服务信托法案》,规定联邦政府对开展服务学习给予资金支持,鼓励政策制定者、学校和民间组织探索新的合作方式,把学生与学校、社会重新联系起来。这些法案的颁布,不仅提高了服务学习的地位,使服务学习有了稳定的资金来源,也极大地推动了服务学习的发展。现在美国每个州都开展了服务学习,有些州还将其作为公民教育计划的组成部分,并把它作为从学校毕业的基本条件之一。

除中小学外,美国大学也广泛开展服务学习。例如,新泽西理工学院在每学年的春假、暑假、寒假甚至周末假期都会开展"假期项目",安排学生去校外考察,让学生与被服务者短期内近距离地生活在一起,合作应对当地社区亟须解决的问题,如饥饿问题、艾滋病问题、流浪失业人员问题、环境问题、女性问题和经济复苏问题。普林斯顿大学的工程学教授曾带领一群学生开展贫困社区家庭节能项目，该小组向社区居民传授如何利用太阳能节约家庭燃料开支。通过社区参与，学生不仅学会了将课堂上所学的理论知识应用到实际问题解决中，还懂得了在学校里学到的理论知识对于环境和人类社会发展的影响，进一步强化了自己的公民责任意识。

（四）劳动教育课程内容：以密歇根州立大学为例

在密歇根州立大学，无论是传统的知识课程还是劳动教育课程，都重视对于课程内容的编排。其劳动教育课程内容由于社区或者社会作为学习环境的加入，具有特殊性：一方面，"劳动体验"本身作为主要内容与课程文本相结合，一同构成课程内容；另一方面，"劳动体验"也是掌握和运用知识最为直接、有效的形式，学生在与同学、教师、社区合作伙伴的反复互动中加深了对更为广泛的课程内容的理解。通过引人入胜和具有挑战性的课程内容来实现预期的学习目标是其劳动教育课程最大的特点。

密歇根州立大学劳动教育课程总是基于现实社会中的冲突性问题与焦点，满足社区中的实际需求，因此更能够调动学生的学习兴趣，投入更多的时间和精力在其中，并与不同知识背景的教师、同学和社区成员就实质性问题进行交流，通过真实情境中的经验发现不同专业之间学习的相关性，建立知识间的联系。这种"主动学习"的过程造就了一种主动的劳动体验，这也意味着劳动教育课程在赋予学生学习和应用理论知识的潜力上与传统的知识课堂等同。密歇根州立大学劳动教育课程内容的编排实质上是对"劳动体验"进行选择的过程。教师作为课程设计者，在课程目标确定后，依据课程目标选择相应的劳动体验，进而选择能够满足此类劳动体验的社区合作伙伴。密歇根州立大学的社区参与学习中心通常会对教师进行相关培训，并根据课程对劳动体验的相关要求，为合作社区的选择提供一个大致的方向。在劳动体验选择时，主要考虑以下两个方面内容：一方面，让社区合作伙伴了解到劳动教育课程的预期目标与期望的学习成果，以及教学计划中作为课程内容的劳动体验与社区的被服务群体、现实需要、劳动范围是否存在一定的兼容性；另一方面，初步判断学生掌握的经验、知识和技能能否在社区真实劳动体验中得以深化及运用。有时候，为了提高社区与课程劳动体验的兼容性，可选择多个社区，按照课程的内在知识逻辑或者学生的学习风格灵活切换不同社区开展同一门大学劳动教育课程。

尽管密歇根州立大学的劳动教育课程以"劳动体验"为主要的课程内容，但是在"劳动体验"之外，该校也重视与课程相关的文本内容的补充，涵盖诸如学科基本原理与知识、服务学历史、理论及实践、社区和社会背景、社区的历史和特点、需要解决的社区需求，以及学生将在劳动体验中使用的特定知识和技能等一系列相关文本内容。

密歇根州立大学劳动教育课程的内容符合杜威的"教育即生活"的理念，以"劳动体验"为课程内容，极大地增强了课程内容与现实世界之间的联系，既可以通过现实世界的劳动体验获得以后社会生存的资本，也可以通过真实的、具体的"劳动体验"与人和社会建立联系。鉴于在大学劳动教育课程中可利用学生的劳动体验来实现学术和公民的课程学习目标，该校在学习策略、课程评估等相关的课程设计中支持从劳动体验中学习，并使其能够用于达成课程学习目标。

此外，密歇根州立大学强调专业的学术学习。劳动教育课程对此最直观的反映是为社区内相关的利益方提供相应的劳动，为社区乃至社会问题的解决作出贡献，并强调在加强学术学习方面的作用。在进行社区劳动的同时如何加强学生的学术学习，是构建劳动教育课程首先必须考虑的问题。若仅将劳动体验内容硬性拼凑至课程中并将其冠名为"劳动教育课程"，就显得狭隘了，以至于其在帮助学生深化并且内化学术知识以及专业知识方面的作用微乎其微。因此，密歇根州立大学的劳动教育课程指导老师在增加学生劳动体验的同时，必须坚持"贴近学术知识学习"的目标以实现劳动体验内化学术内容。

（二）劳动教育评价体系的建设：以伯里亚学院为例

在劳动教育中，评价是整个劳动教育实施过程中的重要环节。为此，伯里亚学院建立学生劳动评价（Student Labor Evaluation，SLE）和劳动经验评估（Labor Experience Evaluation，LEE）两种工具来评估劳动教育的表现和效果，以保证学生参与劳动教育实践的深度和广度。学生劳动评价是针对学生个体劳动参与的评价，评价结果是学生评优、毕业等的重要参考依据。劳动经验评估是学生针对劳动教育的评价和反馈，有助于诊断劳动教育的问题所在、有效地指导劳动实践，进而提高劳动教育教学质量。两者基于不同层面，组成了伯里亚学院科学合理的劳动教育评价体系。

伯里亚学院针对学生劳动评价设置的维度有考勤、问责制、团队合作、主动性、尊重、学习能力和职位描述的具体要求7个方面。每一个维度都以具体的、外显的、可操作的行为的形式加以陈述。7个维度以劳动教育的5个学习目标为对照。学生劳动评价定期在每一个学期结束或夏季学期开展。劳动教育导师根据评价内容为每个学生创建一个工作表现记录文件，为过程评价和最终评价作好准备。此外，在评价过程中，伯里亚学院鼓励劳动教育导师定期与学生就劳动表现进行交流，并提出建议或双向反馈，为学生提供持续反思和成长的机会。

劳动经验评估旨在向管理者和劳动教育导师提供学生的有效性反馈。学生对劳动教育的评价和反馈是伯里亚学院改革劳动教育和提高劳动教育质量的关键信息来源之一。劳动经验评估允许学生反思他们在伯里亚学院的劳动过程和经验。学生主要在能否从劳动中获得知识、劳动和学术的关系、四个核心的通识教育目标、对地方工作领域的评价、劳动教育评估5个关键领域评估他们的劳动经历。在学年结束时，学生必须通过劳动经验评估来评价和反思自己的劳动经历。学生一般被要求在当前岗位的基础上完成评估，但在考虑整体经验时，可以考虑其他岗位。劳动教育部工作人员和劳动教育导师有权查阅在本部门劳动的学生的评估报告。报告的目的是为管理者提供一种机制，使其能够与部门劳动教育导师一起评估整个部门开展劳动教育的有效性。

二、日本学校劳动教育案例

二战以后，日本把培养中小学生的勤劳观、基本生存能力纳入教育总方针，并以立法的形式将培养目标固化了下来。尽管时代变迁，社会不断发展与进步，但日本培养学生爱劳动的理念一直未变。日本1947年颁布的《教育基本法》的第一条教育的目的开宗明义地阐明了"注重劳动与责任"。2006年修订的《教育基本法》的第二条教育的目的被修订为"关注职业和生活的关系，培养重视劳动的态度"。从此修订可以看出，日本对学生劳动的态度更加与时俱进，提出了更高的要求与期望。

作为下位法的日本《学校教育法》则对劳动教育进行了细化规定：义务教育要实现的目标之一就是培养学生关于职业的基础知识与技能、尊重劳动的态度和适应个性选择未来出路的能力；高中教育的目标之一是在发展、扩大义务教育成果的基础上，（使学生）基于对在社会上必须履行使命的自觉，适应个性，决定未来的出路，提高普通教养，掌握专门的知识、技术和技能。

学习指导要领是日本学校教育课程管理和课程实施的核心指导文件，是教科书编撰的重要法律依据，并作为各级各类学校教育课程标准和教学大纲。从幼儿园到高中，日本学习指导要领均要求各级学校循序渐进地教给学生有关"劳动基本权利""劳动基准法""雇佣合同"等书本知识，让学生体味到"劳动的意义""劳动的尊严""劳动者的权利与义务""工作生活两平衡"等。

为了让学生深入理解劳动的尊严，学习通过劳动对社会作出贡献，日本文部科学省将有关劳动教育的知识内容融入一些课程，让学生从心底熟谙劳动教育的必要性与参加劳动体验的紧迫感。日本初中学习指导要领对"社会科"的学习要求为：理解劳动的权利和义务、工会的意义及劳动基准法的精神。"特别教科道德"课程要求学生理解劳动的尊贵和意义，加深对将来的生活方式的思考，通过辛勤劳动为社会多作贡献。"综合学习时间"这门课程则要求学生参与职场体验、志愿者、生产劳动等活动，体会与感悟劳动的宝贵和生产的喜悦。

日本的劳动课程体系历史悠久，备受认可。劳动课程是日本中小学生的必修课。从幼儿园开始，孩子们就要学习自理，以培养耐心、细心和爱劳动的习惯，掌握基本的生活本领。从小学开始要上家政课，对烹饪基础、衣服整洁、房间舒适等进行学习。学校会千方百计给孩子们创造因地制宜的劳动学习和实践条件。

小学生的家政课包括烹饪基础、衣服整洁、房间舒适等内容。烹饪基础要求孩子对烹饪感兴趣，制订烹饪计划，学会清洗烹饪材料、切菜方法、调味方法、盛放方法、餐后收拾方法等，掌握基本的煮、炒等烹饪技巧，学会蒸米饭、做味噌汤，安全卫生使用相关工具等。衣服整洁要求学校要指导学生洗衣服、缝扣子，用针线缝制布袋、抹布、垫子，锻炼孩子手、脑、眼协调能力。房间舒适是指学校要指导学生对房间进行大扫除，学生要自己完成校园环境的打扫工作，毕业时要清洗课桌椅，将干净的学习环境留给学弟学妹。另外，学生每天都要打扫厕所，这样一方面可以学习厕所的打扫方法，另一方面能够了解各种工作都有辛劳和优秀的地方，工作没有贵贱之分。

小学生的午餐由小学生轮流分配，午餐吃完后，值班学生要将餐具整理好。午餐之后，学生还要进行20分钟的大扫除。通过大扫除，学生们能够感受到奉献的喜悦，懂得集体活动的重要性。对一个孩子来说，课本知识之外的内容也非常重要。大扫除、烹饪、手工等每项活动都在培养孩子某项非常重要的技能，不可或缺。

许多日本中小学校都有一块或大或小的田地，供教师对学生进行基本的劳动教育。教学田地不只是农村学校才有，一些城市学校也有。有条件的学校会有一片小花园，或者小菜园。没有条件的，会用花盆代替。另外，还有一些学校会跟政府借用一块地来进行种植教育，如在政府规定的公园里、河堤边上等。

举例来说，在有一小块水田的学校，教师教学生育秧、插秧、割稻，其间还有田间管理和防治病虫害等方面的教学。在非水田的田地里，学校教学生种植日常食用的蔬菜和常见的园艺花草植物。等到了收获的时候，孩子们就将所种蔬菜采摘后送到学校食堂，或者由他们自己清洗，或者由校工清洗，再由厨师切好、烹饪。等到午餐的时候，孩子们就能吃到他们自己的劳动成果了。日本许多中小学食堂里都有孩子们自己种植的新鲜且环保的蔬菜。

（一）日本的中小学"梅子露"式劳动教育

有一所日本学校里有一片梅林。每年学校会安排不同年级的学生轮流为全校师生做一种酸酸甜甜的饮料——梅子露。

首先，班主任老师带领孩子们到梅林。班主任使劲摇动树干、树枝，让梅子落下来。孩子们拣选成熟的果子放入小筐。采摘结束，每班都有几个身体强壮的孩子主动担起搬运筐的任务。回到教室，师生开始一起做梅子露。

大家洗净双手，再细心挑选青色的、无疤痕的梅子。然后用小牙签挑掉梅子涩的部位，这样腌制后就不会有涩味。老师告诉孩子们要感恩大自然的馈赠，并且好好享用，不要浪费。最后把梅子洗干净、晾干，和冰糖一起放入消好毒的瓶子里。一个月以后，梅子露就做好了。

日本中小学老师、校长、督导和学生吃一样的饭菜，所以梅子露也是按人头分配的，真正做到了公平、公正。

（二）日本的幼儿园劳动教育

日本学校的劳动教育备受认可。从幼儿园开始，孩子们就要学习自理，培养耐心、细心和爱劳动的良好习惯，掌握基本的生活本领，如进行以下十个方面的劳动。

（1）用针线缝制布袋、抹布、垫子，锻炼孩子手、脑、眼的协调能力。

（2）自己淋浴、擦身、换衣。

（3）午餐时间抽签到食堂帮厨，学生自己完成餐桌摆放、饭菜分配、收送餐具等工作。

（4）打扫卫生。学校提供100多页的打扫方法指南，详细说明工具名称、使用方法，学生要自己完成校园环境的打扫工作。

（5）厕所教育。学生每天都要打扫厕所，一方面学习厕所的打扫方法，另一方面了解各种工作都有辛劳和优秀之处，工作没有贵贱之分。

（6）养小动物成为必修课，主要是让孩子体会到大自然的神奇和生命的美妙，而且这个规定已经有100余年的历史。

（7）种菜养花。有条件的学校会有一片小花园或者小菜园。没有条件的，会用花盆代替。另外，还有一些学校会跟政府借用一块地来进行种植教育，如在政府规定的公园里、河堤边上等。

（8）午休时自己铺床。

（9）放学时自己收拾书包，更衣换鞋后离园。

（10）毕业时清洗课桌椅，将干净的学习环境留给学弟学妹。

三、德国学校劳动教育案例

（一）面向"数字世界"的劳动教育课程模式：以柏林卡的罗施密特高中为例

劳动教育是德国中小学课程的重要组成部分，并以时代性和实践性为特征。同时，劳动教育承担着对个体进行"社会—经济教化"的功能，即通过帮助全体学生多方面了解并参与社会生活，推动学生全面且和谐的发展。

在这一理念的驱动下，随着工业革命的推进，德国中小学劳动教育教育发生巨大变革，不断"进化"，至今已经进入4.0阶段。德国中小学劳动教育在课程内容和课程编制等方面已然较为成熟，形成了较为完善的中小学劳动教育课程体系。但随着工业4.0时代的到来，现有中小学劳动教育课程内容已经难以适应数字产业发展的需求。为了紧跟高新技术产业的发展步伐，新一轮中小学劳动教育课程改革已经开始。2016年德国各州文教部长联席会议提出了"基于数字世界的教育"战略草案。该草案指出，数字产品已经渗透于日常生活和工作的方方面面，面对数字社会的挑战，学校教育应确保学生具备在数字世界进行生活和工作的知识、能力和技能。柏林作为中小学劳动教育课程改革的先行区，率先以选修课的形式在普通高中、职业高中和综合高中推出了面向"数字世界"的课程计划。随着课程计划的不断深入,位于柏林的卡罗施密特高中自2017—2018学年便开始建设面向"数字世界"的中小学劳动教育课程模式,并提出了"超越数字阅读,面向数字生活"的中小学劳动教育口号。作为该校劳动教育的重要组成部分,这一课程面向全体中学生开设。面向"数字世界"这一目标的提出代表着中小学劳动教育从信息技术向数字技术迈进,它以使学生有能力应对数字生活的变化为目的。

1. 课程目标定位于未来的数字生活和科技工作

数字化变革已经对我们的日常生活、工作和劳动产生了巨大的影响。数字产品、数字媒体和社交软件融入了我们的日常生活,虚拟图书馆改变了传统的知识获取方式,虚拟现实眼镜拓宽了空间的边界,云应用程序简化了信息访问方式。如此种种都预示着面向"数字世界"的中小学劳动教育成为时代所需。因此,工业4.0时期的德国中小学劳动教育顺势而为,以数字生活和科技工作为着眼点,通过向学生传授数字领域的技术和知识,培养学生实践操作技能,激发其探索数字世界的兴趣,使学生可以更为全面地理解自己所处的数字时代及其发展历史,并有能力使用相关的数字工具解决生活和工作中出现的问题,提高工作和生活的效率。

2. 课程内容指向21世纪所需技能和数字新知识

为了使学生对数字世界有全面的了解,并形成参与数字世界的能力,卡罗施密特高中以实践为导向,以增强学生对科技发明、创新创业、信息技术的兴趣为目的,围绕"21世纪技能"和高新数字知识开展了面向"数字世界"的劳动教育。面向"数字世界"的中小学劳动教育主要从能力和知识两个方面对学生进行培育。在能力塑造方面,涉及专业能力、沟通能力、判断和决策能力、方法论能力四个方面,并以行动力为各项能力的核心——基于数字知识与个人能力作出判断。专业能力是指恰当运用专业知识的能力,包括了解各类工作、生活和生产中数字产品的基本功能、应用范围、使用方法、优势及发展趋势等内容。方法论能力是指有针对性地制定和运用数字方法的能力，不仅要求学生具备使用数字工具的能力、在数字化的环境中进行反思和观察的能力，还要求学生具备团队合作、项目管理等综合能力。沟通能力是指在数字和专业背景下进行交流、互动、反思、评价，相互理解和应对各种冲突等方面的能力。判断和决策能力旨在培养学生从多个角度（历史、生态、经济等）对数字产品的使用进行反思，对具体的事件进行理性判断，并形成相应的价值观。

在知识传递方面，面向"数字世界"的中小学劳动教育涉及数字媒体、数字制造、数字生活、数字科研、项目管理五个方面的内容。其中，数字媒体包括云存储技术和大数据统计与分析等内容。数字制造包括数字生产工具（3D打印、激光切割机等）和机器人智能操作等内容。数字生活则包括智慧家居、智能手机、智能手表等相关内容，学生需要学习并认识人工智能的基本技术，并了解人工智能的基本原理。数字科研包括以卫星图像提取和机器学习为代表的数字化的研究方法和计算机编程等内容。项目管理包括项目管理的基本知识、通过在线交流工具进行合作、市场分析、广告制作和分析当前数字产品发展的趋势等内容。这些内容代表了当今社会最前沿的数字科技成果，通过对这些高新技术的学习，学生不仅可以拓宽知识范围，还可以有效激发探索"数字世界"的浓厚兴趣。

3. 课程实施基于各具特色的校园工厂

为了使学生有机会接触并参与数字生产的全过程，了解真实的数字生活和数字劳动，落实面向"数字世界"的课程内容，卡罗施密特高中在校园内创设了专门的校园公司，并为其配置了成套的工业级数字化生产设备，如激光切割机、激光雕刻机、投影机、高性能笔记本、乐高头脑风暴机器人、工业吸尘器、压缩机等设备。在这里，学生能够亲自参与高水平的数字化生产。卡罗施密特高中的校园公司下设"施密特数字制造者"车间和"卡罗环保纸制品商店"，由学生自主设计其商标，并担任相关工作人员，在教师的引导下实现自主运营。"施密特数字制造者"车间内特设"施密特打印工作室"，在这里，学生可以学习使用3D打印机，并有机会自行设计和出售广告牌、笔记本、杯子、运动包、连帽衫等物品。关注前沿科技动态，培养学生对数字科技的兴趣，并掌握一定的数字工艺是这一工作室的成立初衷。与"施密特打印工作室"所关注的前沿科技不同，"卡罗环保纸制品商店"更侧重培养学生的职业能力，并向其传递相关的职业信息。"卡罗环保纸制品商店"将由纸张生产而造成的资源消耗和环境压力作为关注的重点，并重在为学生提供真实的职业体验。在这里，学生任职于销售部、广告部、财务部和采购部等部门，负责该部门一切事务的运作，在实践的过程中提升自身的交流能力、合作能力、策划能力等，并对自己的职业规划形成清晰的认识，为未来的职业选择作准备。此外，卡罗施密特高中还与多家高新技术公司签订了合作协议，学生可以选择进入这些公司进行实习，从而加深对数字产业的了解。

不论是"施密特打印工作室"，还是"卡罗环保纸制品商店"，抑或是高新技术公司的实习机会，均是卡罗施密特高中推进以"数字世界"为中心的劳动教育课程的重要途径。"施密特打印工作室"为学生提供了参与数字产品生产、推广和销售全过程的机会，激发了学生对数字科技的兴趣；"卡罗环保纸制品商店"为学生提供了真实的职业体验，使学生通过自主参与的形式加深了对数字时代工作环境和工作任务的了解，并从自身出发进行职业规划；高新技术公司的实习机会使学生有机会进入数字产业公司内部，从而全面了解数字产品的生产和销售过程，进一步帮助其日后进行职业选择。卡罗施密特高中从培养兴趣、提升劳动素养、进行社会实践三个层面，逐级为学生提供相应的劳动教育课程，为学生步入"数字世界"奠定了完善的实践基础。

（二）德国中小学劳动教育

在自然常识课上，教师会带领学生直接来到苗圃，特别邀请园艺工程师为学生介绍各种草本植物。从观察植物的形态特征到认识植物的种子果实，从知道植物的名字到了解植物的科目属性，由表及里，由浅入深。学生可以自由穿梭在苗圃之间，仔细观察感兴趣的任何植物；也可以认领一块小小的苗地，种下自己的小种子。

进入中学后，将侧重"劳动学课"和"操作课"。前者主要讲授生产劳动和就业的理论和知识，后者更加偏重在解决实际问题过程中的动手实践。几乎每所中学都有五种劳动技术专用教室：金加工、木加工、烹饪、办公室管理、缝纫和编织。这些教室不仅设备齐全，而且设计讲究。比如一堂修理课程，教师带来需要修理的自行车，从拆卸到找出问题，再从修理到拼接零件，每一步都和学生共同探讨，辅助他们上手解决。再比如修理一台建造于1959年的拖拉机。几位学生就在学校的维修棚里开启拖拉机维修项目。维修之前，学生不仅要了解拖拉机出现故障的原因，还要了解它曾经参与的劳动有哪些，甚至还会研究不同时代拖拉机的构造特点，根据收集到的资料再结合机器的实际情况，一点点去发现问题、解决问题。最终，这台沉睡许久的"老爷车"在学生的手里成功运转起来，发动机发出轰隆隆令人振奋的声音，驶出修理棚。在项目进行过程中，既有教师的陪伴与引导，也有已经毕业了的学生的帮助。

这样的劳技课，并不追求学生掌握技术到什么程度，也不要求学习成果，而是要求学生们能够从中了解整个生产过程和工序，为学生的职业生涯打打常识的补丁。

此外，德国中小学生还要亲自到企业实习。学生进入工厂，和工人一样上下班，做一些简单的工作，目的在于了解相应的工作和职业。教师一周去看两次学生，了解情况。实习结束后，学生作汇报，教师作总结。

参考文献

[1] 马克思. 资本论：第1卷[M]. 北京：人民出版社，2004.

[2] 共产党宣言[M]. 中共中央马克思恩格斯列宁斯大林著作编译局，编译. 北京：人民出版社，2014.

[3] 马克思. 1844年经济学哲学手稿[M]. 中共中央马克思恩格斯列宁斯大林著作编译局，编译. 北京：人民出版社，2018.

[4] 马克思恩格斯选集：第1卷[M]. 中共中央马克思恩格斯列宁斯大林著作编译局，编译. 北京：人民出版社，2012.

[5] 马克思恩格斯选集：第2卷[M]. 中共中央马克思恩格斯列宁斯大林著作编译局，编译. 北京：人民出版社，2012.

[6] 马克思恩格斯选集：第3卷[M]. 中共中央马克思恩格斯列宁斯大林著作编译局，编译. 北京：人民出版社，2012.

[7] 马克思恩格斯选集：第4卷[M]. 中共中央马克思恩格斯列宁斯大林著作编译局，编译. 北京：人民出版社，2012.

[8] 马克思恩格斯文集：第1卷[M]. 中共中央马克思恩格斯列宁斯大林著作编译局，编译. 北京：人民出版社，2009.

[9] 马克思恩格斯文集：第3卷[M]. 中共中央马克思恩格斯列宁斯大林著作编译局，编译. 北京：人民出版社，2009.

[10] 马克思恩格斯文集：第5卷[M]. 中共中央马克思恩格斯列宁斯大林著作编译局，编译. 北京：人民出版社，2009.

[11] 马克思恩格斯文集：第7卷[M]. 中共中央马克思恩格斯列宁斯大林著作编译局，编译. 北京：人民出版社，2009.

[12] 马克思恩格斯文集：第8卷[M]. 中共中央马克思恩格

斯列宁斯大林著作编译局，编译. 北京：人民出版社，2009.

［13］马克思恩格斯文集：第9卷［M］. 中共中央马克思恩格斯列宁斯大林著作编译局，编译. 北京：人民出版社，2009.

［14］马克思恩格斯全集：第3卷［M］. 中共中央马克思恩格斯列宁斯大林著作编译局，编译. 北京：人民出版社，1985.

［15］马克思恩格斯全集：第3卷［M］. 中共中央马克思恩格斯列宁斯大林著作编译局，编译. 北京：人民出版社，1972.

［16］马克思恩格斯全集：第3卷［M］. 中共中央马克思恩格斯列宁斯大林著作编译局，编译. 北京：人民出版社，2002.

［17］马克思恩格斯全集：第6卷［M］. 中共中央马克思恩格斯列宁斯大林著作编译局，编译. 北京：人民出版社，1961.

［18］马克思恩格斯全集：第16卷［M］. 中共中央马克思恩格斯列宁斯大林著作编译局，编译. 北京：人民出版社，1964.

［19］马克思恩格斯全集：第21卷［M］. 中共中央马克思恩格斯列宁斯大林著作编译局，编译. 北京：人民出版社，1985.

［20］马克思恩格斯全集：第23卷［M］. 中共中央马克思恩格斯列宁斯大林著作编译局，编译. 北京：人民出版社，1972.

［21］马克思恩格斯全集：第23卷［M］. 中共中央马克思恩格斯列宁斯大林著作编译局，编译. 北京：人民出版社，1984.

［22］马克思恩格斯全集：第29卷［M］. 中共中央马克思恩格斯列宁斯大林著作编译局，编译. 北京：人民出版社，1984.

［23］马克思恩格斯全集：第45卷［M］. 中共中央马克思恩格斯列宁斯大林著作编译局，编译. 北京：人民出版社，1985.

［24］马克思恩格斯全集：第47卷［M］. 中共中央马克思恩格斯列宁斯大林著作编译局，编译. 北京：人民出版社，1979.

［25］列宁全集：第2卷［M］. 中共中央马克思恩格斯列宁斯大林著作编译局，编译. 北京：人民出版社，1984.

［26］列宁全集：第9卷［M］. 中共中央马克思恩格斯列宁斯大林著作编译局，编译. 北京：人民出版社，1984.

［27］列宁全集：第10卷［M］. 中共中央马克思恩格斯列宁斯

大林著作编译局,编译. 北京:人民出版社,1984.

[28] 列宁全集:第12卷 [M]. 中共中央马克思恩格斯列宁斯大林著作编译局,编译. 北京:人民出版社,1984.

[29] 列宁全集:第14卷 [M]. 中共中央马克思恩格斯列宁斯大林著作编译局,编译. 北京:人民出版社,1984.

[30] 列宁全集:第17卷 [M]. 中共中央马克思恩格斯列宁斯大林著作编译局,编译. 北京:人民出版社,1984.

[31] 列宁全集:第21卷 [M]. 中共中央马克思恩格斯列宁斯大林著作编译局,编译. 北京:人民出版社,1984.

[32] 列宁全集:第22卷 [M]. 中共中央马克思恩格斯列宁斯大林著作编译局,编译. 北京:人民出版社,1984.

[33] 列宁全集:第26卷 [M]. 中共中央马克思恩格斯列宁斯大林著作编译局,编译. 北京:人民出版社,1984.

[34] 列宁全集:第29集 [M]. 中共中央马克思恩格斯列宁斯大林著作编译局,编译. 北京:人民出版社,1984.

[35] 列宁全集:第30卷 [M]. 中共中央马克思恩格斯列宁斯大林著作编译局,编译. 北京:人民出版社,1957.

[36] 列宁全集:第35卷 [M]. 中共中央马克思恩格斯列宁斯大林著作编译局,编译. 北京:人民出版社,1984.

[37] 列宁全集:第36卷 [M]. 中共中央马克思恩格斯列宁斯大林著作编译局,编译. 北京:人民出版社,1984.

[38] 列宁全集:第40卷 [M]. 中共中央马克思恩格斯列宁斯大林著作编译局,编译. 北京:人民出版社,1984.

[39] 列宁全集:第41卷 [M]. 中共中央马克思恩格斯列宁斯大林著作编译局,编译. 北京:人民出版社,1984.

[40] 列宁专题文集:论无产阶级政党 [M]. 中共中央马克思恩格斯列宁斯大林著作编译局,编译. 北京:人民出版社,2009.

[41] 毛泽东. 毛泽东选集:第2卷 [M]. 北京:人民出版社,1991.

[42] 中共中央文献研究室. 毛泽东文集:第2卷 [M]. 北京:

人民出版社，1993.

［43］中共中央文献研究室. 建党以来重要文献选编：一九二一——一九四九：第十一册［M］. 北京：中央文献出版社，2011.

［44］毛泽东论教育［M］. 北京：人民教育出版社，2008.

［45］邓小平同志论教育［M］. 北京：人民教育出版社，1990.

［46］邓小平文选：1975—1982年［M］. 北京：人民教育出版社，1983.

［47］中共中央文献研究室. 十六大以来重要文献选编：中册［M］. 北京：中央文献出版社，2006.

［48］习近平谈治国理政：第1卷［M］. 北京：外文出版社，2018.

［49］习近平谈治国理政：第2卷［M］. 北京：外文出版社，2018.

［50］习近平谈治国理政：第3卷［M］. 北京：外文出版社，2020.

［51］习近平谈治国理政：第4卷［M］. 北京：外文出版社，2022.

［52］习近平. 论坚持人民当家作主［M］. 北京：中央文献出版社，2021.

［53］中共中央文献编辑委员会. 习近平著作选读：第1卷［M］. 北京：人民出版社，2023.

［54］中共中央文献编辑委员会. 习近平著作选读：第2卷［M］. 北京：人民出版社，2023.

［55］中共中央党校出版社. 习近平的七年知青岁月［M］. 北京：中共中央党校出版社，2017.

［56］中央网络安全和信息化委员会办公室. 习近平总书记关于网络强国的重要思想概论［M］. 北京：人民出版社，2023.

［57］河北省委宣传部. 让群众过上好日子：习近平正定足迹［M］. 北京：人民出版社，2022.

［58］中共中央党校出版社. 习近平在福建：上［M］. 北京：

中共中央党校出版社，2021.

[59] 福建省委宣传部. 闽山闽水物华新：习近平福建足迹：上 [M]. 北京：人民出版社，2022.

[60] 浙江省委宣传部. 干在实处永立潮头：习近平浙江足迹 [M]. 北京：人民出版社，2022.

[61] 上海市委宣传部. 当好改革开放的排头兵：习近平上海足迹 [M]. 北京：人民出版社，2022.

[62] 中华人民共和国教育部. 深入学习习近平关于教育的重要论述 [M]. 北京：高等教育出版社，2019.

[63] 中华人民共和国教育部. 义务教育劳动课程标准：2022年版 [M]. 北京：北京师范大学出版社，2022：6.

[64] 托马斯·莫尔. 乌托邦 [M]. 戴镏龄，译. 北京：商务印书馆，2008.

[65] 让·梅叶. 遗书：第二卷 [M]. 北京：商务印书馆，1985.

[66] 摩莱里. 自然法典 [M]. 黄建华，姜亚洲，译. 北京：商务印书馆，2019.

[67] 圣西门选集：第一卷 [M]. 北京：商务印书馆，2004.

[68] 圣西门选集：第二卷 [M]. 董果良，译. 北京：商务印书馆，1982.

[69] 傅立叶选集：第二卷 [M]. 北京：商务印书馆，1981.

[70] 吴式颖，等. 马卡连柯教育文集：上卷 [M]. 北京：人民教育出版社，2018.

[71] 吴式颖，等. 马卡连柯教育文集：下卷 [M]. 北京：人民教育出版社，2019.

[72] H. A. 康斯坦丁诺夫，等. 苏联教育史 [M]. 吴式颖，周蕖，朱宏，译. 北京：商务印书馆，1996.

[73] 克鲁普斯卡雅. 克鲁普斯卡雅论教育：上卷 [M]. 卫道治，译. 北京：人民教育出版社，2017.

[74] 克鲁普斯卡雅. 克鲁普斯卡雅论教育：中卷 [M]. 卫道

治,译. 北京:人民教育出版社,2017.

[75] 克鲁普斯卡雅. 克鲁普斯卡雅论教育:下卷[M]. 卫道治,译. 北京:人民出版社,2017.

[76] B. A. 苏霍姆林斯基. 给教师的建议[M]. 杜殿坤,编译. 北京:教育科学出版社,2000.

[77] 色诺芬. 回忆苏格拉底[M]. 吴永泉,译. 北京:商务印书馆,1984.

[78] 柏拉图. 理想国[M]. 郭斌和,张竹明,译. 北京:商务印书馆,1986.

[79] 让-雅克·卢梭. 爱弥尔[M]. 李平沤,译. 北京:人民教育出版社,1984.

[80] 福禄培尔. 福禄培尔幼儿教育[M]. 李铭编,译. 北京:中国妇女出版社,2015.

[81] 科瓦略夫. 古代罗马史[M]. 王以铸,译. 北京:生活·读书·新知三联书店,1957.

[82] 董纯柱. 中国革命根据地教育史:第二卷[M]. 北京:教育科学出版社,1991.

[83] 吴德刚. 中国共产党教育方针百年历史研究[M]. 北京:教育科学出版社,2021.

[84] 中央教育科学研究所. 中华人民共和国教育大事记:1949—1982[M]. 北京:教育科学出版社,1984.

[85] 毛礼锐,沈灌群. 中国教育通史:第五卷[M]. 济南:山东教育出版社,1988:45.

[86] 何东昌. 中华人民共和国重要教育文献:1949—1975[M]. 海口:海南出版社,1998.

[87] 陕西人民出版社. 梁家河[M]. 西安:陕西人民出版社,2018.

[88] 肖冬松. 治国理政现代化[M]. 北京:人民出版社,2017.

[89]《湖南教育》编辑部. 苏霍姆林斯基教育思想概述[M].

长沙：湖南教育出版社，1983.

［90］滕大春. 外国教育通史：第三卷［M］. 济南：山东教育出版社，1990.

［91］张焕庭. 西方资产阶级教育论著选［M］. 北京：人民教育出版社，1979.

［92］华东师范大学教育系，杭州大学教育系. 西方古代教育论著选［M］. 北京：人民教育出版社，1985.

［93］李明德，金锵. 教育名著评介：外国卷［M］. 福州：福建教育出版社，1992.

［94］刘世峰. 中国教劳结合研究［M］. 北京：教育科学出版社，1996：10.

［95］陈元晖. 中国现代教育史［M］. 北京：人民教育出版社，1979.

［96］滕大春. 外国教育通史：第一卷［M］. 济南：山东教育出版社，1989.

［97］刘向，皇甫谧. 列女传·高士传［M］. 沈阳：辽宁教育出版社，1999.

［98］威廉·博伊德，埃德蒙·金. 西方教育史［M］. 任宝祥，吴元训，主译. 北京：人民教育出版社，1985.

［99］王亚平. 修道院的变迁［M］. 北京：东方出版社，1998.

［100］朱旭东，王保星. 外国教育思想通史：第六卷：18世纪的教育思想［M］. 长沙：湖南教育出版社，2002.

［101］张焕庭. 西方资产阶级教育论著选［M］. 北京：人民教育出版社，1979.

［102］R. Freeman Butts. A cultural history of western education: Its social and intellectual foundations［M］. NewYork：McGraw-Hill Company，1955.

［103］Paul Monroe. A text-book in the history of education［M］. New York：The Macmillan Company，1905.

［104］Frank Graves. A history of education before the Middle

Ages [M]. New York：Macmillan Co，1909.

［105］习近平. 思政课是落实立德树人根本任务的关键课程［J］. 求是，2020（17）：7.

［106］刘润. 中国古代劳动德治思想管窥［J］. 中学政治教学参考，2022（12）：75—77.

［107］贺超海. 中国古代劳动教育思想研究［J］. 南昌工程学院学报，2023，42（5）：1—6.

［108］何杨勇. 先秦儒道墨三家的劳动教育思想与启示［J］. 劳动哲学研究，2020（00）：235—249.

［109］杨玲. 论优秀传统文化在劳动教育中的影响［J］. 中国文化与管理，2021（2）：112—118，177—178.

［110］周甲英，田宗友. 颜之推的劳动教育思想及其理性审视［J］. 劳动哲学研究，2022（2）：178—186.

［111］孙海霞，张德学. 以业立世：《颜氏家训》的家庭劳动教育思想及其启示［J］. 重庆科技学院学报（社会科学版），2022（1）：98—105.

［112］范晓怡. 唐朝农业职业教育的发展探究［J］. 云南农业，2020（4）：61—63.

［113］冯芳芳. 试论朱熹"洒扫应对"的劳动教育观［J］. 劳动教育评论，2021（2）：38—53.

［114］刘一兵. 论王安石的教育思想及其现代启示［J］. 齐鲁学刊，2008（5）：51—53.

［115］迟成勇. 论王阳明教育哲学思想对当代教育的启示［J］. 贵州大学学报（社会科学版），2015，33（5）：52—59.

［116］任哲，王凌皓，次春雷. 基督教禁欲传统对西欧中世纪教育的影响研究［J］. 科学与无神论，2021（1）：39—45.

［117］李红梅，马立志. 试论凯兴斯泰纳的"劳作学校"［J］. 继续教育研究，2010（06）：161—162.

［118］徐辉. 从生产性到育人性：西方劳动教育思想的历史演变及启示［J］. 教育科学，2020，36（05）：27—34.

[119] 基姆. 社会主义时期苏联史：1917—1957年[J]. 人民大学编译室, 等译. 北京：生活·读书·新知三联书店, 1960.

[120] 张俊峰. 列宁教育与生产劳动相结合思想探析[J]. 福建师大福清分校学报, 2015 (3)：64－67.

[121] 宋才发. 对列宁关于教育与生产劳动相结合思想的再认识[J]. 教育评论, 1987 (3)：3－8.

[122] 刘淑艳, 刘培路. 列宁劳动教育思想的内涵和实践路径论析[J]. 中国劳动关系学院学报, 2022 (1)：11－20.

[123] 杨文. 时代新人培育视角下列宁劳动教育思想的核心要义与当代启示[J]. 唐都学刊, 2023 (3)：71－77.

[124] 宫长瑞, 等. 列宁关于劳动教育的核心思想及其当代价值[J]. 江苏海洋大学学报（人文社会科学版）, 2021 (9)：50－57.

[125] 唐宇聪, 张应强. 列宁劳动教育思想的发展演变和根本特点[J]. 山西师大学报（社会科学版）, 2023 (4)：96－104.

[126] 曲建武, 张慧敏. 列宁政治教育思想对大学生思想政治教育的启示[J]. 国家教育行政学院学报, 2020 (11)：58－64.

[127] 杨文. 时代新人培育视角下列宁劳动教育思想的核心要义与当代启示[J]. 唐都学刊, 2023 (3)：71－77.

[128] 贺敬垒. 列宁的劳动教育思想及其当代启示[J]. 思想理论教育导刊, 2023 (11)：78－87.

[129] 郭志明, 邓冉. 苏联人民教育家劳动教育思想研究[J]. 天津市教科院学报, 2021 (1)：83－89.

[130] 徐辉. 思想性与育人性的统一：再论苏联时期马克思主义教育家的劳动教育思想[J]. 外国教育研究, 2020 (12)：59－70.

[131] 王洪晶, 曲铁华. 中国共产党百年劳动教育政策：历程、经验与展望[J]. 中国教育学刊, 2021 (8)：2.

[132] 李珂, 曲霞. 1949年以来劳动教育在党的教育方针中的历史演变与省思[J]. 教育学报, 2018 (5)：63－72.

[133] 赵长林. 新中国成立 70 年我国劳动教育思想的演进与劳动课程的变迁 [J]. 国家教育行政学院学报, 2019 (6): 13.

[134] 罗生全, 杨柳. 中国劳动教育发展 100 年 [J]. 西南大学学报 (社会科学版), 2021 (4): 129-141, 229.

[135] 曲建武, 黄磊. 中国共产党劳动教育政策的演变及启示 [J]. 教育科学, 2022 (5): 1-7.

[136] 教育部、共青团中央、全国少工委关于加强中小学劳动教育的意见 [J]. 中国德育, 2015 (16): 6-8.

[137] Dr. Rayees Ahmad Dar. Educational Thought of Friedrich August Froebel [J]. International Journal of Advanced Multidi sciplinary Scientific Research (IJAMSR), 2018, 1 (9): 3.

[138] Shirakawa Y, Saracho O N. Froebel's kindergarten and its movement in Germany and the United States [J]. Early Child Development and Care, 2021, 191 (7-8): 1164-1174.

[139] Kerschensteiner G. The fundamental principles of continuation schools [J]. The School Review, 1911, 19 (3): 162-177.

[140] Kerschensteiner G. Begriff der Arbeitsschule [M]. Oldenbourg: Oldenbourg Wissenschaftsverlag, 2020: 161-162.

[141] 张景书. 中国古代农业教育研究 [D]. 咸阳: 西北农林科技大学, 2003.

[142] 孙宏恩. 秦汉时期的社会教育 [D]. 兰州: 西北师范大学, 2002.

[143] 於燕燕. 试析 10—13 世纪西欧的修道院改革 [D]. 上海: 华东师范大学, 2007.

[144] 习近平. 高举中国特色社会主义伟大旗帜为全面建设社会主义现代化国家而团结奋斗——在中国共产党第二十次全国代表大会上的报告 [N]. 人民日报, 2022-10-26 (01).

[145] 习近平. 坚持中国特色社会主义教育发展道路培养德智体美劳全面发展的社会主义建设者和接班人 [N]. 人民日报,

2018-09-11（01）.

[146] 习近平. 大力弘扬劳模精神劳动精神工匠精神培养更多高技能人才和大国工匠 [N]. 人民日报，2020-12-11（01）.

[147] 习近平. 在 2015 年春节团拜会上的讲话 [N]. 人民日报，2015-02-18（02）.

[148] 习近平. 在全国劳动模范和先进工作者表彰大会上的讲话 [N]. 人民日报，2020-11-25（02）.

[149] 习近平. 在知识分子、劳动模范、青年代表座谈会上的讲话 [N]. 人民日报，2016-04-30（02）.

[150] 习近平. 坚持党对工会的全面领导组织动员亿万职工积极投身强国建设民族复兴伟业 [N]. 人民日报，2023-10-24（01）.

[151] 习近平. 在北京大学师生座谈会上的讲话 [N]. 人民日报，2018-05-03（02）.

[152] 习近平. 在庆祝"五一"国际劳动节暨表彰全国劳动模范和先进工作者大会上的讲话 [N]. 人民日报，2015-04-29（02）.

[153] 习近平. 在同各界优秀青年代表座谈时的讲话 [N]. 人民日报，2013-05-05（02）.

[154] 习近平主持召开学校思想政治理论课教师座谈会强调用新时代中国特色社会主义思想铸魂育人贯彻党的教育方针落实立德树人根本任务 [N]. 人民日报，2019-03-19（01）.

[155] 习近平在乌鲁木齐接见劳动模范和先进工作者、先进人物代表向全国广大劳动者致以"五一"节问候 [N]. 人民日报，2014-05-01（01）.

[156] 习近平向全国广大劳动群众致以节日的祝贺和诚挚的慰问 [N]. 人民日报，2021-05-01（01）.

[157] 为高质量发展提供强劲推动力 [N]. 人民日报，2024-03-12（05）.

[158] 中共中央国务院. 关于全面加强新时代大中小学劳动教

育的意见［N］．人民日报，2020－03－27（01）．

［159］中共教育部党组．中共教育部党组关于在全国各级各类学校深入开展"爱学习、爱劳动、爱祖国"教育的意见［EB/OL］．（2013－09－02）［2024－04－02］．http：//www.moe.gov.cn/srcsite/A01/s7048/201309/t20130902_171855.html．

［160］教育部办公厅．教育部办公厅关于加强和改进新时代中等职业学校德育工作的意见［EB/OL］．（2019－11－21）［2024－04－02］．http：//www.moe.gov.cn/srcsite/A07/moe_950/201912/t20191203_410649.html．

［161］中华人民共和国教育部．教育部关于职业院校专业人才培养方案制订与实施工作的指导意见［EB/OL］．（2019－06－11）［2024－04－02］．http：//www.moe.gov.cn/srcsite/A07/moe_953/201906/t20190618_386287.html．

［162］教育部财政部关于实施中国特色高水平高职学校和专业建设计划的意见［EB/OL］．（2019－03－29）［2024－04－02］．http：//www.moe.gov.cn/srcsite/A07/moe_737/s3876_qt/201904/t20190402_376471.html．

后　　记

党的十八大以来，习近平总书记提出了一系列关于劳动教育的新思想、新观点、新论断，这些新思想、新观点、新论断是全面加强新时代劳动教育的根本遵循和行动指南。为贯彻落实习近平总书记关于劳动教育的重要论述，以及中共中央、国务院《关于全面加强新时代大中小学劳动教育的意见》精神，也为推动辽宁大学高等教育研究所马克思主义教育理论学科建设，撰写出版《劳动教育新论》一书。

《劳动教育新论》一书自2023年10月开始酝酿写作，初步形成书稿提纲和框架，12月4日召开了书稿撰写研讨会，邀请专家对书稿的写作背景、已有研究基础以及提纲框架进行解读。2024年3月8日召开了写作提纲研讨及分工会议，进一步对框架进行探讨并作了写作分工部署，组建书稿编写组。2024年4月底，各章节执笔人按分工要求完成了初稿撰写，5月份对书稿进行了统稿、校对和编辑，完成书稿撰写工作。

本书撰写过程中得到了各方专家学者的大力支持，深表感谢。感谢辽宁大学马克思主义学院院长谢晓娟教授、沈阳师范大学马克思主义学院院长赵美艳教授、辽宁中医药大学马克思主义学院院长马其南教授对书稿撰写初期论证给予的支持。感谢辽宁大学高等教育研究所王少媛所长对书稿撰写和出版的统筹，办公室沈洞天主任、秦雅楠老师的服务协调，对完成本书各章节撰写的辽宁大学马克思主义学院马强、牟欣欣老师，辽宁大学学生就业指导中心副主任刘畅，辽宁大学高等教育研究所高明、单春艳、楚旋老师以及韩丹鸿、徐家汇同学表示感谢。同时，感谢辽宁大学商学院党委书记李玉华，以及辽宁大学高等教育研究所郭文静、武嘉晟两位同学为书稿编辑校对所付出的辛苦。

本书各章执笔人分别为：第一章：高明；第二章：马强；第三章：楚旋；第四章：单春艳；第五章：牟欣欣；第六章：刘畅；第七章：韩丹鸿、徐家汇。

由于理论基础和研究水平有限，书中尚有不足和局限之处，希望学界各位同仁和广大读者不吝批评指正。

编者

2024 年 5 月